Hans Christian Altmann

Jeder kann Sieger werden

Hans Christian Altmann

Jeder kann Sieger werden

Vom Erfolg zur absoluten Spitze
So werden Sie die Nr. 1 im Verkauf

verlag
moderne industrie

Die Deutsche Bibliothek – CIP-Einheitsaufnahme

Altmann, Hans Christian:
Jeder kann Sieger werden : vom Erfolg zur absoluten Spitze, so werden Sie die Nr. 1 im Verkauf / Hans Christian Altmann. – Landsberg/Lech : mi, Verl. Moderne Industrie, 2000
ISBN 3-478-24720-9

© 2000 verlag moderne industrie, 86895 Landsberg/Lech
Internet: http://www.mi-verlag.de

Umschlaggestaltung: Farenholtz – Büro für Gestaltung, Landsberg
Satz: mi, Sabine Linder
Druck: Himmer, Augsburg
Bindearbeiten: Thomas, Augsburg
Printed in Germany 240 720/090003
ISBN 3-478-24720-9

Inhaltsverzeichnis

„Der eine wartet, dass die Zeit sich wandelt.
Der andere packt sie kräftig an und handelt."

Dante Alighieri

Vorwort

Auf dem Weg zum Erfolg

Viele Menschen glauben, dass Spitzenverkäufer Ausnahme-Menschen sind. Dass sie allein durch ihre Geburt, ihre Erziehung oder ihr Glück so erfolgreich wurden. Doch die Realität sieht anders aus:

Sieger haben außergewöhnliche Erfolge, aber sie sind ganz normale Menschen!

Und doch sind sie anders! Inwiefern?

1. Sieger treten nicht als Sieger auf!
2. Sieger beherrschen keine perfekte Rhetorik!
3. Sieger setzen keine Abschlussmethoden ein!

„Und warum nicht?", werden Sie jetzt fragen.

Weil Sieger eine fantastische Eigenschaft haben, die sie vor diesen drei Fehlern bewahrt – ihre Intuition. Denn alle diese drei „Sieger-Verhaltensweisen" würden ihre Erfolgschancen beeinträchtigen. Wieso das?

1. Wer als Sieger auftritt, macht seine Kunden automatisch zu Verlierern. Und das hat kein Kunde der Welt gern. Deshalb treten Sieger als Partner ihrer Kunden auf.
2. Wer mit perfekter Rhetorik glänzt, signalisiert, dass er vor allem an seiner Selbstdarstellung, aber nicht an der Problemlösung für seine Kunden interessiert ist. Und deshalb beherrschen Sieger keine perfekte Rhetorik, aber dafür eine meisterhafte Kommunikation.

11

3. Wer gezielte Abschlusstechniken einsetzt, will den Kunden unter Druck setzen. Doch das erzeugt sofort Gegendruck. Daher setzen Sieger keine gezielten Abschlusstechniken, sondern ihre Problemlösungen als optimale Entscheidungshilfen für ihre Kunden ein.

Warum aber haben die Sieger diese Intuition und die Verlierer nicht? Der Grund wird Sie erstaunen:

**Für Verlierer ist ihr EGO das Wichtigste,
für Sieger das Ergebnis!**

Im Klartext:
Siegerhaltung, Top-Rhetorik und Abschlusstricks dienen vor allem der gekonnten Selbstdarstellung. Das Ego will glänzen und beeindrucken und den Kunden zum Abschluss überreden. In diesem Fall hat die Intuition, also die innere Stimme, dieses feine Gefühl für das richtige Verhalten, keine Chance mehr, gehört zu werden.
Es klingt absolut paradox, aber es ist die Wahrheit:

**Je mehr jemand nur an sich denkt,
umso weniger kann er andere überzeugen!**

Sieger sind keine außergewöhnlichen Menschen, sie haben nur außergewöhnliche Fähigkeiten. Alle Sieger, die ich Ihnen hier vorstelle, wurden nicht mit goldenen Löffeln geboren, sondern mussten mit außergewöhnlichen Schwierigkeiten fertig werden. So werden Sie in diesem Buch erfahren,

• wie es eine junge Frau, geschieden, mit einem Kind und einem Schuldenberg von 800.000 Mark schaffte – ohne vorher im Außendienst gewesen zu sein – die Nr. 1 unter 150 Kollegen zu werden und mehr als eine halbe Million Mark pro Jahr zu verdienen;

- wie ein Ingenieur durch den Konkurs seiner Firma arbeitslos wurde, dabei 30.000 Mark verlor und trotz seiner 45 Jahre nicht resignierte, sondern ein eigenes Unternehmen gründete mit dem Ziel, einmal über 100 Außendienstmitarbeiter zu beschäftigen;
- wie ein gelernter Maurer mit Volksschulbildung es schaffte, sich in seiner Versicherung seit 20 Jahren als die Nr. 1 zu behaupten und heute ein Büro mit 8 Mitarbeitern hat;
- wie ein Taiwanese ohne perfekte Deutschkenntnisse unter 40 Fertighaus-Verkäufern die Nr. 1 wurde und in Berlin am erfolgreichsten Häuser verkauft;
- wie sich ein Verkäufer von Türen und Fenstern unangefochten als die Nr. 1 unter 150 Kollegen behauptet und trotzdem sieben Mal Urlaub im Jahr auf Ibiza macht.

Schon die Ausgangssituation dieser fünf Sieger beweist, dass jeder Sieger werden kann. Egal, ob ihn ein fürchterlicher Schuldenberg drückt oder ob er durch den Konkurs seines Arbeitgebers arbeitslos wurde, ob er eine schlimme, traumatische Kindheit erlebte oder ob er nur eine Volksschulbildung hat.

Nein. Nicht die Karten entscheiden, die man vom Leben bekommen hat, sondern das, was man aus diesen Karten macht.

Natürlich werden Sie jetzt fragen:

- Wie haben diese Personen das geschafft?
- Welche Eigenschaften besitzen sie, dass sie so außergewöhnlich erfolgreich wurden?
- Welche Fähigkeiten haben sie, dass sie solche Erfolge erzielten?

Genau diese Fragen werden wir in diesem Buch behandeln.

Doch am brennendsten wird Sie wohl die Frage interessieren: Wie gehen diese Sieger vor? Wie erreichen sie ihre überragenden Erfolge? Und vor allem: Wie schaffen sie es, ihrem Erfolg und Lebensglück die entscheidende Wendung zu geben?

Zum Beispiel:

- Wie gelingt es einem Anlageberater, nach der Veränderung einer einzigen Strategie im nächsten Monat 114 Aufträge zu schreiben?
- Wie erreicht ein Wüstenrot-Berater durch den Einsatz von sechs neuen Strategien schlagartig ein Umsatzplus von über 160 Prozent?
- Wie erreichen zwei Brüder – ohne jemals zuvor im Verkauf gearbeitet zu haben – auf Anhieb fantastische Abschlüsse für Lebensversicherungen? Der eine in vier Wochen über 600.000 und der andere in drei Monaten 1,2 Millionen Mark!
- Wie schafft ein angehender Berater durch einen einzigen spektakulären Trick einen Starterfolg von über 7 Millionen Mark?
- Wie gelingt es einem Fertighaus-Verkäufer, dem sein Verkaufsleiter wegen Erfolglosigkeit mit der Kündigung gedroht hatte, in der nächsten Woche plötzlich drei Häuser zu verkaufen?

Doch nicht genug damit! Ich will Ihnen in diesem Buch nicht nur die Geheimnisse der Sieger und ihre faszinierenden Strategien aufzeigen, sondern Sie auch ermutigen, es den Siegern gleichzutun. Ich will Ihnen mit diesem Buch

- beweisen, dass jeder, unabhängig von seiner finanziellen Situation, Beschäftigung, Ausbildung, Nationalität, Geschlecht, Alter, Sieger werden kann;
- zeigen, was Sie an Umsätzen und Provisionen erreichen können, wenn Sie nur die richtige Einstellung haben und die richtige Strategie anwenden;
- helfen, sich selbst optimal zu verkaufen und aus Ihrem Potenzial das Beste zu machen;
- Mut machen, innere Hemmungen zu überwinden, Ihre augenblicklichen Grenzen zu sprengen und Ihre überdurchschnittlichen Erfolgs- und Lebenschancen beim Schopf zu packen.

Voraussetzung dafür ist, dass Sie die „wahren Erfolgsgesetzmäßigkeiten" kennen, die wir noch untersuchen werden, und nicht in die Falle der „Halbwahrheiten" tappen.

Warum auch Sie es schaffen können

Liebe Leserin, lieber Leser!

Die Sieger in diesem Buch sind das beste Beispiel für Ihre Erfolgschancen. Es sind Menschen wie du und ich, Menschen aus Fleisch und Blut und keine Fantasieprodukte aus Hollywood. Menschen, die schwere Abstürze und schlimme Niederlagen erlitten haben und die mit schwersten Handicaps fertig werden mussten, aber dennoch nicht aufgaben und schließlich außergewöhnlich erfolgreich wurden.
Diese Sieger können Sie am wirkungsvollsten anspornen, aufbauen und motivieren, denn sie zeigen Ihnen,

- wie Sie durch das Verändern einer einzigen Stategie eine wahre Erfolgslawine auslösen können;
- wie Sie selbst das Unmögliche schaffen, wenn Sie sich durch einen Schicksalsschlag nicht aus der Bahn werfen lassen;
- dass Sie trotz bitterer Niederlagen nicht aufgeben müssen, sondern sich immer wieder neu motivieren können;
- wie Sie Ihre besten Erfolgsstrategien erkennen, wenn Sie nur auf Ihre innere Stimme hören.

Keine einzige dieser Geschichten ist erfunden. Alle (bis auf wenige Ausnahmen) habe ich selbst erlebt, recherchiert und geschrieben.
Alle diese Sieger beweisen, dass es keinen Anlass dafür gibt, schon vorher die Flinte ins Korn zu werfen, seine Träume aufzugeben und seinen Chancen nachzutrauern – ohne es ernsthaft versucht zu haben.

Sie beweisen,

- dass man unabhängig von Alter, Geschlecht, Herkunft, finanzieller Situation, Ausbildung, Kindheit, Nationalität immer wieder den Aufbruch zu neuen Ufern wagen kann;

- dass man immer sein Bestes geben kann, um der Beste zu werden, der man werden kann. Und
- dass man, wenn man nicht aufgibt, sondern immer wieder neue Herausforderungen anpackt, plötzlich mit unglaublichen Erfolgen konfrontiert wird.

Machen Sie selbst die Probe! Versuchen Sie es! Mit der richtigen Einstellung und diesem Buch werden Sie es schaffen. Denn die Sieger werden Sie alle mit ihren Strategien, den besten Erfolgsstrategien der Welt, unterstützen! Nehmen Sie Ihre Träume nicht mit ins Grab! Hier haben Sie den Schlüssel für Ihr „Sesam öffne dich" zu der von Ihnen so heiß ersehnten Welt des Erfolgs!

Noch ein letztes Wort:

Wie können Sie am besten von diesem Buch profitieren?

Lassen Sie sich nicht von den vielen Tipps am Ende einzelner Interviews oder Kapitel irritieren. Sie sind als Merksätze oder direkte Handlungsanstöße gedacht, von denen Sie die besten auswählen sollen. Sie sollen Ihnen außerdem die Chance geben, die wichtigsten Inhalte später noch einmal ins Gedächtnis zu rufen.

Vor allem aber sollen Sie durch diese Zusammenfassungen ein **Gefühl** für die wichtigsten Einstellungen, Denkweisen und Strategien der Sieger bekommen! Denn auf dieses Gefühl kommt es vor allem an.

Wenn Sie aber eine Idee besonders anspricht, dann sollten Sie nicht lange weiterlesen, sondern sie sofort umsetzen. Sonst verpufft die Motivation.

Probieren Sie auch einmal folgende Methode aus: Lesen Sie jeden Tag in der Früh drei Seiten durch, prägen Sie sich die Kernsätze ein und setzen Sie sie dann im Laufe des Tages um. Mit dieser Methode wurde ein Verkäufer in einem Jahr bundesweit zu einem der drei besten Verkäufer seiner Firma.

16

Gehen Sie davon aus: Je intensiver Sie sich bereits beim Lesen einzelne Situationen vorstellen und sie geistig nachvollziehen, umso erfolgreicher werden Sie sie auch umsetzen!

Bleibt zuletzt noch ein Punkt zu klären: Dieses Buch ist für alle geschrieben, die sich mehr Erfolg und Lebensglück wünschen. Wenn es dabei vor allem um Spitzenverkäufer geht, dann hat das gute Gründe:

- **Nirgendwo entscheiden die richtigen Einstellungen und Strategien so schnell über Erfolg und Misserfolg als im Verkauf.**
  Also müssen die Strategien der Sieger ihren Erfolg bereits in der Praxis bewiesen haben und daher können Sie ihnen voll vertrauen.

- **Jeder, der heute in einer Firma oder als Selbstständiger arbeitet, ist im Verkauf.**
  Daher kann es für Sie nur von Vorteil sein, gute Strategien zu kennen, wenn es darum geht, anderen Ihre Ideen zu verkaufen.

- **Jeder muss sich heute im Zeichen eines immer stärker werdenden Wettbewerbs zuerst selbst verkaufen.**
  Egal ob es sich um eine Bewerbung oder eine Partnerschaft handelt. Welche Regeln dafür gelten, wissen die Spitzenverkäufer am besten und daher können Sie von ihnen am besten profitieren.

- **Es gibt keine speziellen Erfolgsgesetze für Spitzenverkäufer.**
  Denn wahre Erfolgsgesetze gelten immer und überall und für jeden!

Germering, den 28. August 2000   Dr. Hans Christian Altmann

1. Kapitel

Erfolgsfaktor Nr. 1 – die Persönlichkeit

Kann wirklich jeder Sieger werden?

Jeder, der Sieger werden will, muss sich zunächst einmal fragen: Was heißt es für mich, Sieger zu werden?
Schaffen wir hier gleich Klarheit.

- Sieger zu werden heißt nicht, das meiste Geld zu verdienen, jeden Wettbewerbspreis zu gewinnen und die Nr. 1 auf Lebenszeit zu bleiben.
- Sieger zu werden heißt auch nicht, den Rambo zu spielen, der nach dem Motto „Anhauen, umhauen und abhauen" alle seine Kunden plattmacht und zur Unterschrift drückt.
- Sieger zu werden heißt auch nicht, sich in der Gier nach dem großen Erfolg gnadenlos zu überfordern, seine Gesundheit zu zerstören, alle seine anderen Bedürfnisse zu unterdrücken und das Glück seiner Familie aufs Spiel zu setzen.

Alle diese Spielarten zeichnen Verlierer, aber ganz bestimmt nicht Sieger, aus. Denn die wissen ganz genau, welchen Preis sie für den Erfolg zahlen wollen und welches Ziel sie anstreben. Und das heißt: Erfolg plus Lebensqualität!

Bleibt die Frage: Was muss man als Erstes tun, um Sieger zu werden? – Die Antwort wird Sie verblüffen. Sie lautet:

Sieger zu werden heißt, eine Persönlichkeit zu werden

Sieger zu werden bedeutet, neben allem Streben nach dem äußeren Erfolg – nach Ruhm, Geld und Anerkennung – vor allem seine Persönlichkeit zu entwickeln. „Wieso das?", werden Sie vielleicht jetzt einwenden. Ganz einfach, weil die Persönlichkeit mit ihren Eigenschaften und Einstellungen aufs Engste mit Ihren persönlichen Erfolgsaussichten zusammenhängt. Denn hier gilt:

> **Die Grenzen der Persönlichkeit**
> **sind auch die Grenzen des Erfolgs!**

Wie ist das zu verstehen?

Ganz einfach. Nehmen wir an, Sie sind ein durchschnittlicher Anlageberater und wollen ein sehr erfolgreicher werden. Durchschnittlich sind Sie, weil Sie mit durchschnittlichen Kunden nur über durchschnittliche Summen sprechen.

Wenn Sie überdurchschnittlich erfolgreich werden wollen, dann können Sie nicht einfach 100 oder 200 Prozent mehr durchschnittliche Kunden mit durchschnittlichen Summen abschließen. Das ist Stress hoch drei, bedeutet enormen Zeit- und Arbeitsaufwand und erfordert einen täglichen 16-Stunden-Einsatz. Und das sechs Mal die Woche.

Sie haben nur eine Chance zu Top-Erfolgen, wenn Sie den Mut haben, eine viel potentere Zielgruppe mit wesentlich höheren Abschlusssummen anzusprechen. Sie müssen also aus Ihrer Komfortzone der vertrauten Zielgruppen und Abschlusssummen raus! Sie müssen etwas Neues wagen, etwas Besonderes riskieren und sich auf unbekanntes Gebiet vorwagen. Genau das ist Sache der Persönlichkeitsentwicklung!

20

Aus diesem Grund sagte der griechische Philosoph Demokrit schon vor rund 2500 Jahren:

Dein Charakter ist dein Schicksal!

Lassen Sie mich das näher erläutern:

Jeder von uns hat ganz bestimmte Charakterschwächen, die seinen Erfolg behindern, ja oft geradezu blockieren. Der eine hat zu wenig Selbstvertrauen, der andere ist zu schüchtern, der Dritte hat Probleme mit seiner Entschlossenheit, ein Vierter kann emotional nicht aus sich herausgehen und ein Fünfter hat Schwierigkeiten, sich hundertprozentig für eine Aufgabe zu begeistern.

In jeder Situation, in der Sie sich „selbst verkaufen" müssen oder etwas verkaufen wollen, stoßen Sie daher ganz schnell an die Grenzen Ihrer Persönlichkeit und damit an die Grenzen Ihres Erfolgs.

Dazu einige Beispiele:

- Wer sich selbst für nichts begeistern kann, der kann auch seine Kunden nicht begeistern!
- Wer sich nur für seine eigenen Ziele interessiert, für dessen Ziele interessiert sich auch der Kunde nicht!
- Wer keine Selbstdisziplin hat, der erreicht auch kein Selbstvertrauen, denn er kann nicht einmal sich selbst vertrauen.
- Wer seine Stimmung nicht unter Kontrolle hat, der hat auch seine Erfolgschancen nicht unter Kontrolle, denn seine Leistungsfähigkeit hängt stark von seiner Stimmung ab.
- Wer nicht an sich selbst glaubt, an den glaubt auch der Kunde nicht.

Die Liste könnte man beliebig fortsetzen.

Was heißt es, Sieger zu werden?

Sieger zu werden bedeutet also zuallererst, sich selbst und seine Charakterschwächen zu besiegen! Und nicht irgendwelche Gegner!

Sieger zu werden heißt ferner, aus seinem Potenzial das Beste zu machen und der Beste zu werden, der man werden kann!

Sieger zu werden heißt also auf keinen Fall, dass Sie der Beste Ihrer Branche, der Beste Ihres Berufs, der Beste im bundesweiten Vergleich werden müssen oder dass Sie so gut wie der Erfolgsguru Y oder der Super-Unternehmer Z werden müssen!

Das ist der entscheidende Satz! Denn er entscheidet nicht nur über Ihren Erfolg, sondern auch über Ihr Lebensglück. Denn alle großen Weisheitslehrer dieser Welt sagen denselben Satz mit veränderten Worten: **„Mache das Beste aus deinen Fähigkeiten!"**

„Erkenne dich selbst!" stand über dem Orakel von Delphi.

„Lebe deiner Natur gemäß!" empfiehlt uns Sokrates!

„Bleib dir treu!" rät Shakespeare in seinem Stück „Hamlet".

„Werde der du bist!" sagt der Dichter Friedrich Hebbel.

Warum aber ist es so notwendig, aus **seinem Potenzial** das Beste zu machen?

Weil wir auch eine Verantwortung für unser Potenzial haben. Schon im Buch der Genesis steht:

> **Wenn das, was in dir steckt, herauskommt,**
> **wird es dich retten.**
> **Wenn das, was in dir steckt, drinnenbleibt,**
> **wird es dich zerstören!**

Und der Dichter Friedrich Hebbel sagt über den, der am Ende seines Lebens über seine verpassten Chancen nachdenkt:

> **Und traurig grüßt der, der ich bin, den, der ich sein könnte!**

Außerdem: Es gibt wohl kaum größere psychische Schmerzen als ein verpasstes Leben, also das Gefühl, aus seinen Chancen und Potenzialen nichts oder zu wenig gemacht zu haben.

Es kommt jedoch noch etwas hinzu:

Der Sinn des Lebens besteht nicht in der Jagd nach immer mehr Geld, Erfolg und Anerkennung. **Denn das wichtigste Grundgesetz des Lebens lautet: „Alles Leben strebt nach höchstmöglicher Entfaltung aller in ihm vorhandenen Möglichkeiten."**[1] Es ist damit sogar dem „Gesetz der Erhaltung" übergeordnet.

Das ist gerade auf dem Weg zu Spitzenerfolgen unverzichtbar! Denn ohne eine bestimmte Persönlichkeit können wir die Sieger-Strategien gar nicht optimal einsetzen.

Selbst wenn wir wollten, geht es nicht! Denn dann müssen wir etwas vorspielen oder vortäuschen, was wir gar nicht haben. Und das merkt der Kunde sofort!

Umgekehrt ist unser Streben, Sieger zu werden, auch die beste Antwort auf die Frage nach dem **Sinn des Lebens.** Denn der Sinn des Lebens liegt in der Entwicklung unserer Persönlichkeit – zu unserem eigenen Nutzen und zum Nutzen anderer.

Sieger zu werden erfordert daher die Arbeit an unserer Persönlichkeit! Und diese Persönlichkeitsentwicklung ist nicht nur die beste Antwort auf die Frage nach dem Sinn des Lebens, sondern auch die beste Rechtfertigung, Sieger im Spiel des Lebens zu werden.

Das macht die Herausforderung, Sieger zu werden so lohnend: Sie gewinnen zwei Mal – mehr Persönlichkeit und mehr Erfolge!

2. Kapitel

Phänomenale Verkaufserfolge durch Ernsthaftigkeit

Das wahre Geheimnis des Erfolgs

Wenn Sie mich nach 1 000 Biografien und Dutzenden von Sieger-Analysen fragen, was die wichtigste Voraussetzung für den Erfolg ist, dann ist es für mich die Ernsthaftigkeit. Also sich selbst, sein Leben und seine Ziele wirklich ernst zu nehmen!

Heißt Ernsthaftigkeit jetzt, mit „bierernster Miene", verspannt und ohne jeden Spaß an die Sache heranzugehen?

Natürlich nicht! Denn die Haltung der Spitzenkönner ist durch eine faszinierende Mischung geprägt: Äußerlich sind sie hoch konzentriert und in höchstem Maße zielorientiert, während sie innerlich locker, entspannt und gelassen bleiben!

Was heißt also, mit Ernsthaftigkeit an sein Leben und seine Ziele heranzugehen?

Es heißt als Erstes, alle die Eigenschaften aufzugeben, die 95 Prozent der Menschen vom großen Erfolg abhalten:

- die Halbherzigkeit, die bewirkt, dass man es immer wieder nur versucht, statt sich endlich einmal durchzubeißen;
- die innere Distanz, die verhindert, dass man sich für ein Ziel wirklich hundertprozentig engagiert und begeistert;

- die Bindungslosigkeit, die bedeutet, dass man weder für sich noch für seine Fähigkeiten die volle Verantwortung übernimmt oder
- die Flatterhaftigkeit, die sich darin zeigt, dass man von einem Versuch zum anderen springt, statt sich auf ein Ziel zu konzentrieren und es entschlossen bis zum Ende zu verfolgen.

Diese „Halbherzigkeit" gleicht einem tödlichen Virus; denn sie unterhöhlt, zerstört und lähmt auf Dauer jede erfolgversprechende Initiative. Hier gilt das eiserne Gesetz:

> **Das Leben ist ein Spiel,**
> **aber wenn du es nicht ernst nimmst, hast du schon verspielt!**

Und das geht schneller, als man denkt.

Die Falle der „Halbherzigkeit"

Denn das zweite Kennzeichen dieser fehlenden Ernsthaftigkeit, dieser inneren Halbherzigkeit, ist das „Nachlassen nach einem Erfolg". Dieses Symptom stellt sogar die größte Erfolgsfalle dar. Ja, es ist geradezu ein Witz, dass der eben erreichte Erfolg im gleichen Augenblick zur größten Erfolgsfalle wird. Und doch ist es so! Millionen von Menschen haben vergeblich an die Tür der Spitzenerfolge geklopft, weil sie in diese Falle tappten.

Gerade im Verkauf kann man das immer wieder beobachten. Da fängt jemand neu an und hat durch seine natürliche Unbekümmertheit und seine frische Motivation im ersten Jahr sofort einen schönen Erfolg. Doch was tut er jetzt? Er lehnt sich zurück! Er glaubt, es schon geschafft zu haben. Er glaubt, es nun ruhiger angehen zu können. Und er glaubt, mit weniger Einsatz (sprich weniger Terminen) genau das gleiche Ergebnis zu erreichen!

Doch das funktioniert nicht! Das hat noch nie funktioniert und das wird auch nie funktionieren! **Denn jedes hohe Können braucht beständige Übung!**

Wenn ein Verkäufer, der vorher pro Tag vier Termine gemacht hat, nur einen einzgen Termin pro Tag streicht, dann hat er sofort um 25 Prozent weniger Übung. Und um 25 Prozent weniger Erfolgschancen! Und da der erfolgreiche Verkauf immer ein Spiel der Wahrscheinlichkeitsrechnung ist, wird er diesen Mangel nicht mehr aufholen können.

Selbst wenn er glaubt, durch potentere Kunden und höhere Abschlusssummen einen Ausgleich dafür zu schaffen, müsste er mindestens genauso viele Termine machen! Denn nur so erreicht er auch gegenüber dieser höheren Zielgruppe und den höheren Abschlusssummen die gleiche Souveränität und Selbstsicherheit.

Der berühmte Pianist Arthur Rubinstein brachte dieses Problem einmal auf den Punkt, als er sagte:

„Wenn ich einen Tag nicht übe, merke ich es!

Wenn ich zwei Tage nicht übe, merken es die Kritiker!

Wenn ich drei Tage nicht übe, merken es die Zuhörer!"

Und im Verkauf gilt:

Wenn Sie 100 Prozent Einsatz zeigen, erreichen Sie auf Dauer auch 100 Prozent Erfolg! Wenn Sie aber nur 70 Prozent Einsatz zeigen, erreichen Sie in der Regel nicht einmal 50 Prozent Erfolg!

2 Erfolgsregeln, die alle Sieger beherzigen

Der durchschlagende Erfolg dieses Trainingseffekts basiert auf 2 Erfolgsregeln, die alle Sieger kennen.

Erfolgsregel Nr. 1:

Nur Spitzenleistungen fallen auf und bringen Sie weiter!

Eine wissenschaftliche Untersuchung hat gezeigt, dass der freundliche Kontakt mit dem Kunden für den Abschluss fast null Bedeutung hat.[2] Erst wenn der Verkäufer es versteht, den Kunden in einen Zustand der Begeisterung zu versetzen, ergeben sich daraus 66 Prozent aller Industrie- und 78 Prozent aller Privatkundenabschlüsse.

Also muss der Verkäufer beim Gespräch emotional voll aus sich herausgehen! Er muss Begeisterung zeigen! Er muss den Kunden mit seinem Feuer anstecken! Er muss ihn also bewusst erobern.

Dafür ist schon vor dem Abschluss eine emotionale Spitzenleistung notwendig! Und da die Wettbewerber immer stärker und die Kunden immer anspruchsvoller werden, muss heute jeder Verkäufer immer bessere Leistungen zeigen, wenn er an der Spitze bleiben will: Statt abzuschalten muss er sogar noch einen Ganz zulegen! Deshalb beherzigen alle Sieger die Erfolgsregel Nr. 2:

> **Die 10 Prozent, die man noch dazulernt,**
> **wenn man glaubt, schon alles zu wissen, sind entscheidend!**

Welch überragende Bedeutung der Ernsthaftigkeit zukommt, beweisen auch zwei Untersuchungen in der Frankfurter Allgemeinen Zeitung. Es ging um die Frage:

Woran scheitern Verkäufer?

Das Ergebnis:

- 50 Prozent scheitern an zu geringer Begeisterungsfähigkeit, Überzeugungskraft und zu geringem Selbstvertrauen.
- 40 Prozent scheitern aus Mangel an Fleiß, Selbstorganisation und Kreativität.
- 10 Prozent scheitern aus Mangel an Fach- und Produktkenntnissen.

Doch was bedeuten diese 50 Prozent? Sie beweisen doch nur, dass diese Verkäufer weder ernsthaft an ihrem Produkt noch an der

27

Überzeugung ihrer Kunden interessiert sind. Und die 40 Prozent signalisieren, dass diese Verkäufer weder ihren Beruf noch die Voraussetzungen dafür wirklich ernst nehmen.[3]

Bei der zweiten Untersuchung wurde rund 350 Verkäufern und Verkaufsleitern in den USA fast die gleiche Frage gestellt:

Warum scheitern Verkäufer?

Die wichtigste Aussage – und dabei waren sich Verkäufer und Verkaufsleiter einig – lautete: Sie scheitern an mangelnden Initiativen! Das heißt doch nur: Verkäufer, die scheitern, sind nicht ernsthaft daran interessiert, ihre Ziele zu erreichen, und geben schon vorher auf. Sie starten keine neue Initiative mehr.[4]

Welch überragende Bedeutung Ernsthaftigkeit für jeden Erfolg hat, zeigen ganz besonders eindrucksvoll die vier folgenden Beispiele:

Die unglaublichen Verkaufserfolge von Billy Graham

Billy Graham, der berühmteste Prediger der Welt, der seit 50 Jahren (!) zu den bekanntesten Persönlichkeiten auf der Welt gehört, hat in seiner Jugend mit unglaublichem Erfolg Zahnbürsten verkauft.

Ja, er verkaufte seine Zahnbürsten mit so phänomenalem Erfolg, dass sich selbst sein Bezirksleiter nicht erklären konnte, wie ein Mensch in so kurzer Zeit so viel verkaufen konnte. Doch Graham wusste über seine Erfolgsgründe genau Bescheid. Er schrieb:

„Ich habe an das Produkt geglaubt. Diese Bürsten zu verkaufen wurde für mich zu einer persönlichen Angelegenheit. Ich fand, dass jede Familie schon aus Prinzip eine solche Fuller-Bürste haben müsse. Daher brachte ich auch meiner Freundin Fuller-Bürsten als Geschenk mit und putzte mir selbst so oft mit einer Fuller-Bürste die Zähne, dass mein Zahnfleisch anfing zurückzugehen. Als sich der Erfolg einstellte, da begriff ich, dass **Ernsthaftigkeit** das Wichtigste ist, wenn man irgendetwas erfolgreich verkaufen will."[5]

Ist das nicht ein Beweis der Extraklasse?

Wenn ein Mann wie Billy Graham vor tausenden und hunderttausenden Gläubigen über die Bibel spricht, so kann man davon ausgehen, dass er das mit großer Ernsthaftigkeit tut. Wenn er aber selbst bei dieser Verkaufstätigkeit mit ebenso großer Ernsthaftigkeit dabei ist, dann muss es sich um eine überragende Charaktereigenschaft für jeden Erfolg handeln.

Und genau das hat er auch in seinem Leben bewiesen!

Finden Sie nicht auch, dass man einen solchen Mann, der heute zu den erfolgreichsten Predigern auf der Welt gehört, ernst nehmen und deshalb auch seine drei wichtigsten Erfolgseigenschaften übernehmen sollte?

- seine totale **Identifikation** mit der Aufgabe („Es war für mich eine persönliche Angelegenheit ... und ich putzte mir selbst mit einer Fuller-Bürste die Zähne ...")
- seine vollkommene **Glaubensüberzeugung** („Ich glaubte, dass jede Familie schon aus Prinzip eine Fuller-Bürste haben müsse ...")
- seine absolute **Ernsthaftigkeit** („Ich begriff, dass die Ernsthaftigkeit das Wichtigste ist, wenn man etwas erfolgreich verkaufen will!")

Hier das zweite, fast genauso faszinierende Beispiel:

Wie man unglaublich viele Zeitungsabonnements verkauft

Auch Tommy Dewey, einer der erfolgreichsten Gouverneure der USA, hat in seiner Jugend ebenfalls verkauft. Er verkaufte Zeitungsabonnements, und das mit fast ebenso spektakulärem Erfolg

Seien Sie ...

wie Billy Graham. Auch er zeigte schon bei dieser Verkaufstätigkeit Charaktereigenschaften, die ihn später zu einem der erfolgreichsten Gouverneure machten. Denn sein Verkaufsleiter war geradezu bass erstaunt über die phänomenale Zahl seiner verkauften Abos. Also versuchte er, dem Erfolg auf den Grund zu gehen, und begleitete den kleinen Tommy. In seinem Bericht spürt man geradezu die innere Erregung, die von diesem Begleitbesuch ausgegangen sein muss, denn er schreibt:

„Seine Hingabe an diese Aufgabe war grenzenlos. Ja, er schien von ihr geradezu besessen zu sein. Wenn ein Kunde die Zeitung nicht wollte, dann sah er ihn nur herausfordernd an und ließ sie einfach auf seinem Schreibtisch liegen. Brachte der Kunde dann irgendwelche Einwände vor, gab er sich keineswegs geschlagen, sondern überschüttete ihn mit einem Dutzend von Gegenargumenten, warum er diese Zeitung unbedingt brauche. Diesen Argumenten war der Kunde auf Dauer nicht gewachsen, so dass es für ihn schließlich einfacher war, die Zeitung zu abonnieren als sie abzulehnen."[6]

Das ist mit Sicherheit nicht die hohe Kunst des Verkaufens, aber mit Sicherheit eine der wirkungsvollsten Eigenschaften.

Haben Sie die drei wichtigsten Erfolgseigenschaften erkannt, die diesen einzigartigen Verkaufserfolg von Tommy Dewey bewirkten?

- seine **Begeisterungsfähigkeit** (Er schien von seiner Aufgabe geradezu besessen zu sein.)
- sein **Wille zum Erfolg** (Er ließ die Zeitung einfach auf dem Schreibtisch liegen, ohne aufzugeben.) und
- seine **Überzeugungskraft** (Er wusste ein Dutzend Argumente, warum der Kunde die Zeitung unbedingt brauchte, so dass es für ihn leichter war zu kaufen als abzulehnen.)

Sehen wir uns jetzt das dritte Beispiel an.

Durch Ernsthaftigkeit zum Spitzenverkäufer

Was passiert, wenn ein Verkäufer ein Seminar bzw. ein Verkaufsbuch wirklich ernst nimmt? Dann ist das oft der Auslöser für einen unglaublichen Quantensprung an die Spitze. In unserem Fall verkaufte dieser Verkäufer am nächsten Tag nicht nur sofort ein Haus mit einem Provisionsgewinn von rund 15.000 Mark, sondern stieg innerhalb kurzer Zeit auch zu den drei besten Top-Verkäufern bundesweit auf.

Was er tat, um Seminar und Verkaufsbuch wirklich ernst zu nehmen, schrieb er mir in dem folgenden Brief:

Sehr geehrter Herr Dr. Altmann,

vielen Dank für das nette Gespräch von heute Vormittag. Nachfolgend versuche ich, Ihnen die positive Wirkung Ihres Buches „Kunden kaufen nur von Siegern" auf meine Verkaufserfolge zu erklären.

Als 25-Jähriger begann ich bei meiner Firma mit dem Verkauf von Häusern. Sofort konnte ich das Vertriebssystem verinnerlichen und habe meine Aufgabe auch mit gutem Erfolg gemeistert.

Nach zirka sieben Jahren im Verkauf und in der Akquisition neuer Kunden erlitt ich einen kleinen Einbruch in meinen Verkaufszahlen. Ich konnte mir jedoch nicht erklären, wieso und warum.

Genau zu diesem Zeitpunkt hatten unsere Geschäftsführer, Herr U. und Herr J., bei Ihnen ein Seminar für unsere Verkäufer gebucht.

Anfangs hatte ich überhaupt keine Lust, dieses Seminar zu besuchen. Ich machte es zum Glück dann doch. Denn Ihr Seminar war etwas ganz Besonderes – nicht zu vergleichen mit den üblichen Aufputsch-Seminaren. Aber das merkte ich erst später.

Frau Heuer machte in kurzen Auszügen ein Stenogramm von Ihrem Seminar und erstellte eine Handbroschüre. Auf diese Weise konnte nun jeder Seminarteilnehmer noch einmal alles Revue passieren lassen.

Immer wenn ich einen neuen Tiefschlag oder eine Absage erhielt, schaute ich in dieses Handbuch. Jeder Punkt brachte mich wieder näher an meine Verkaufserfolge von früher und ich konnte wieder aus dem Bauch heraus mit dem Kunden reden.

Nach einiger Zeit bekam ich von der Geschäftsleitung Ihr Buch „Kunden kaufen nur von Siegern" geschenkt. Herr J. bat mich, das Buch nicht von vorn zu lesen, sondern mir einige Kapitel auszusuchen und dort zu beginnen, wo ich meinte, dass es für mich interessant wäre.

Der erste Titel war „Das glanzvolle Comeback eines Top-Verkäufers". Das Ergebnis war, dass ich am nächsten Tag sofort ein Haus verkaufte.

Daraufhin stand ich jeden Morgen um 6 Uhr auf und las eine Dreiviertelstunde in Ihrem Buch – in aller Ruhe und mit dem festen Willen, dieses Buch optimal zu nutzen. In dieser Zeit habe ich höchstens fünf Seiten aus dem Buch gelesen und jede Zeile in meinem Kopf behalten.

Nach und nach wurde mir klar, dass ich jede Situation in diesem Buch schon einmal erlebt habe und meistens auch so gehandelt habe wie die Top-Verkäufer.

Sollte ich das Kapitel benennen, das mir am meisten geholfen hat, um meinen Umsatz explodieren zu lassen, so müsste ich das Buch als Ganzes nennen. Allerdings würde ich die Checkliste „Wie Sie sich auf Abschlussverhandlungen erfolgreich vorbereiten können" als meinen Favoriten erklären. Denn diese Checkliste ist beliebig erweiterbar und überall anwendbar.

Heute bin ich im zehnten Vertriebsjahr bei meiner Firma und gehöre zu den drei Top-Verkäufer bundesweit.

Ich hoffe, in nächster Zeit wieder ein Seminar von Ihnen erleben zu dürfen, und verbleibe mit den besten Wünschen

15.4.2000   Ihr Jürgen Kohlmann

Kann man diese Beispiele noch übertreffen? Nicht, wenn es um die Größe des Erfolgs geht! Aber mit Sicherheit, wenn es darum geht zu demonstrieren, welche unglaublichen Erfolge möglich sind, wenn man den Erfolg wirklich ernsthaft will.

Sehen wir uns also Beispiel Nummer vier an:

Verkauf um Mitternacht

Am selben Tag, an dem ich dieses Kapitel schrieb, wurde ich von Paul Keller, einem Finanzberater, den Sie noch kennen lernen werden, zu einer Informationsveranstaltung von Fidelity Investment in München eingeladen.

Nach dem Meeting traf ich mich mit ihm, seinem Stiefsohn Paul Huber und seinen Mitarbeitern, Markus Petzka und Klaus Wacker noch zu einem Bierchen. Dabei erzählte ich ihnen mit Schwung und voller Begeisterung von diesem wichtigsten Erfolgsgeheimnis – der Ernsthaftigkeit. Ich brachte natürlich auch die Beispiele von Billy Graham und Tommy Dewey. Und wie Billy Graham sagte ich zu ihnen: „Ernsthaftigkeit ist das Wichtigste im Verkauf! Und wenn ihr wirklich felsenfest an eure Investment-Fonds glaubt, dann muss es euer Prinzip sein, dass jeder, der noch keine Investmentfonds zur Altersvorsorge hat, solche unbedingt braucht. Das muss euer fester Wille sein. Und wenn der Kunde Einwände vorbringt, dann dürft ihr euch nicht einen Augenblick irritieren lassen, sondern müsst ein Dutzend von Gegenargumenten auf Lager haben, um ihn mit eurer Ernsthaftigkeit und Begeisterung zu überzeugen. Voraussetzung ist natürlich, dass ihr hundertprozentig an euer Produkt glaubt und der Kunde auch Bedarf und das notwendige Kleingeld hat."

An diesem Abend war ich – da ich ja selbst hundertprozentig von der Ernsthaftigkeit überzeugt bin – geradezu von einem inneren Feuer beseelt und muss sie direkt mitgerissen haben.

Erst gegen 22 Uhr verabschiedeten sie sich und fuhren Richtung Chiemsee.

Schon am nächsten Morgen klingelte das Telefon. Paul Keller war am Apparat und teilte mir beinahe atemlos mit:

„Herr Dr. Altmann, Sie werden es nicht glauben, was gestern Abend noch passierte. Wir waren alle in meinem Kombi so aufgekratzt und voller Begeisterung, wir schrien so wild durcheinander, dass keiner mehr das Radio hörte. Jeder war bis unter die Haarspitzen begeistert und hoch motiviert. Und alle gelobten wir uns – wie Sie uns das ja auch empfohlen hatten –, im Chiemgau die Stärksten, also die Nr. 1, im Bereich Investmentsparen zu werden."

„Gratuliere! Aber deswegen haben Sie mich ja wohl nicht angerufen?", fragte ich neugierig zurück.

„Natürlich nicht. Es kommt noch viel besser. Um halb zwölf kamen wir endlich in der Chiemseeklause an und sprachen noch ein paar Unterlagen durch. Dann fuhren meine Mitarbeiter, Herr Petzka und Herr Wacker, weiter zu ihrem Heimatort Traunreut. Doch sie waren noch immer so aufgekratzt, dass sie selbst jetzt noch nicht nach Hause wollten. Ihre innere Erregung und ihre Begeisterung waren in diesem Augenblick so stark, dass sie unbedingt jemanden ansprechen mussten. Also gingen sie um halb zwei Uhr nachts noch in ihre Stammkneipe „The Rocks". Da sonst niemand mehr in der Stube war, sprachen sie den Koch an – und das mit allem Feuer und aller Begeisterung, die sie an diesem Abend erfüllten. Und Sie werden es nicht glauben: Sie verkauften dem Koch an Ort und Stelle um 2 Uhr nachts für 15.000 Mark den Fidelity International Fonds. Ja, wenn an diesem Abend ein Direktor von Siemens da gewesen wäre, und Siemens ist ja auch in Traunreut, dann hätten sie dem auch einen Vertrag über 50.000 oder 100.000 Mark verkauft. Was sagen Sie dazu?"

„Herzlichen Glückwunsch!", sagte ich dazu.

Sie, lieber Leser, sehen, was dabei herauskommt, wenn man mit aller Ernsthaftigkeit vorgeht. Doch das ist erst der Anfang. Seien Sie gespannt, was Sie in diesem Buch noch alles an Super-Tipps erwarten dürfen, die Sie wie auf Schienen zum Erfolg führen, wenn Sie sie wirklich ernst nehmen.

Stecken Sie Ihre Kunden mit Ihrer Ernsthaftigkeit und Entschlossenheit an!

Damit Ihnen diese Ernsthaftigkeit leichter fällt, habe ich noch einen ausgezeichneten Tipp für Sie:

Ernsthaftigkeit und Entschlossenheit sind ansteckend – vor allem beim Abschluss! Denn hier gilt: **Je entschlossener der Verkäufer vorgeht, umso entschlossener wird auch der Kunde, den Auftrag zu unterschreiben.** Denn der Kunde reagiert wie jeder Mensch nach dem Nachahmungsprinzip, dem wichtigsten Lernprinzip des Menschen. Diesen Tipp habe ich von Joe Gandolfo, einem der besten Verkäufer der Welt, dem Einzigen, dem es je gelang, in einem Jahr für über 1 Milliarde Dollar an Versicherungen zu verkaufen!

Glauben Sie jetzt an die Bedeutung der Ernsthaftigkeit bei allem, was Sie anstreben?

Dann können Sie jetzt den besten Beweis dafür erbringen.

Wieso das? Was werden Sie tun, wenn Sie dieses Buch zu Ende gelesen haben? Sagen Sie dann, dass das Buch an sich ja recht gut sei, aber dass Sie für Ihren speziellen Fall nicht den hundertprozentig richtigen Tipp gefunden hätten? Wenn ja, dann verwenden Sie genau die klassische Ausrede, die 90 Prozent aller Durchschnittsleser dazu veranlasst, überhaupt nichts mehr zu tun.

Oder sagen Sie zu sich: Ich habe jetzt schon so viele Seminare besucht und Bücher gelesen, ohne sie wirklich ernst genommen zu haben. Diesmal muss es anders ein! Diesmal nehme ich dieses Buch hier wirklich ernst. Und diesmal werde ich es auch in die Praxis umsetzen, um mir den echten Erfolg zu holen.

Sehr gut! Gehen Sie also diesmal mit aller Ernsthaftigkeit an Ihr Ziel heran, um der Beste zu werden, der Sie werden können.

Peilen Sie das Erfolgsgefühl an, von dem der amerikanische Spitzentrainer John Wooden meint:

> **Erfolg ist Seelenfrieden –**
> **das Ergebnis von Selbstzufriedenheit in dem Wissen darüber,**
> **dass man sein Bestes gegeben hat,**
> **um der Beste zu werden, der man werden kann.**

Wenn Sie Ihren Erfolg wirklich ernst nehmen, dann habe ich auch gleich einen fantastischen Erfolgsplan für Sie. Was halten Sie davon, die vier Super-Beispiele von Billy Graham, Tommy Dewey, Jürgen Kohlmann sowie von Markus Petzka und Klaus Wacker sofort in einem Vier-Wochen-Programm in die Praxis umzusetzen? Warum warten, bis Ihre Begeisterung wieder abkühlt? Gehen Sie sofort los! Nutzen Sie Ihre augenblickliche innere Motivation aus!

Ein Vier-Wochen-Programm, mit dem Sie Top-Ergebnisse erreichen

Machen Sie es in der **ersten Woche** Billy Graham nach:

- Identifizieren Sie sich vollkommen mit Ihrer Tätigkeit und Ihrem Angebot! Führen Sie 10 Gründe an, warum Ihr Angebot für Ihre Kunden absolut super ist! Machen Sie es zu einer Sache der Ehre, jeden Kunden davon zu überzeugen!
- Gehen Sie davon aus, dass jeder qualifizierte Kunde **„schon aus Prinzip"** Ihr Angebot haben muss! Er braucht es nicht nur, er muss es haben!
- Gehen Sie mit absoluter Ernsthaftigkeit vor! Also mit dem absoluten Willen, Ihre erhofften Verkaufsergebnisse auch zu erreichen und nicht einen Millimeter vorher aufzuhören.

Gehen Sie in der **zweiten Woche** mit der ganzen Hingabe vor, die den jungen Tommy Dewey so außerordentlich erfolgreich gemacht hat:

- Seien Sie geradezu besessen von Ihrer Aufgabe (Mission!), jeden Kunden von den Vorteilen Ihres Angebots zu überzeugen!
- Zucken Sie bei keinem Kundeneinwand mit der Wimper! Bleiben Sie stur sitzen und schauen Sie den Kunden herausfordernd an! Denn Sie wissen, dass er Ihren Argumenten nicht gewachsen ist.
- Sammeln Sie alle Kundeneinwände und feilen Sie so lange an Ihren Argumenten, bis Sie das Gefühl haben, dass es für den Kunden zwei Mal schwieriger ist, Ihr Angebot abzulehnen als es zu kaufen.

Nehmen Sie sich in der **dritten Woche** die Ernsthaftigkeit von Jürgen Kohlmann zu Herzen:

- Lesen Sie jeden Tag vor Beginn Ihrer Tätigkeit ein bis fünf Seiten aus diesem Buch! Aber nicht mehr!
- Fassen Sie diese wenigen Seiten in ein paar klaren, motivierenden Merksätzen oder Stichwörtern zusammen!
- Prägen Sie sich diese Merksätze und Stichwörter im Gedächtnis ein! Wiederholen Sie sie tagsüber vor jedem Verkaufsgespräch!

Setzen Sie in der **vierten Woche** auf das „Petzka-Wacker-Erfolgsprogramm":

- Denken Sie an Ihre unglaublichen Erfolgschancen, wenn Sie wie Graham und Dewey mit aller Ernsthaftigkeit, Entschlossenheit und Hingabe vorgehen!
- Gehen Sie dann sofort zu Ihren Kunden und begeistern Sie sie mit Ihrem Angebot, weil Sie selbst bis unter die Haarspitzen davon begeistert sind.
- Machen Sie an diesem Tag so lange weiter, solange Begeisterung und Erfolg anhalten!

Warten Sie ab, was sich an überraschenden Erfolgen einstellen wird, wenn Sie diese vier Wochenprogramme zuverlässig absolvieren. Wenn Sie jedoch nur der geringste Zweifel befällt, dann lesen

Sie dieses Kapitel jeden Tag mindestens einmal durch, bis Sie wieder brennen und Ihre Botschaft unbedingt anderen mitteilen müssen.

Überwinden Sie Ihre Komfortzone und Sie haben freie Fahrt

Zum Abschluss noch eine Gewissensfrage:

Haben Sie beim Lesen dieser Erfolgsbeispiele und des Vier-Wochen-Programms nicht leicht die Augenbrauen angehoben? Spürten Sie da nicht ein leises Gefühl des Unbehagens, als Sie von so viel Hingabe, Begeisterung, Besessenheit, Ehre und sturem Sitzenbleiben hörten?

Ja? Das ist gut, denn dann wissen Sie jetzt, dass das Ihre **Komfortzone** war, die sich hier meldete. Die möchte nämlich, dass alles so bleibt wie es ist: Ihre Methoden, Ihre Strategien, Ihre Verhaltensweisen ... und Ihre Ergebnisse. Denn alles Neue, Unbekannte, Ungewohnte oder gar Riskante lehnt sie ab. Da streikt sie und hält mit massiven negativen Gefühlen dagegen.

Damit sind wir an einer entscheidenden Stelle angekommen.

Wenn Sie wirklich Sieger werden wollen, dann müssen Sie jetzt auch eine Entscheidung treffen. Denn Sie sollten sich über eines im Klaren sein:

Wenn Sie auch in Zukunft nur das tun,
was Sie schon heute tun,
dann werden Sie auch morgen nur die Ergebnisse erzielen,
die Sie schon heute erreichen.

Sie wollen aber doch Sieger werden? Besser werden? Erfolgreicher werden? Zur Spitzenklasse gehören? Den Durchbruch schaffen?

Dann müssen Sie sich auch anders verhalten! Sie müssen es – oder es wird sich nichts ändern!

Dazu gehört auch, dass Sie Ihre angenehme Komfortzone verlassen und sich in die **Unbehaglichkeitszone** wagen. Also in die Zone, wo es nicht mehr so angenehm, sicher, bequem und überschaubar zugeht. Das ist absolut notwendig. Denn in der Komfortzone kommen Sie nicht weiter! Da bleibt alles beim Alten.

Auf den Punkt gebracht heißt das:

Den schnellsten und größten Fortschritt erreichen Sie dort, wo es weh tut.

Gerade dieses Vier-Wochenprogramm soll Sie dazu verführen, mehr aus sich herauszugehen, 100 Prozent Gas zu geben, mit aller Ernsthaftigkeit vorzugehen und Ihre bisherigen (angenehmen, aber oft wirkungslosen) Methoden zu vergessen.

Sie könnten jetzt fragen: „Sind denn diese harten Verhaltensweisen unbedingt notwendig? Zum Beispiel diese totale Hingabe, dieses sture Sitzenbleiben, diese unwiderstehliche Überzeugung, diese Einstellung, dass schon aus Prinzip jeder Kunde mein Angebot kaufen muss?"

Da gibt es nur einen Rat:

Wenn Billy Graham, der seit 50 Jahren zu den bekanntesten und am meisten respektierten Persönlichkeiten auf dieser Welt gehört, es getan hat, dann dürfen auch Sie und ich es tun. „Halbherzigkeit" würde Billy Graham sagen, „nützt weder Ihnen noch dem lieben Gott".

*„Was du heute denkst,
wirst du morgen tun!"*
Leo N. Tolstoj

3. Kapitel

10 tödliche Halbwahrheiten

Erkennen Sie die wahren Erfolgsregeln!

Es gibt kein Fachbuch, kein Seminar und keine Motivationsveran-
staltung, in der Sie nicht von neuen Erfolgsregeln hören. An Er-
folgsmethoden herrscht heute wahrlich kein Mangel. Doch wer hier
nicht die Spreu vom Weizen trennen kann, läuft hoffnungslos in die
falsche Richtung und wird zum Schluss verbittert und frustriert
aufgeben.

Das eigentliche Problem bei vielen Erfolgsregeln besteht darin,
dass sie auf den ersten Blick so überzeugend aussehen. Also glaubt
man, dass sie in Ordnung sind. Aber es sind eben doch nur Halbwahrheiten.

Wer glaubt nicht, dass positives Denken für den Erfolg überaus
wichtig ist? Wer glaubt nicht, dass man per Willenskraft sehr viel
erreichen kann? Wer glaubt nicht, dass klare Ziele von größter Bedeutung sind?

Das stimmt. Aber ebenso stimmt auch, dass keine dieser drei Erfolgsregeln direkt zum großen Durchbruch führt.

Wollen Sie Klarheit über die wichtigsten Erfolgsregeln, lade ich
Sie zu folgendem Test ein:

40

Testen Sie Ihr Gespür
für die richtigen Erfolgsregeln

Ich stimme den folgenden Aussagen zu:

	ja	teilweise	nein
Der Mensch kann alles erreichen, was er will.			
Denke immer optimistisch und du erreichst deine Ziele!			
Kompetenz und Motivation sind für den Erfolg entscheidend.			
Je größere Ziele Sie sich setzen, umso mehr erreichen Sie.			
Stellen Sie sich Ihre Traumziele in den schönsten Farben vor – und Sie erreichen sie.			
Die emotionale Intelligenz ist die wichtigste Intelligenz auf dem Weg zum Erfolg.			
Der Erfolg eines Menschen hängt von seiner Willenskraft ab.			
Nehmen Sie sich die erfolgreichsten Persönlichkeiten als Vorbilder.			
Denken Sie positiv – und Sie werden erfolgreich sein.			
Je mehr Sie lernen und sich weiterbilden, umso mehr erreichen Sie.			
Summe:			

Auswertung:

Was haben Sie angekreuzt? Viele ja oder viele nein? Oder viele teilweise? Oder gemischt?

Meine Auswertung wird Sie überraschen, denn genau aus diesem Grund habe ich auch diesen Test vorbereitet.

Bei allen diesen 10 Aussagen, die so vernünftig und einleuchtend klingen, handelt es sich um (gefährliche) „Halbwahrheiten". Sie haben viel für sich. Aber sie können zu ganz fürchterlichen Fallen werden, wenn Sie die falsche Wahrheit zu ernst nehmen. Genau aus diesem Grund ist es so wichtig, die wahren Erfolgsregeln zu kennen.

Hier ist meine Auswertung, die von den verschiedensten wissenschaftlichen Untersuchungen bestätigt wurde:

1. **Der Mensch kann alles erreichen, was er will.** In diesem Satz fehlt das Wörtchen „**wirklich**", denn man erreicht nur das, was man wirklich will. Die meisten Erfolgsuchenden scheitern allein schon deshalb, weil sie zwei unterschiedliche Ziele verfolgen: ein bewusstes Ziel, z. B. Karriere zu machen, und ein unbewusstes, mehr Zeit für die Familie, die Freizeit oder die persönliche Lebensqualität zu haben. Hier liegt ein unüberwindbarer Zielkonflikt vor, der die gegenseitigen Kraftanstrengungen geradezu blockiert.
Tipp: Hören Sie auf Ihre innere Stimme, also Ihr Gefühl, um herauszubekommen, was Sie wirklich, bewusst wie unbewusst, wollen. Erst wenn Sie Ihren wahren „Herzenswunsch" erkennen, lohnt es sich, Vollgas zu geben.
2. **Denke immer optimistisch und du erreichst deine Ziele!** „Optimistisches Denken" ist ebenso wertvoll wie gefährlich. Natürlich ist es als Grundeinstellung und bei der Überwindung von Misserfolgen und Verstimmungen absolut wichtig. Wenn Sie jedoch mit Fleiß und Hingabe an Ihrem Ziel arbeiten und trotzdem ein dauerhaftes Gefühl der Lustlosigkeit oder Müdigkeit verspüren, dann kann ein verstärktes optimistisches Denken Sie letztlich sogar in die Resignation und Aufgabe treiben. Denn diese negativen Gefühle signalisieren in der Regel wichtige Be-

dürfnisse, die Sie im Streben nach Erfolg unterdrückt haben. Und diese Bedürfnisdefizite bewirken auf Dauer nicht nur eine massive Demotivation, sondern führen schließlich sogar zu Depressionen.

Tipp: Nehmen Sie dauerhafte negative Gefühle bewusst wahr, denn sie stellen einen Hilfeschrei Ihres Körpers oder Ihrer Psyche dar, etwas für die Befriedigung Ihrer unterdrückten Bedürfnisse zu tun, z.B. mehr für Ihre Familie, Ihre Erholung oder Ihre geistigen Interessen.

3. **Kompetenz und Motivation sind für den Erfolg entscheidend.** Natürlich sind sie das. Aber warum erreichen dann so viele kompetente Leute, die sich den Erfolg wirklich wünschen, nicht ihre Traumziele? Und das sind wohl 90 Prozent aller Menschen. Weil zur Kompetenz und Motivation noch der (echte) Optimismus kommen muss. Und das ist der Glaube, dass man seine Ziele auch wirklich erreicht! Ohne diesen Optimismus, diesen Glauben an sich und seinen Erfolg, fehlt einem die entscheidende Entschlossenheit und Ausdauer und man gibt zu schnell auf.

Tipp: Schreiben Sie alle Gründe (Erfahrungen, Fähigkeiten, Kontakte und bisherigen Erfolge) auf, die Sie ermutigen, an sich und die Erreichung Ihrer Ziele hundertprozentig zu glauben.

4. **Je größere Ziele Sie sich setzen, umso mehr erreichen Sie.** Natürlich sollten Sie sich auch einmal Ihre Traumziele vorstellen. So nach dem Motto: „Was wäre wenn ...“ Aber dann müssen Sie sich ganz konkret auf die ersten Teilziele und Schritte konzentrieren. Warum? Weil jedes Ziel, das nicht Ihrem augenblicklichen Selbstbild entspricht, von Ihrem Unterbewusstsein abgelehnt wird. Statt Siegesgefühle erleben Sie dann vor allem Frustgefühle. Die Erreichung konkreter Teilziele stärkt dagegen Ihr Selbstvertrauen und schafft damit erst die Voraussetzung für größere Ziele.

Tipp: Träumen Sie. Aber setzen Sie sich nur Ziele, die Sie – wenn auch unter Anspannung all Ihrer Kräfte – erreichen können.

5. Stellen Sie sich Ihre Traumziele in den schönsten Farben vor – und Sie erreichen sie. Genau das kann nach einer neuen wissenschaftlichen Untersuchung Ihre Handlungsbereitschaft eher lähmen als beflügeln.[7] Warum? Weil die Vorausnahme der schönen Vorstellungen und Gefühle viele Menschen eher blockiert als aktiviert, sich auch noch hundertprozentig dafür einzusetzen.

Tipp: Gehen Sie in vier Schritten vor. Schritt 1: Stellen Sie sich Ihr Traumziel in den schönsten Farben vor. Das schafft die Begeisterung. Schritt 2: Überlegen Sie dann aber, welche Schwierigkeiten auf dem Weg dahin auftauchen und wie Sie sie meistern können. Schritt 3: Fühlen Sie jetzt, ob Sie es trotzdem schaffen. Wenn ja, haben Sie eine wirklich hohe positive Erwartungshaltung und die bewirkt ein energisches, aktives Handeln. Schritt 4: Verspüren Sie jedoch ein ungutes Gefühl, also eine schwache Erwartungshaltung, dann müssen Sie entweder Ihre Ziele reduzieren oder Ihre Fähigkeiten verbessern. Denn nur eine hohe positive Erwartungshaltung führt auch zu einem aktiven, erfolgversprechenden Handeln.

6. Die emotionale Intelligenz ist die wichtigste Intelligenz auf dem Weg zum Erfolg. Natürlich ist der richtige Umgang mit Ihren eigenen Gefühlen und denen Ihrer Kunden wichtig. Aber der Mensch ist ein ganzheitliches Wesen und daher sind beide Intelligenzen – die emotionale und die rationale – für den Erfolg entscheidend. Am wichtigsten ist jedoch Ihre Intuition. Denn 95 Prozent Ihrer täglichen Entscheidungen fällen Sie intuitiv. Und selbst bei den großen Entscheidungen ist Ihre innere Stimme, das Gefühl im Magen, also die Intuition, für den Erfolg entscheidend. Doch auch die bedarf der nationalen Überprüfung.

Tipp: Üben Sie in Verkaufsgesprächen, alle Sinneseindrücke (z. B. Stimme, Miene, Körpersprache des Kunden) bewusst aufzunehmen. Stellen Sie sich dann eine klare Frage, etwa: „Ist der Kunde wirklich an meinem Angebot interessiert oder tut er nur so?" Achten Sie dann auf Ihre innere Stimme bzw. auf Ihr Gefühl. Überlegen Sie bei größeren Entscheidungen aber auch, welche rationalen Gründe für Ihre Entscheidung sprechen.

7. Der Erfolg eines Menschen hängt von seiner Willenskraft ab. So wichtig die Willenskraft ist, noch entscheidender ist, wofür wir unsere Willenskraft einsetzen. Und deshalb ist unsere Vorstellungskraft, also die Fähigkeit, uns eine neue Zukunft, die Realisierung unserer Ziele und ein neues Leben trotz aller Schwierigkeiten vor unserem inneren Auge entstehen zu lassen, von noch größerer Bedeutung.

Tipp: Setzen Sie Ihre Willenskraft vor allem dafür ein, sich auch nach Misserfolgen oder Rückschlägen weiterhin das Bild der Zielerreichung oder eine bessere Zukunft vor Augen zu halten und konsequent weiterzuhandeln.

8. Nehmen Sie sich die erfolgreichsten Persönlichkeiten als Vorbilder. Das kann sehr nützlich und motivierend sein. Wenn Sie sich jedoch mit einer Person identifizieren, dann werden Sie unweigerlich (zumindest unterbewusst!) Vergleiche mit ihr anstellen und das ist in den meisten Fällen die Geburtsstunde von Minderwertigkeitsgefühlen. Denn große Personen – und das vergessen viele – können auch sehr einschüchternd und lähmend wirken. Über 1800 Jahre wagte es kein Wissenschaftler mehr, das aristotelische Weltbild infrage zu stellen, so gewaltig und furchteinflößend war seine Stellung.

Tipp: Identifizieren Sie sich nie mit großen Vorbildern, sondern studieren Sie nur ihre Strategien und Methoden. Und wählen Sie dann die aus, die zu Ihnen passen.

9. Denken Sie positiv – und Sie werden erfolgreich sein! Natürlich ist es besser, nach Misserfolgen oder Rückschlägen oder bei augenblicklichen Verstimmungen positiv zu denken. Aber das Positive Denken wirkt nur dann „erfolgversprechend", wenn es auch positive Gefühle der Freude, der Begeisterung und des Begehrens mobilisiert, die Sie zu einem aktiven, zielorientierten Handeln motivieren. Denn Ihr Denken gibt nur die Richtung vor, während erst Ihre Gefühle die Stärke Ihres Handelns bestimmen. Und allein das Handeln ist entscheidend.

Tipp: Verstärken Sie Ihre positiven Gedanken so lange, bis sie zu positiven Gefühlen werden, die auch ein zielstrebiges Handeln auslösen!

10. Je mehr Sie lernen und sich weiterbilden, umso mehr errei-chen Sie. Das stimmt natürlich, denn jede Weiterbildung ist ein Motivationsimpuls, der Sie weiter vorantreibt. Die große Gefahr besteht jedoch darin, dass sich gerade sehr interessierte Menschen einmal für diese und dann wieder für jene Theorie begeistern, statt sich ihr eigenes Urteil zu bilden und sich auf eine Methode zu konzentrieren.

Die zweite Gefahr besteht darin, dass Sie immer auf der Suche nach der für Sie hundertprozentig richtigen Theorie sind. Aber die gibt es nicht. Besser ist es, sich stattdessen einmal auf eine Idee zu konzentrieren, engagiert loszulegen, aus den eigenen Erfahrungen zu lernen und sich bis zum Ende durchzubeißen. Resultatsorientierung nennt man diese Eigenschaft, die alle Sieger auszeichnet.

Tipp: Lernen Sie zuerst alles, was für Sie nützlich ist! Setzen Sie sich aber dann ein konkretes Ziel und lernen Sie von diesem Zeitpunkt ab vor allem durch die bewährte Methode des „Versuchens, Irrens und Verbesserns".

„Wer sein Ziel kennt,
findet den Weg."
Laotse

4. Kapitel

Weltmeister auf dem richtigen Spielfeld

Warum Franz Beckenbauer nur auf einem Gebiet Weltmeister werden konnte

Dieses Kapitel entscheidet über Ihren Erfolg. Denn so wie Sie nur dann am Zielort ankommen, wenn Sie den richtigen Zug besteigen, so können Sie auch nur dann Ihre Ziele realisieren, wenn Sie zuvor die richtigen Weichen stellen. Es gibt Tausende von Menschen, die jeden Tag mit unendlichem Fleiß an ihrer Karriere arbeiten, aber doch nie auf einen grünen Zweig kommen. Sie unterliegen einem grandiosen Irrtum. Sie glauben, dass sie das Leben genauso belohnt wie sie der Lehrer für richtige Schularbeiten belohnt hat. Doch das ist ein tragischer Irrtum. Im Leben gelten andere Spielregeln. Und die wichtigste heißt:

Es kommt nicht darauf an, etwas richtig zu tun, sondern das Richtige zu tun!

Fleiß und Ausdauer sind nichts anderes als „angewandte Dummheit", wenn nicht die richtigen Strategien dazukommen. Alle Hartnäckigkeit und Einsatzbereitschaft bringen Sie nur einem Herzin-

47

farkt näher, wenn Sie nicht den richtigen Weg gehen. Genau darum geht es hier!

Glauben Sie, dass Franz Beckenbauer als Ringer genauso viel Erfolg gehabt hätte wie als Fußballer? Oder dass Beethoven als Architekt genauso überzeugt hätte wie als Komponist? Oder dass Picasso als Wissenschaftler genauso weltberühmt geworden wäre wie als Maler?

Sie alle haben genau das Spielfeld gewählt, auf dem sie ihre Talente, Begabungen, Fähigkeiten optimal ausdrücken und ausnützen konnten.

Genau dasselbe gilt im Beruf. Tausende Verkäufer scheitern allein schon deshalb oder werden nie die Spitze erreichen, weil sie das falsche Spielfeld gewählt haben – die falsche Tätigkeit, die falsche Firma, das falsche Angebot und die falsche Zielgruppe.

Wie Sie das richtige Spielfeld finden

Im Gegensatz dazu wählen die Sieger intuitiv das richtige Spielfeld und beweisen das auch durch richtige Entscheidungen. Denn sie wissen: Ohne diese Entscheidungen erreichen sie nicht den angestrebten Spitzenerfolg oder sie zahlen einen unverhältnismäßig hohen Preis dafür.

Sieger wählen den Beruf, der ihnen zur Berufung wird

Die erste und wichtigste Voraussetzung, um aus seinem Beruf eine echte Berufung zu machen, heißt Übereinstimmung! Das bedeutet:

**Erfolgreiche Menschen wählen den Beruf,
in dem ihr persönliches Fähigkeitsprofil am besten mit
dem Anforderungsprofil ihres Berufs übereinstimmt.**

Nur dadurch haben Sie die Chance, aus Ihrem Potenzial das Beste zu machen. Und nur dadurch können Sie auch der Beste werden, der Sie werden können. Denn alle Ihre Chancen und Erfolge sind in Ihnen schon vollkommen angelegt.

Übereinstimmung bedeutet erstens, seine persönlichen Stärken und Fähigkeiten genau zu kennen, und zweitens, die Anforderungen seines Berufs (unter Berücksichtigung des Zeitgeistes, des Marktes und der Zukunftsaspekte) zu kennen.

Nur wenn diese beiden Profile weitgehend übereinstimmen, dann üben wir den Beruf nicht nur aus, sondern „leben" ihn auch. Dann spielen wir nicht Verkäufer, sondern sind es mit Leib und Seele. Dann schätzen wir nicht nur den Verdienst, sondern lieben es auch, unsere Kunden zu überzeugen.

Identifikation, Begeisterung und Liebe zu einer Sache waren schon immer die wichtigsten Voraussetzungen für große Erfolge. Denn ohne sie kann nichts Großes gelingen. Anders gesagt: Wie soll ein Verkäufer seinen Kunden begeistern, wenn er nicht selbst begeistert ist? Wie soll er mit den täglichen Schwierigkeiten fertig werden, wenn er sich nicht hundertprozentig mit dem Verkauf und seinen Herausforderungen identifiziert? Und wie soll er das Wichtigste im Verkauf schaffen – gute, enge persönliche Beziehungen zu seinen Kunden –, wenn er weder seine Tätigkeit noch seine Produkte noch seine Kunden wirklich mag?

Testen Sie die Übereinstimmung Ihres Fähigkeitsprofils mit dem Anforderungsprofil Ihres Berufs

Jeder, der Sieger werden will, sollte daher einmal seine aktuelle Ausgangslage bestimmen. Er sollte sowohl seine Stärken als auch die Anforderungen seines Berufs und ihre Übereinstimmung feststellen. Denn nur so bekommt er ein realistisches Bild von sich, weiß, welche Schwächen er noch verbessern muss, und kann seine Fortschritte messen. Ohne diese Analyse bleiben alle Überlegungen nur vage Hoffnungen und bloße Spekulationen.

Prüfen und testen Sie selbst, inwieweit Ihr Fähigkeitsprofil mit dem beruflichen Anforderungsprofil übereinstimmt.

Gehen Sie in drei Schritten vor:

Schritt Nr. 1: Erstellen Sie Ihr persönliches Fähigkeitsprofil

Schreiben Sie als Erstes 25 Fähigkeiten auf, von denen Sie glauben, dass Sie sie bereits besitzen und die in Ihrem Beruf wichtig sind.

Um Ihnen dabei zu helfen, habe ich auf der folgenden Seite als Beispiel das Fähigkeitsprofil eines Finanzdienstleisters erstellt, der im Direktvertrieb tätig ist und mit hohen Misserfolgsraten zu rechnen hat (z. B. bei der Neukundenakquise).

Sie können einzelne Eigenschaften in diesem Profil durch andere ersetzen, die für Ihre Branche oder Ihre Verkaufstätigkeit entscheidender sind, oder sie noch individueller und präziser fassen. Sie können beispielsweise

- den Punkt 7 „resultatsorientiert" in „resultatsorientiert bei Abschlüssen" erweitern oder
- den Punkt 13 „stimmungsstabil" zu „stimmungsstabil trotz mehrerer Misserfolge" ausbauen oder
- den Punkt 19 „flexibel" als „flexibel bei der Anwendung neuer Strategien" ansehen.

Hier gilt: Je präziser Sie diese Fähigkeiten benennen, umso klarer wird auch Ihr augenblickliches Fähigkeitsprofil. In jedem Fall aber sollte „motiviert" mit dabei sein.

Fähigkeitsprofil eines Finanzdienstleisters										
	10	9	8	7	6	5	4	3	2	1
begeisterungs-fähig											zurückhaltend
optimistisch											pessimistisch
gelassen in kritischen Situationen											aufgeregt in kritischen Situationen
motiviert											unmotiviert
diszipliniert											undiszipliniert
emotional											rein sachlich
resultatsorientiert											ziellos
selbstvertrauend											unsicher
partnerschaftlich											egoistisch
kompetent											inkompetent
ausdauernd											schnell aufgebend
sich stark identifizierend											völlig unbeteiligt
stimmungsstabil											stimmungslabil
kundenorientiert											produktorientiert
stressstabil											stresslabil
kontaktfreudig											kontaktscheu
problemlösungs-orientiert											angebotsorientiert
lernfähig											lernunfähig
flexibel											unflexibel
intuitiv											nur rational
einfühlsam											gefühllos
mutig (neue Methoden)											ängstlich
initiativ											antriebslos
mit positiver Erwartungshaltung											mit negativer Erwartungshaltung
risikobereit											sicherheitsbetont

Schritt Nr. 2: Bewerten Sie Ihre persönlichen Fähigkeiten

Bewerten Sie jetzt jede Eigenschaft auf der Skala von 1 (= z. B. sehr begeisterungsfähig) bis 10 (= sehr zurückhaltend), indem Sie die betreffende Zahl ankreuzen. Denken Sie dabei nur an Ihr Verhalten beim Verkaufen und **nicht** an das Verhalten in Ihrem Alltag. Seien Sie kritisch und zeichnen Sie ein möglichst genaues Bild davon, wie Sie sich beim Verkauf verhalten. Machen Sie sich weder besser noch schlechter, als Sie sind.

So erkennen Sie Ihr persönliches Fähigkeitsprofil

Mit dieser Bewertung haben Sie bereits ein erstes aussagefähiges Ergebnis erreicht: Ihr momentanes Fähigkeitsprofil.

Denn jeder Punkt, den Sie mit 7 oder höher bewertet haben, bedeutet eine Stärke. Jede Bewertung von 4 oder weniger repräsentiert dagegen eine Schwäche.

Das Profil, das sich aus dieser Bewertung ergibt, spiegelt Ihre erlernten Denk- und Verhaltensmuster wider, die sich emotional auswirken und Ihre Verkaufsfähigkeit massiv beeinflussen können.

Da es oft sehr schwierig ist, sich selbst objektiv zu beurteilen, wäre es sehr empfehlenswert, wenn drei oder vier andere Personen, die Sie als Verkäufer, **nicht** als Privatperson kennen, zusätzliche Profile über Sie erstellen.

Dieses Profil ist jedoch nicht für alle Zeiten unveränderlich festgelegt, sondern kann viel mehr durch Training verbessert werden. Dabei sollten Sie als Erstes **die vier größten Schwachstellen trainieren**! Denn durch sie geraten Sie unter dem Druck eines schwierigen Verkaufsgesprächs am ehesten auf die Verliererstraße, da hier Ihr Widerstand als Erstes zusammenbricht.

Der wichtigste Leistungsfaktor aller 25 Eigenschaften ist jedoch die **Motivation** (Punkt Nr. 4)! Denn aus der Intensität Ihrer Antriebsstärke lässt sich am ehesten voraussagen, wie weit Sie es in Ihrem Beruf bringen. Außerdem können Sie sich in allen anderen Punkten verbessern, solange Sie dazu motiviert sind. Fehlt es Ihnen jedoch an der Motivation, bricht der ganze Lern- und Veränderungsprozess zusammen und damit jede Hoffnung auf eine bessere Zukunft.

Berücksichtigen Sie deshalb, dass eine Punktzahl unter 7 für den Punkt 4 „motiviert" bereits höchste Alarmstufe bedeutet und umgehende Verbesserungsmaßnahmen erfordert!

Sie können jedoch noch mehr aus diesem Test erkennen. Zum Beispiel:

Wie sehen meine augenblicklichen Erfolgschancen aus?

Dazu brauchen Sie nur die 25 Bewertungen zusammenzählen. Nehmen wir an, Sie haben eine Summe von 191 von 250 möglichen Punkten erreicht, dann liegt Ihr augenblickliches Erfolgspotenzial bei 191 x 100 : 250 = 76,4 Prozent.

Natürlich sind das nur Annäherungswerte. Aber sie geben Ihnen eine realistische Einschätzung Ihrer Chancen. Und es ist klar, dass ein Verkäufer mit einem Erfolgspotenzial von 35 Prozent im Augenblick einfach weniger Erfolgschancen hat als ein Top-Mann mit 90 Prozent.

Schritt Nr. 3: Erstellen Sie das Anforderungsprofil Ihres Berufes

Schreiben Sie dazu **15 Fähigkeiten** auf, die in Ihrem Beruf, Ihrer Branche, bei Ihrer Zielgruppe und bei Ihrem Angebot ganz besonders wichtig sind.

Dabei können Sie selbstverständlich auch die Erfolgsfaktoren aus Ihrem Fähigkeitsprofil verwenden oder neue Fähigkeiten hinzufügen.

- Legen Sie dann in Spalte 1 eine Reihenfolge der 15 wichtigsten Anforderungen in Ihrem Beruf fest.
- Setzen Sie dann in Spalte 2 die Bewertungen aus Ihrem Fähigkeitsprofil daneben ein.

- Stellen Sie danach in Spalte 3 die prozentualen Übereinstimmungen oder Abweichungen zwischen dem Optimalergebnis (100 Prozent) und Ihren persönlichen Bewertungen fest.
- Erkennen Sie auf diese Weise Ihre größten Stärken und Schwächen bzw. die wichtigsten Ansatzpunkte für Verbesserungen. Denn dieser bewusste Umgang mit sich selbst ist der eigentliche Sinn dieser Übung.

Um Ihnen den Test zu erleichtern, stelle ich Ihnen auch dafür ein Muster vor. Wiederum geht es um den Finanzdienstleister, der noch stark auf die Neukundenakquise angewiesen ist und entsprechende Misserfolge zu verkraften hat. Die Rangfolge der Anforderungen ist natürlich rein subjektiv. Sie sollte von Ihnen entsprechend Ihrer Branche und Ihren Erfahrungen ausgerichtet werden.

Anforderungsprofil
für einen Finanzdienstleister

1 Reihenfolge der wichtigsten Anforderungen	2 Bewertung der eigenen Fähigkeiten	3 Prozentuale Abweichung zwischen Optimalergebnis und eigener Bewertung
motiviert	100	---
optimistisch	90	-10
stimmungsstabil	70	-30
kundenorientiert	90	-10
lernfähig	80	-20
diszipliniert	60	-40
ausdauernd	70	-30
ehrgeizig (Erfolgswille)	90	-10
anpassungsfähig	90	-10

initiativ	90	-10
flexibel	80	-20
begeistert	100	---
emotional	80	-20
partnerschaftich	90	-10
fachlich kompetent	90	-10
Summe	**1270 = 85 %**	**-230 = 15 %**

Auswertung:
Betragen die Abweichungen bei den sieben wichtigsten Anforderungen mehr als 20 Prozent wie hier z. B. bei der „Stimmungsstabilität," und der „Selbstdisziplin" und der „Ausdauer", dann liegen hier die größten Schwachstellen vor, die Ihren Spitzenerfolg blockieren können.

Bleibt die Frage:

Was können Sie tun, wenn Ihr Beruf für Sie noch nicht zur Berufung geworden ist?

Hier gibt es zwei Möglichkeiten:
Erstens: Sie arbeiten sich so intensiv wie möglich in Ihren Beruf hinein, um wirklich ein anerkannter Experte zu werden, der seinen Kunden helfen kann und dadurch nicht nur mehr Selbstvertrauen, sondern auch mehr Anerkennung bekommt.
Zweitens: Sie machen sich auf den Weg, den richtigen „Beruf" bzw. die richtige Branche oder die richtige Firma zu suchen. Keiner der Sieger, die ich kenne, hat auf Anhieb den richtigen Beruf gefunden. Ich selbst habe nach meinem Studium dreieinhalb (!) Jahre in verschiedenen Berufen vergeudet, bevor ich meine Berufung erkannte. Und das Besondere daran: Die Bereitschaft, den Beruf bzw. die Stellung zu wechseln, ist – wie Sie noch sehen werden –

schlechthin der beste Glaubensbeweis dafür, dass Sie auch wirklich Sieger werden wollen.

Falls Sie aus dem obigen Test ähnliche Abweichungen erreicht haben, sollten Sie jetzt herausfinden, ob es sich nur um momentane Schwächen oder um die unbewusste Ablehnung Ihres Berufs bzw. Ihrer Tätigkeit handelt – und dann die notwendigen Konsequenzen ziehen.

Das bekommen Sie am besten heraus, wenn Sie einen kleinen **Werte-Test** machen.

Erkennen Sie Ihre Werte!

Schreiben Sie dazu die sieben wichtigsten Werte (Bedürfnisse) auf, deren Befriedigung für Sie in Ihrem Beruf sehr wichtig sind.

Bewerten Sie dann den Grad der individuellen Befriedigung dieser Werte mit der bereits bekannten Zehner-Methode.

Auch hierzu ein Beispiel:

Werte	Erfüllung der Werte in Prozent
Finanzieller Erfolg	
Anerkennung (bei Kunden, Kollegen und Vorgesetzten)	
Unabhängigkeit und Freiheit bei Entscheidungen	
Selbstständiges Handeln	
Identifikation mit Produkt bzw. Angebot	
Gefühl der Kompetenz und Kontrolle	
Freude und Spaß	

Auswertung:
Wenn Sie bei der persönlichen Bewertung nicht mindestens eine Gesamtzahl von 7 x 80 Prozent = 560 Prozent erreichen, üben Sie mit großer Wahrscheinlichkeit im Augenblick den falschen Beruf aus.

Außerdem kann ich Ihnen garantieren: Wenn Sie in Ihrem bisherigen (ungeliebten) Beruf schon durchschnittlich erfolgreich waren, dann werden Sie in dem Beruf, der Ihrer Berufung entspricht, doppelt und dreifach so erfolgreich sein!

Sehen wir uns jetzt die weiteren Voraussetzungen an, um das richtige Spielfeld mit dem richtigen Spiel zu finden:

Sieger verkaufen an die Kunden, die sie kennen und mögen

Das ist für Sieger ein unbedingtes Muss. Denn hier gilt die Regel:

> **Je mehr Gemeinsamkeiten zwischen Verkäufer und Kunde bestehen, umso größer ist die Abschlusswahrscheinlichkeit!**

Warum ist das so entscheidend? Weil erst das persönliche Interesse an dem Kunden durch die Fragen nach seinen individuellen Problemen und der erhofften Wunschlösung eine persönliche Beziehung zu diesem Kunden schafft. Und diese persönliche Beziehung ist die wichtigste Voraussetzung für ein erfolgversprechendes Gespräch. Daher versteht es sich von selbst, dass man die Probleme und Wünsche seines Kunden umso besser versteht, je mehr man ihn kennt und mag.

Sieger glauben an den Nutzen ihres Angebots für den Kunden

Unter Angebot verstehen sie sowohl ihre Beratung, ihren Service und ihre Betreuung als auch das eigentliche Produkt. Ja, Sieger gehen noch einen Schritt weiter: Sie bieten in der Regel ihren Kunden sogar ein „einzigartiges Produkt" an, das in dieser Form nur sie dem Kunden anbieten können. So erreichen sie nicht nur eine optimale Identifikation mit ihrem Angebot, sondern glauben auch hundertprozentig an den Nutzen ihres Angebotes für den Kunden. Und gerade dieser Glaube ist für die persönliche Überzeugungskraft von unwiderstehlicher Bedeutung.

Sieger setzen nur die Strategien ein, bei denen sie sich wohl fühlen

Wenn Verkaufsleiter ihren Verkäufern predigen, unbedingt per Telefon neue Kunden zu akquirieren, dann tun die Verlierer das auch. Selbst wenn sie dem Telefonieren absolut nichts abgewinnen können. Sieger suchen sich dagegen die Akquisitionsstrategie aus, die ihnen gefällt, bei der sie sich wohl fühlen, die ihnen am erfolgversprechendsten erscheint, und diese perfektionieren sie dann. Denn sie wissen, dass sie nur mit einer voll akzeptierten Strategie auch erfolgreich sein werden!

Damit beweisen die Sieger einmal mehr, wie sehr sie auf ihre Individualität achten und ihre innere Stimme respektieren. Gerade diese ausgeprägte Form der Individualität (nur das zu tun, was man für richtig hält) ist die entscheidende Basis für ihr hohes Selbstvertrauen und ihr starkes Selbstwertgefühl.

Sieger gehen sehr bewusst mit sich um

Das bedeutet: Sie kennen auf der einen Seite ihre Stärken, also ihre Leistungsfähigkeit; sie kennen aber andererseits auch ihre wichtigsten Bedürfnisse und ihre wahren „Herzenswünsche". Sie wissen außerdem, dass ihre Motivation in hohem Maße davon abhängt, wie sehr sie ihre vier wichtigsten Bedürfnisse – also die Bedürfnisse nach Erfolg, Erholung, Kontakten und geistigen Interessen – befriedigen.

Und sie haben ein sehr feines Gespür dafür, wie gerade ihr Beruf als Verkäufer und das hundertprozentige Erfolgsstreben die Gefahr bergen, diese fundamentalen Bedürfnisse zu unterdrücken. Daher nehmen sie sehr wachsam sofort bestimmte Bedürfnisdefizite (z. B. aufgrund dauerhafter negativer Gefühle) wahr und tun alles, um sie zu befriedigen und dadurch im Gleichgewicht zu bleiben. Sie gehören gerade nicht zu den Workaholics, die alles der Arbeit und dem Erfolg unterordnen und sich dabei selbst zerstören.

Das heißt aber auch: Wenn sie sich Ziele setzen, sind es ihre eigenen Ziele! Und sie achten darauf, dass diese Ziele sie weder überfordern noch unterfordern und dass sie weder zur Unterdrückung ihrer eigenen Bedürfnisse noch zur Unterdrückung der Bedürfnisse ihrer Familie führen. Sie bleiben im Gleichgewicht, weil sie fähig sind, auf ihre innere Stimme zu hören, ihre Gefühle zu respektieren und ihre Bedürfnisse ernst zu nehmen.

Sie leben bewusst und sie steuern auch ihr Leben ganz bewusst!

Check: Spielen Sie bereits auf dem richtigen Spielfeld?

	ja	nein
Kennen Sie Ihre größten Fähigkeiten und die wichtigsten Anforderungen Ihres Berufs?		

	ja	nein
Haben Sie das Gefühl, dass Ihre größten Fähigkeiten und die wichtigsten Anforderungen Ihres Berufs bei Ihrer jetzigen Tätigkeit optimal übereinstimmen?		
Erleben Sie Ihren Beruf als Berufung? Lieben Sie ihn trotz aller Schwierigkeiten?		
Fühlen Sie sich bei dem, was Sie tun und anstreben, hoch motiviert?		
Gab es bei der Bewertung Ihrer Fähigkeiten mehrere Schwachstellen (also Bewertungen unter 4), die sofort verändert werden müssen?		
Erfüllt Ihr Beruf auch Ihre wichtigsten Werte?		
Verkaufen Sie an Kunden, die Sie kennen und mögen?		
Glauben Sie an den Nutzen Ihres Angebots für Ihre Kunden?		
Setzen Sie nur solche Verkaufsstrategien ein, bei denen Sie sich wohl fühlen?		
Erkennen Sie die Signale, die auf unterdrückte Bedürfnisse hinweisen, und sind Sie auch bereit, Konsequenzen daraus zu ziehen?		

Auswertung:

Jeder dieser 10 Punkte ist gleich viel wert! Denn jeder Punkt, den Sie mit Nein beantwortet haben, kann Ihre Erfolgschancen entscheidend beeinträchtigen.

Gehen Sie daher diesen Check so lange durch (einmal genügt nicht!), bis Sie sich genau kennen und die Möglichkeiten entdeckt haben, mit denen Sie Ihre Neins in Jas verwandeln können.

„Ob es besser wird, wenn es anders wird,
weiß ich nicht;
dass es aber anders werden muss, wenn es besser werden soll,
weiß ich!"
Georg Christoph Lichtenberg

5. Kapitel

Jede Menge neuer Chancen durch Flexibilität

Die einzige Eigenschaft, die morgen schon alles zum Besseren wenden kann

Wenn es ein Merkmal gibt, das alle erfolgreichen Menschen auszeichnet, dann ist es ihre Lust auf Veränderungen! Die Lust zu
Neuem und vor allem der brennende Wunsch, immer besser zu
werden, sind ihr Lebenselexier. Sie hassen die alten, abgenutzten
Wege und sind immer auf der Suche nach neuen Methoden und
Strategien. Wenn in den Lehrbüchern steht: „Mach es so oder so",
dann schauen sie sich das drei Tage an, und wenn es dann nicht
funktioniert, suchen sie sich eine neue Methode!

Der erste Top-Verkäufer, den ich Ihnen hier ausführlicher vorstellen werde, Herr Trang aus Taiwan, verkauft Häuser für eine
deutsche Fertighausfirma in Berlin. Er steht geradezu exemplarisch
für diese Flexibilität. Er ist immer bereit, auf Veränderungen zu
reagieren und bessere Strategien zu entwickeln.

Herr Trang begann unser Interview mit dem geradezu klassischen Satz aller Sieger:

61

„Für mich gilt nur eines: Alles, was die anderen machen, darfst du nicht machen! Denn nur das Außergewöhnliche bleibt beim Kunden hängen und bringt Erfolg!"

Ein Satz, den man sich einrahmen sollte. Und wenn alle Verkaufstrainer der Welt sagen: „Widersprich niemals einem Kunden!", dann hat Herr Trang nur ein mitleidiges Lächeln dafür übrig. Amüsiert erzählt er mir von seinem letzten großen Kunden, einem Berliner Chefarzt. „Der kam zu mir ins Musterhaus und sagte: ‚Herr Trang, wir wollen uns verkleinern!' Daraufhin sagte ich zu ihm: ‚Da sind Sie aber bei mir an der falschen Stelle!' Zuerst stutzte er, dann lachte er und zwei Wochen später kaufte er bei mir ein Haus für über eine Million, das er mir obendrein noch für ein Jahr als Musterhaus zur Verfügung stellte."

Wir lernen hier schon die erste Lektion:

Sieger machen sich ihre eigenen Regeln!

Warum ist das Streben nach neuen Wegen, neuen Methoden und neuen Strategien für Sieger so entscheidend?

Aus zwei Gründen. Grund Nr. 1:

Wenn Sie morgen dasselbe auf dieselbe Weise machen, wie Sie es heute tun, dann werden Sie auch morgen nur die Ergebnisse von heute erreichen.

Kurzum: Nur wenn Sie Ihre Einstellung und Ihre Strategie verändern, werden Sie auch neue und größere Erfolge erleben! Denn erst Ihre neue Aktion schafft eine bessere Reaktion!

Und Grund Nr. 2:

Macchiavelli, der die Beweggründe der Menschen wie kaum ein anderer kannte, sagte über ihre Motivation: „Neben dem Streben nach Gewinn ist die Gier nach Neuem der stärkste Antrieb der Menschen."

Damit brachte er den Lieblingswunsch aller Menschen auf den Punkt, denn sie wollen jeden Tag etwas Neues hören, sehen und erleben. Warum? Weil sie die Hoffnung haben, dass mit einer neuen Idee auch ihr Leben anders, also besser wird!

Deshalb kaufen sie sich neue Häuser, neue Computer, neue Autos und suchen Abwechslung und Information im Internet – und das alles, um ihr Leben irgendwie besser, aufregender, schöner, lebendiger und lustvoller zu machen. Und genau das verschaffen ihnen die Sieger!

Da sie selbst immer wieder neue Wege gehen, bieten sie auch ihren Kunden immer wieder neue Informationen und neue Anwendungsmöglichkeiten, um ihre Probleme zu lösen und ihre Lebensqualität zu steigern. Sie kennen den Wert von Neuem!

Achten Sie einmal darauf, wie oft Sie im Gespräch gefragt werden: „Was gibt's Neues?" Sieger wissen immer eine Antwort darauf – sei es beim Verkauf, auf dem Tennisplatz oder beim Small Talk. Und deshalb sind sie auch immer interessant!

Doch wer zum Kunden mit Informationen von gestern kommt, den bestraft das Leben. Und zwar mit der schlimmsten Strafe, die es im Geschäftsleben gibt: mit Desinteresse!

Unser Fazit daraus:

> **Suchen Sie immer nach Neuem**
> **und Sie bleiben immer interessant!**

Flexibilität ist also das Zauberwort für eine bessere Zukunft.

Wie man das schafft und als Taiwanese der erfolgreichste Hausverkäufer seiner Firma in Berlin wird, erzählt uns jetzt Herr Trang. Wir erfahren dabei, wie ungeheuer bewusst und sensibel dieser Mann (als Nicht-Deutscher!) jede neue Strömung, Entwicklung und Veränderung auf seinem Markt registriert und mit neuen Strategien beantwortet. Das ist mit Sicherheit das wichtigste Geheimnis seines Erfolgs.

Wie ein Taiwanese die Nr. 1 einer deutschen Fertighaus-Firma wurde

„Gibt es einen gravierenden Unterschied zwischen dem früheren und dem heutigen Kaufverhalten der Kunden?"

„Ja, den gibt es. Während die Kunden heute gerne aufs Land zu den großen Möbelgiganten oder Einkaufszentren fahren, wo unterhaltsame Events und Einkaufserlebnisse locken, sind sie – selbst beim Kauf eines Hauses – nicht bereit, mehr als einmal zum Musterhaus zu fahren. Sie erwarten stattdessen, dass der Verkäufer sie zu Hause besucht."

„Was steckt dahinter?"

„Die Kunden sind bequem und passiv geworden. Und sie sind jünger geworden! Wenn es keine besonderen Events gibt, dann wollen sie sich die Kaufwelt zu Hause vorführen lassen. Internet und Homebanking fördern geradezu den Rückzug in die eigenen vier Wände, also den Kauf vom Sessel aus."

„Viele Verkäufer aber klagen darüber, dass selbst die Hausbesuche bei den Kunden immer schwieriger werden!"

„Das stimmt. Es wird wirklich immer schwieriger, die Kunden innerhalb der eigenen vier Wände in die richtige Stimmung zu versetzen. Denn zu Hause sind sie es gewohnt, die Beine hochzulegen, sich zu entspannen, vom Geschäft abzuschalten und den Fernseher einzuschalten. Und genauso wie sie beim Fernseher heute nicht mehr richtig zuhören (was bei vielen Sendungen ja auch gar nicht notwendig ist), hören sie auch zu Hause dem Verkäufer nicht mehr richtig zu. Er muss dasselbe heute oft zwei oder drei Mal erklären, bis es der Kunde verstanden hat."

„Was hat sich sonst noch im Verhalten der Kunden geändert?"

„Die Kunden werden zu ebenso begeisterten wie verunsicherten Prospektesammlern. Da sie jedoch diese Prospekte ohne die entsprechende Kompetenz gar nicht richtig auswerten können, fordern sie neue Prospekte an und horten auch diese, so dass ich schließlich nicht selten auf Kunden treffe, die einen halben Meter hohen Stoß an Katalogen gesammelt haben."

„Und warum sehen Sie dieses Prospektesammeln als so kritisch an?"

„Weil diese Kataloganforderungen heute zu den größten Verkäuferfallen gehören. Denn Kataloge verkaufen nicht! Und schon gar nicht im Vergleich zu Wettbewerbsangeboten. Das bedeutet höchste Anforderungen an den Verkäufer."

„Was heißt das konkret in der Praxis?"

„Wenn heute ein Kunde per Telefon einen Katalog anfordert, dann muss ich hellwach sein! Ich muss versuchen, sofort einen persönlichen Kontakt herzustellen, den speziellen Kundenwunsch zu erfahren und eine schnelle Qualifizierung durchzuführen. Oder – und das ist die bessere Methode – ich muss den Kunden am Telefon so neugierig machen, dass er sofort einer Terminvereinbarung in meinem Büro zustimmt."

„Warum ist das für Sie so wichtig?"

„Weil ich sonst bereits bei dieser Prospektanforderung die meisten Kunden verliere! Und was ich hier verliere, kann ich später nicht mehr hereinholen. Ich will mir aber gerade in diesem entscheidenden Moment durch ebenso geschicktes Fragen wie Zuhören die interessantesten Kunden herauspicken."

„Warum sehen Sie diesen ersten schnellen Kontakt – sei es im Büro oder im Wohnzimmer des Kunden – als so entscheidend an?"

„Ganz einfach: Weil man heute als Verkäufer in der Regel nur eine Chance hat! Wenn es mir nicht gelingt, den Kunden am Telefon mitzureißen, also zu einem Termin zu bewegen – sei es in seinem Büro oder bei ihm zu Hause – dann habe ich verspielt. Denn in der Regel habe ich nur diese eine Chance. Und nur bei größeren Kaufentscheidungen habe ich vielleicht noch eine zweite, wenn ich dem Kunden mein individuell ausgearbeitetes Angebot vorstelle. Ansonsten gilt heute in unserer Branche wie in vielen anderen Branchen das Motto: **Now or never!**"

„Und wovon hängt diese zweite Chance ab?"

„Der Kunde ist heutzutage nur dann bereit, dem Verkäufer noch eine zweite Besuchschance zu geben, wenn ihm sein Angebot spontan gefallen hat und er sofort seine Kompetenz und Glaubwürdigkeit spürt. Wenn nicht, dann hat er im nächsten Augenblick sowohl sein Interesse als auch sein Vertrauen verloren. Im Klartext heißt das: Der Verkäufer darf sich heute keinen Fehler mehr erlauben!"

„Warum scheitern aber so viele Verkäufer in dieser Situation?"

„Weil sie nicht mit dem entsprechenden Drive in dieses erste Gespräch gehen. Stattdessen machen sie sich Illusionen. Sie glauben immer noch an die üblichen Ausdauerparolen. Zum Beispiel: ,Der Kunde braucht sieben Anstöße, um abzuschließen!' Sie glauben also, später noch nachlegen zu können, und merken nicht, dass der Kunde nach seiner inneren Absage jeden weiteren Anruf nur noch als Belästigung empfindet.

Durch dieses permanente Nachfassen gerät der Verkäufer darüber hinaus nicht nur in eine Bittstellersituation, sondern verliert auch noch seine Motivation. Ich versuche dagegen, mir bereits beim ersten Kontakt die richtigen Interessenten herauszupicken und das Geschäft so schnell wie möglich unter Dach und Fach zu bringen. Denn ich weiß: Jeder Tag Verzögerung bedeutet, dass der Kunde entweder abkühlt oder einem Wettbewerber in die Hände fällt."

„Was machen Sie, um neue Kunden so schnell wie möglich an sich zu binden?"

„Ich versuche als Erstes, den Kunden als Menschen mit seinen Problemen und Erwartungen kennen zu lernen und zu verstehen. Und ich beende auch das erste Gespräch am Telefon nicht eher, bevor ich nicht diese Schlüsselfaktoren kenne.

Genau das ist ja die größte Falle. Der Kunde hat unser Inserat gelesen, ruft nun an und sagt: ,Bitte schicken Sie mir doch Ihren Prospekt zu.' ,Ja', sagen da die meisten Verkäufer, ,geben Sie mir doch bitte Ihre Adresse und Ihre Telefonnummer.' Damit machen sie gleich zwei Fehler. Zum einen schaffen sie so keine persönliche Beziehung zum Kunden, denn sie haben keine Ahnung von seinen Wünschen. Und zum anderen kriegen sie auch noch gleich eine Abfuhr, denn der Kunde sagt daraufhin oft: ,Ich wünsche keine

Anrufe zu Hause. Ich rufe selbst zurück.' Aber das macht er nur, wenn Ostern auf Weihnachten fällt.

Deshalb tue ich gerade bei der telefonischen Kataloganforderung alles, um mit den Kunden sofort ins Gespräch zu kommen. Ich muss einen persönlichen Bezug herstellen, um später erfolgreich nachfassen zu können. Ich muss ihn so begeistern, dass er an mich denkt und mich in Erinnerung behält. Und ich muss seine Wünsche kennen, damit ich ihm genau das richtige Angebot zusenden kann und er es auch liest. Sonst ist alle Mühe umsonst. Deshalb dauert dieser 10-Sekunden-Anruf des Kunden (wenn es um ein Ortsgespräch geht) oft 10 Minuten. Denn hier entscheidet sich der Abschluss nicht erst, wenn ich dem Kunden gegenübersitze."

„Worauf achten Sie dann bei der ersten Begegnung, um sofort eine persönliche Beziehung zu erreichen?"

„Ich sehe mir den (neuen) Kunden ganz bewusst an: Wie tritt er auf? Wie ist er gekleidet? Welches Auto fährt er? Und ich selbst entspreche in meinem Auftritt den Erwartungen des Kunden! Das heißt: Da ich hochwertige Konsumgüter verkaufe, kleide ich mich auch hochwertig! Es macht doch keinen Sinn, einem Kunden, der sich ein Haus für 550.000 Mark kaufen will, mit zerschlissenen Jeans gegenüberzutreten und ihn in einem verrosteten Golf zu einem Referenzkunden zu fahren."

„Stimmt es, dass die Kunden heute immer mehr unterhalten statt informiert werden wollen?"

„Es gibt zwei Arten von Kunden: diejenigen, die selbst das Gespräch bestimmen, also echte Informationen erhalten wollen. Das sind aber maximal nur 25 Prozent der Kunden. Und diejenigen, die wollen, dass der Verkäufer das Gespräch führt und sie dabei unterhält. Unterhalten bedeutet für sie, dass er sich nicht nur um ihre Hausprobleme kümmert, sondern auch auf ihre persönlichen Wünsche eingeht. Auf jeden Fall wollen sie immer etwas Neues hören. Doch das ist gefährlich!"

„In welcher Hinsicht?"

„Die große Kunst liegt darin, den Kunden zu begeistern, ohne ihm sofort alles zu sagen. Ich muss ihn neugierig machen, ohne sofort das ganze Pulver zu verschießen. Ich muss ihn bei guter

Laune halten, ohne in der Spannung nachzulassen. Sonst arbeitet er nicht aktiv mit und ist auch nicht zu einem neuen Termin bereit. Konkret gesagt: Ich weiß z. B., dass ich vom Erzählen lebe. Aber ich weiß auch, dass ich nur dann Erfolg habe, wenn ich nicht alles erzähle!"

„Aber es ist doch für Sie mit Sicherheit sehr wichtig, dem Kunden sofort auf alle seine Fragen eine Antwort geben zu können?"

„Sehr wichtig. Denn die Kunden möchten sofort die gewünschte Auskunft. Die meisten Verkaufsbücher raten dem Verkäufer bei einer Frage, die er nicht gleich beantworten kann, zu der Aussage: ‚Wenn das für Sie wichtig ist, dann werde ich im Werk nachfragen und Ihnen Bescheid geben!' Doch dieser Rat ist in der Praxis längst überholt. Im Zeichen von ‚now or never' möchte der Kunde die Antwort sofort wissen und der Verkäufer, der das Gespräch abbrechen muss, weil er z. B. wegen einer Veränderung des Angebots erst den neuen Preis erfragen muss, steht auf verlorenem Posten."

„Ist das nicht sehr schwierig, ja manchmal unmöglich?"

„Genau da hakt es ja bei den durchschnittlichen Verkäufern. Sie sind einfach nicht fit! Sie haben keine guten Antworten auf die spontanen Kundenfragen parat. Und sie können nicht so schnell reagieren, wie es der Kunde von ihnen erwartet! Gute Verkäufer wissen dagegen sofort die richtigen Antworten. Sie haben nicht nur alle Informationen, sondern auch alle Hilfen parat, die für einen sofortigen Abschluss notwendig sind, angefangen vom möglichen Nachlass bis hin zu den Extras. Und nur das gibt dem Kunden den Kick zum Abschluss."

„Aber in der Regel tauchen doch gerade beim Abschluss oft besondere Probleme auf, z. B. wenn der Kunde noch Sonderwünsche hat. Wie gehen Sie damit um?"

„Ich habe Folgendes beobachtet: Spitzenverkäufer und mittelmäßige Verkäufer verkaufen in der Regel gleich gut, wenn es darum geht, die Vorteile ihrer Produkte vorzustellen. Den Unterschied erkennt man erst, wenn der Kunde ein individuelles Problem gelöst haben möchte. Während die schwächeren Verkäufer unbewusst noch immer davon ausgehen, dem Kunden eine 08/15-

Kataloglösung verkaufen zu können, wissen die Spitzenverkäufer, dass gerade jetzt der Augenblick der Wahrheit gekommen ist. Sie spüren, dass jetzt die eigentliche Kaufentscheidung fällt."

„Können Sie uns auch dazu ein konkretes Beispiel geben?"

„Eine Kundin hat mich erst kürzlich am Ende unseres Gesprächs plötzlich gefragt, ob man denn nicht über der Garage ihres neuen Hauses eine kleine Wohnung einbauen könne. Da es sich um eine Einzelgarage handelte, war die Platzfrage etwas schwierig. Ich schaute mir das Ganze kurz an, stellte der Kundin dann ein paar gezielte Fragen und nannte sofort einen bestimmten Preis. So bekam ich den Zuschlag.

Als ich sie später nach dem Grund ihrer positiven Entscheidung fragte, sagte sie mir, dass sie von meiner schnellen und sicheren Kompetenz geradezu fasziniert gewesen sei. ,Wieso hat Sie das so positiv gestimmt?', fragte ich zurück. Daraufhin erzählte sie mir, dass sie vor einer Woche einem Wettbewerbskollegen genau die gleiche Frage gestellt hatte. Aber der hätte sich als Erstes am Ohr gekratzt, das Lineal dahin und dorthin gelegt, auf seinen Block einiges gekritzelt und schließlich gesagt, dass er bei diesem schwierigen Projekt zuerst noch mit dem Werk Rücksprache nehmen müsse. ,Und da wusste ich', fuhr sie fort, ,dass dieser Verkäufer, wenn später einmal während der Bauphase Schwierigkeiten auftreten würden, genauso inkompetent wäre wie in diesem Augenblick.'

Während sie also bei diesem Verkäufer durch den Abbruch des Gesprächs emotional geradezu ,abkühlte', bekam sie bei mir durch meine prompte Antwort sogar ein noch ,besseres Gefühl'."

„Stimmt es, dass heute viele Kunden oft genauso viele emotionale wie rationale Abschlussgründe haben?"

„Absolut. Und da muss man als Verkäufer ganz genau hinhören, um die herauszuhören. Denn die gesamten technischen Eigenschaften und rationalen Produktvorteile interessieren heute den Kunden immer weniger. Qualität setzt er voraus. Statt Technik sind ihm seine Träume und Wünsche viel wichtiger."

„Können Sie uns auch dazu ein Beispiel schildern?"
„Gerne. Vor kurzem fragte mich z. B. eine Kundin, nachdem sie unseren Katalog eher gelangweilt durchgeblättert und nur die Badezimmereinrichtungen besonders studiert hatte, plötzlich: ‚Und wo ist bei der Badewanne die Ablage?' – Verblüfft fragte ich nach: ‚Wofür brauchen Sie denn diese Ablage, gnädige Frau?' Daraufhin antwortete diese Kundin, zirka 45 Jahre alt: ‚Für meine Quietschente natürlich!' – ‚Ja, das machen wir selbstverständlich!', reagierte ich schlagfertig. Und Sie werden es nicht glauben: Als ich ihr eine Woche später das neue, schön kolorierte Angebot überbrachte, da blätterte sie das meiste gelangweilt durch. Erst als sie auf das Badezimmer stieß, strahlte sie plötzlich über das ganze Gesicht: Denn neben der Badewanne sah sie die Ablage und auf der stand, bunt bemalt, ‚ihre' Quietschente! Nach weiteren 20 Minuten war der Vertrag über das Haus im Wert von 450.000 Mark abgeschlossen. Das war der Preis für die Ablage, das übrige Haus bekam sie kostenlos dazu.“

Welchen Nutzen können Sie aus diesem Interview ziehen?

Testen Sie Ihre Veränderungsbereitschaft

Stellen Sie anhand der folgenden Fragen fest, welche neuen Strömungen sich in Ihrer Branche ergeben haben, ob Sie auch darauf mit neuen Strategien reagiert haben oder ob Sie gegebenenfalls noch etwas verändern müssen.

Denken Sie daran: Gerade das, was Sie bisher am wenigsten verändert haben, weil es zu einer lieb gewordenen Gewohnheit wurde, kann den schnellsten und stärksten Erfolgsschub auslösen – wenn Sie es ändern.

Inwieweit reagieren Sie bereits in Ihrem Verkaufskonzept auf die neuen Strömungen und Entwicklungen der Zeit?

	ja	teil- weise	nein
Gehen Sie bereits nach einem eigenen, durchdachten Verkaufskonzept vor (statt immer noch Ihr ursprüngliches Konzept nachzubeten)?			
Haben Sie bereits den Mut, neue progressive Verkaufsstrategien wie die gezielte Provokation einzusetzen (statt immer noch die alten Verkaufsregeln strikt zu befolgen)?			
Bieten Sie Ihren Kunden bei jedem Besuch etwas Neues und bleiben so für ihn immer interessant (statt nur die alten Produktvorteile herunterzuleiern)?			
Prüfen Sie immer wieder die neuen Strömungen und Entwicklungen Ihrer Branche (statt nach dem 08/15-Schema Ihrer Ausbildung vorzugehen)?			
Versuchen Sie schon bei der ersten Kontaktaufnahme, mit dem Kunden durch Ihre Fragen eine persönliche Beziehung herzustellen und ihn zu begeistern (statt ihm nur einen Katalog zuzusenden)?			
Können Sie auf Anhieb sagen, welche Verkaufsmethoden Sie im letzten halben Jahr bewusst geändert haben (statt gewohnheitsmäßig mit den alten Strategien forzufahren)?			
Haben Sie etwas geändert, um trotz der zunehmenden Zurückhaltung der Kunden beim ersten Kontakt bereits eine gute, positive Stimmung zu erreichen (statt sich nur auf die üblichen Höflichkeitsfloskeln zu verlassen)?			

	ja	teil-weise	nein
Haben Sie schon eine neue Strategie entwickelt, um im Zeichen von „now or never" mögliche Abschlusschancen sofort wahrzunehmen (statt an den Mythos der sieben Anstöße zu glauben)?			
Sind Sie darauf vorbereitet, Ihre Kunden nicht nur gut informieren, sondern auch gut unterhalten zu können (statt schnellstmöglich Ihr Fachgespräch abzuspulen)?			
Haben Sie dafür gesorgt, dass Sie 99 Prozent aller Kundenfragen sofort beantworten können (statt sich zuvor noch in Ihrer Firma erkundigen zu müssen)?			
Sind Sie in der Lage, auch die emotionalen und irrationalen Kaufgründe Ihrer Kunden herauszuhören (statt nur auf die rationalen Kaufgründe zu achten)?			
Sind Sie innerlich dazu bereit, auf die Wünsche Ihrer Kunden nach individuellen Problemlösungen einzugehen (statt auf einen Verkauf nach Katalog zu hoffen)?			
Summe			

Die **Auswertung Ihrer Zukunftschancen:** Zählen Sie alle Ja-Antworten zusammen und bewerten Sie jede mit 8,33 Prozent. Wenn Sie z. B. 9 Ja-Antworten haben, dann besitzen Sie (9 x 8,33 = 74,97) bereits 75 Prozent der Siegereigenschaften. Jetzt wissen Sie, wo Ihre größten Defizite und damit Ihre größten künftigen Erfolgschancen liegen.

Gehen wir einen Schritt weiter: Jetzt wird Sie natürlich interessieren, wie eine solch bewusste Veränderung in der Praxis aussieht. Und vor allem: welche Erfolge man damit erzielen kann.

Silvio Sneberger, ein junger Berater von Wüstenrot und Allfinanz-Vertreter, ist dafür genau das richtige Beispiel. Denn er beweist, dass man mit neuen Strategien seinen Umsatz geradezu problemlos verdoppeln kann.

Wie ein Bausparkassen-Vertreter seinen Umsatz um 160 Prozent steigerte

Silvio Sneberger sagt dazu: „Diese Strategien waren so gut, dass im letzten Jahr sogar zwei Mitarbeiter aus unserer Orga-Leitung zu mir kamen und wissen wollten, weshalb ich so erfolgreich bin. Ich habe ihnen gerne meine Erfolgserlebnisse weitergegeben, denn das bestärkt mich in meinem Handeln. Und ich habe auch ein tolles positives Feedback erhalten: Einen Monat, nachdem die beiden Kollegen mich besucht hatten, haben sie selbst eine Umsatzsteigerung von 50 Prozent erreicht."

Grund genug, um uns seine Erfolgsstrategien genauer anzusehen:

- **Strategie Nr. 1: Er änderte seine Büro-Öffnungszeiten.**
  Dadurch erreichte er 12 Verkaufsgespräche mehr im Monat, was bei einer Abschlussquote von 50 Prozent sechs Geschäfte mehr im Monat und 60 Geschäfte mehr im Jahr bedeutete. Ein Beweis dafür, dass sich jede Zunahme der aktiven Verkaufszeit sofort in echten Umsatzsteigerungen niederschlägt.
- **Strategie Nr. 2: Er veränderte sein Verkaufskonzept.**
  Auf der Basis einer klaren Wochenplanung konzentrierte er sich im Kundengespräch darauf, zuerst emotionale Beziehungen zu seinen Kunden herzustellen. Dabei notierte er alle Wünsche und Interessen des Kunden sofort in seinem PC, um in seiner Argumentation direkt darauf eingehen zu können.

  Das bewirkte einen echten Erfolgsschub, denn erst die Fragen des Verkäufers nach den persönlichen Wünschen, Problemen und Vorstellungen des Kunden schaffen eine echte Beziehung zu ihm. Und erst auf der Basis dieser emotionalen Beziehung kann der Verkäufer den Kunden in den Zustand der Begeisterung versetzen, der wiederum für 78 Prozent aller Privatkundenabschlüsse Voraussetzung ist.

- **Strategie Nr. 3: Er analysierte alle Verkaufsgespräche.**
Er führte eine genaue statistische Auswertung hinsichtlich der Kontaktzahl, der Abschlussquote und anderer Quoten durch, um so am schnellsten die Ursachen seiner Erfolge und Misserfolge sowie neue Verbesserungsmöglichkeiten zu erkennen.

Dabei stellte er fest, dass er – unabhängig von dem Verkaufserfolg – pro Gespräch 200 Mark verdiente. Das verstärkte nicht nur seine Motivation, nach Misserfolgen weiterzumachen, sondern half ihm auch, seine statistischen Erfolgschancen zu wahren.

Außerdem beherzigte er mit dieser Analyse auch die alte Regel: Misserfolge, von denen ich nicht weiß, warum sie Misserfolge sind, sind mehrfache Misserfolge, denn sie können sich jederzeit wiederholen. Und Erfolge, von denen ich nicht weiß, warum sie Erfolge sind, sind Zufälle. Denn ich kann sie nicht wiederholen. Erst dieser Lerneffekt macht aus Misserfolgen wie Erfolgen echte, dauerhafte Erfolgseffekte!

- **Strategie Nr. 4: Er stellte eine Telefondame auf 630-Mark-Basis ein.**
Sie rief zwei Mal pro Woche ein bis zwei Stunden lang 40 bekannte oder empfohlene Adressen an und erreichte dabei eine Erfolgsquote von zirka 30 Prozent, also rund 13 Termine. Diese Termine ermöglichten ihm nicht nur einen motivierenden Wochenstart am Montag, sondern verschafften ihm auch mehr Zeit für seine wichtigste Aufgabe: mit den Kunden Verkaufsgespräche zu führen.

Darüber hinaus blieb er auf diese Weise seiner individuellen Strategie treu, nur das zu tun, was ihm leicht fiel und was er gerne tat. Also ließ er telefonieren, statt selbst zu telefonieren. Das ist fürwahr keine Drückebergerei, sondern viel eher das individuelle Merkmal eines Siegers.

- **Strategie Nr. 5: Er spezialisierte sich auf Jugendliche.**
Sie brachten ihm nicht nur einen Sofort-Umsatz, sondern sie verjüngten auch seinen Kundenstamm, der im Durchschnitt bereits zur Hälfte über 50 Jahre alt war. Außerdem legte er damit den Grundstein für ein großes Umsatzpotenzial in der Zukunft. Denn diese Aktion bildete eine ausgezeichnete Brücke für die nächsten Geschäfte, da ein Abschluss bei Jugendlichen mehr zählt als drei Einzelabschlüsse bei Erwachsenen. Zugleich bewies er mit dieser Strategie, dass er sich künftig noch mehr als bisher als „Zukunfts- und Lebenspartner" seiner Kunden fühlte.
- **Strategie Nr. 6: Er machte eine gemeinsame Aktion mit einem erfahrenen Kollegen.**
Dieser Kollege half ihm bei einer Werbebrief-Aktion für Kfz-Versicherungen, wodurch er nicht nur sofort 15 Versicherungen verkaufte, sondern sich als Allfinanz-Vertreter auch neue Umsatzpotenziale erschloss. Mit dieser Aktion bewies er nicht nur die Fähigkeit zur Kooperation, sondern auch die Einstellung, immerzu nach neuen, besseren Methoden Ausschau zu halten und sie konsequent zu nutzen.
- **Strategie Nr. 7: Er arbeitete mit einem Vermittler zusammen.**
Mithilfe dieses Vermittlers schloss er für sieben Mitarbeiter einer Firma eine Direktversicherung ab, obwohl der Chef dieser Firma einen ihm bekannten Versicherungsagenten bevorzugen wollte. Doch als es darauf ankam, konnte er ihm anhand von Testergebnissen die bessere Rendite seiner Gesellschaft beweisen.

Das war kein Zufall, denn er hatte zuvor den Kontakt zu diesem Vermittler ganz bewusst aufgebaut. Und genauso pflegte er auch die zukünftige Zusammenarbeit mit ihm, indem er ihn mit 50 Prozent an seiner Provision beteiligte. Denn er wusste, dass er mit einer guten Partnerschaft mehr erreicht als ein Einzelkämpfer.

Unser Fazit:

Je größere Aufträge Sie erreichen wollen, umso größere Veränderungen müssen Sie riskieren. Machen Sie die Mutprobe! Denn die Flexibilität ist die Schnellstraße zum Erfolg.

Denken Sie daran:

Sieger sind vor allem deshalb erfolgreich, weil sie permanent immer bessere Strategien entwickeln und einsetzen!

6. Kapitel

Erfolgsgarantie durch Einzigartigkeit

Warum Sieger unter allen Umständen anders als alle anderen sein wollen

Was brauchen Sie, um im Berufsleben Erfolg zu haben? – Intelligenz, Beharrlichkeit und Dynamik, wie uns so oft erzählt wird? Glauben Sie es nicht! Nach neuesten Untersuchungen sind ganz andere Faktoren die „Schlüsseleigenschaften", um im Business Karriere zu machen. Schauen Sie sie genau an:

Die Schlüsseleigenschaften erfolgreicher Führungskräfte

Flexibilität	93,5 %
Fachwissen	91,8 %
Fleiß	91,5 %
Kontaktfähigkeit	91,5 %
Durchsetzungsvermögen	90,0 %
Organisationsgeschick	89,0 %
Überzeugungskraft	87,6 %
Dynamik	87,4 %
Intelligenz	86,9 %
Beharrlichkeit	86,8 %

Quelle: MIND – Mittelstand in Deutschland

77

Sie sehen: An erster Stelle steht die Flexibilität, also die Fähigkeit, Strategien zu ändern, wenn man mit ihnen keinen Erfolg hat. Diese strategische Flexibilität haben wir bereits im letzten Kapitel behandelt. Jetzt geht es um die „individuelle Flexibilität", genauer gesagt, um die „persönliche Einzigartigkeit", also um die Fähigkeit, „anders als alle anderen" zu sein.

Das haben wir bereits bei Herrn Trang gesehen. Hier erleben Sie nun eine zweite Variante. Jetzt geht es nicht mehr darum, flexibel auf die wechselnden Marktbedingungen und Kundenansprüche zu reagieren, sondern – ganz individuell – beim Kunden nicht nur einen starken ersten Eindruck, sondern auch eine starke emotionale Erinnerung zu schaffen, also langfristig im Gedächtnis der Kunden zu bleiben.

Warum ist das so wichtig? Wir gehen immer davon aus, dass der erste Eindruck entscheidet. Das stimmt. Aber genauso wichtig für den Abschluss ist auch, welcher Eindruck bleibt! Was hilft der beste erste Eindruck, wenn sich der Kunde nach zwei Wochen nicht mehr an uns erinnert? Wenn sich nichts in seinem Gedächtnis festgehakt hat, was uns für ihn noch interessant macht? – Hier gilt:

Alle Folgegeschäfte funktionieren nur, wenn wir bei dem Kunden auch langfristig in guter Erinnerung bleiben.

Darum geht es also in diesem Kapitel:

Wie gewinnt man die Aufmerksamkeit des Kunden und bleibt in guter Erinnerung?

Ich habe Dutzende von Verkäufern begleitet und interviewt, Durchschnittliche wie Sieger. Aber wenn Sie mich nach dem wichtigsten Unterscheidungsmerkmal fragen, dann ist es dies: Die durchschnittlichen Verkäufer habe ich spätestens nach drei Tagen vergessen. An die Sieger kann ich mich noch nach Jahren erinnern! Warum?

Die Durchschnittsverkäufer spulten unterschiedslos bei jedem Kunden dasselbe Programm ab, verwendeten zehn Mal hintereinander dieselben Floskeln bei der Begrüßung und brachten jedesmal dasselbe Witzchen, um Stimmung zu machen. Kurzum: Sie leierten ihre Produktvorteile so eintönig herunter wie eine Schallplatte mit Sprung!

Sie beteten noch immer das gleiche Verkaufskonzept herunter, das sie irgendwo und irgendwann einmal während einer Ausbildung gelernt hatten. Nur mit dem einen Unterschied: Heute präsentieren sie aufgrund ihrer Routine und ihrer Bequemlichkeit nur noch die Kurzfassung, „weil der Kunde ohnehin schon alles weiß". Auf den Gedanken, neue Informationen und neue Aspekte anzuführen, kommen sie nicht.

Alle überdurchschnittlichen Verkäufer fielen mir dagegen durch ihre außergewöhnlichen und meistens auch noch sehr mutigen Verhaltensweisen auf. Sie hatten alle nur den einen Wunsch: **anders als alle anderen zu sein!**

Diese Einstellung ist anscheinend für den überdurchschnittlichen Erfolg eine unverzichtbare Bedingung. Warum? Niemals wird eine graue Maus, die genauso auftritt wie 1.000 andere graue Mäuse, wirklich erfolgreich sein. Die Antwort ist klar: Zuerst nimmt man sie nicht wahr und dann vergisst man sie sofort wieder. Und das ist in unserer Zeit, in der mit Milliarden Werbemark um die Aufmerksamkeit des Kunden gekämpft wird, absolut tödlich! Denn hier gilt nur eine Wahrheit:

> **Nur wer die Aufmerksamkeit des Kunden gewinnt, hat auch eine Chance, gehört zu werden!**

Das ist mit Sicherheit nicht leicht. Aber die folgenden Beispiele zeigen, dass es möglich ist.

Beispiel 1:

Wie man „auf ewig" im Gedächtnis der Kunden bleibt

Eine der besten Verkäuferinnen, Cornelia Grewe, die ich bereits in meinem Buch „Kunden kaufen nur von Siegern" vorgestellt habe, hat es geschafft, innerhalb von eineinhalb Jahren unter 300 Kolleginnen und Kollegen die Nr. 1 beim Verkauf von Lexika zu werden. Sie bestätigte mir bei unserem Gespräch genau dieses „blasse Erscheinungsbild" so vieler Durchschnittsverkäufer.

„Wir wechseln alle halbe Jahr das Gebiet", sagte sie mir, „und besuchen vor allem Kunden, die schon einmal bei uns etwas bestellt haben. Aufgrund der entsprechenden Kundenkartei ersehe ich also ganz genau, wann und wie oft sie bisher von Verkäufern unserer Firma besucht wurden. Mein Ziel ist nun, diese Kunden über unsere Ergänzungsbände zu informieren und zum Abschluss zu bewegen. Dabei mache ich immer wieder eine seltsame Erfahrung: Wenn ich zum Beispiel die Kunden darauf anspreche, dass sie bereits beim letzten Besuch meines Kollegen mit ihm über bestimmte Bände gesprochen haben, dann sagen viele Kunden: „Wieso? Ich bin doch von gar keinem Verkäufer besucht worden ... Ich kann mich an keinen erinnern!" Und das, obwohl es schwarz auf weiß in meiner Kartei steht. So wenig Eindruck haben diese Kollegen hinterlassen!

„Was machen Sie, um nicht vergessen zu werden?", fragte ich sie.

„Mich vergessen meine Kunden ganz bestimmt nicht! Zum einen, weil ich todschicke Mode-Kostüme von Thierry Mugler und anderen Modeherstellern trage, die sofort von den Einheitsuniformen der anderen abstechen, und zum anderen, weil ich auch genau den Schmuck trage, der mir gefällt. Wenn dann die Kunden einen Blick auf meine Hände werfen und sehen, dass meine Fingernägel künstlich verlängert und obendrein noch oft blutrot angemalt sind und an jedem Finger etliche Ringe glänzen, dann vergessen sie das in ihrem ganzen Leben nicht mehr."

„Stört dieses Outfit denn die Kunden nicht?"

80

„Genau das haben mir auch alle meine Kollegen und Vorgesetzten vorgeworfen! Aber ich bin die Nr. 1 damit geworden, also kann diese Präsentation nicht so falsch sein. Vielleicht schockiert es sie sogar im ersten Augenblick. Aber dann sagen sie sich wahrscheinlich: ‚Die hat Mut!' Und sie denken vielleicht daran, dass sie selbst auch genauso gern auffallen würden, aber dass sie aus irgendeinem Grund nicht den Mut dazu haben. Und den bewundern sie dann bei mir. Für mich im Verkauf ist es jedenfalls wesentlich besser, einen verblüffenden Eindruck zu hinterlassen als gar keinen."

Fazit:

> **Gute Verkäuferinnen und Verkäufer schaffen nicht nur einen starken ersten Eindruck,
> sondern hinterlassen auch eine starke Erinnerung!**

Beispiel 2:

Schon eine einzige „andere" Frage verrät den Top-Verkäufer

Ein genauso dramatisches Beispiel erlebte ich selbst einmal. Es beweist, dass erfolgreiche Verkäufer nicht nur anders als alle anderen auftreten, sondern dass sie dadurch auch genauso schnell als außergewöhnliche Menschen erkannt werden.

Ein Verkaufstrainer hatte mich eines Tages zu seinem Seminar eingeladen. Seine Methode war relativ einfach: Er schrieb das Thema auf das Flipchart und forderte dann alle Teilnehmer auf – es waren 12 an der Zahl – ihre wichtigste Aussage dazu in Kurzform auf ein Kärtchen zu schreiben, es an die Pinnwand zu heften und kurz darüber zu referieren. Das Thema der ersten Übung lautete: „Wie ermittle ich den Versicherungsbedarf eines Arztes?" (Zur Erklärung: Es handelte sich um die Mitarbeiter einer speziellen Ärzte-Versicherung).

11 Teilnehmer hatten bereits ihre Kärtchen angeheftet und darüber referiert, als der 12. nach vorne trat, sein Kärtchen an die Pinnwand befestigte, auf dem „Verunsicherung" stand und dazu sagte: „Als erstes versuche ich, einen neuen Kunden zu verunsichern!" Als er die ungläubigen Blicke seiner Kollegen sah, fuhr er fort: „Ich tue alles, um ihm zu zeigen, dass er noch keinesfalls so gut versichert ist, wie ihm sein bisheriger Berater suggeriert hat und wie er selbst gerne glauben möchte!"

Als ich diese zwei Sätze hörte, wandte ich mich spontan an den Verkaufsleiter, der bei dieser Übung neben mir saß, und sagte zu ihm: „Das ist Ihr bester Verkäufer, stimmts´?" – „Es stimmt!", bestätigte er mir.

Warum hatte ich gerade diesen Verkäufer schon nach den ersten beiden Sätzen erkannt? Aus zwei Gründen: Erstens, weil sein Ansatz, einen neuen Kunden zuerst einmal zu verunsichern und damit ein starkes Problembewusstsein zu schaffen, zumindest in diesem Kreis außergewöhnlich, also ganz anders war! Damit unterschied er sich sofort von den anderen, die zuvor bestenfalls nur die üblichen Bedarfs- und Analysefragen vorgestellt hatten.

Zweitens, weil diese Technik der Verunsicherung nur von einem Verkäufer eingesetzt wird, der über das nötige Selbstvertrauen verfügt, um diese provozierende Strategie auch anwenden zu können. Ein Durchschnittsverkäufer würde sich diese Gesprächseröffnung niemals zutrauen, weil er Angst hätte, sofort die Sympathie des Kunden zu verlieren!

Beim Kunden aber bleibt diese Verunsicherungstaktik wie ein Widerhaken im Gedächtnis hängen! Sie bewegt ihn, sie berührt ihn und wird so zum Schlüssel für den späteren Abschluss. Die logische Begründung dafür ist sehr einfach:

> **Nur der Verkäufer, der dem Kunden ein Problem bewusst machen kann, kann ihm auch sein Produkt als echte Problemlösung verkaufen!**

Warum ist die Einstellung, „anders als alle anderen" zu sein, heute so wichtig?

Es hängt damit zusammen, dass nicht nur die Produkte und ihre Qualität immer ähnlicher und austauschbarer werden, sondern dass auch die Verkäufer selbst immer „gleicher" und austauschbarer werden.

Der Kunde weiß häufig nicht, warum er das Produkt A oder das Produkt B kaufen soll. Noch weiß er, warum er es vom Verkäufer A oder vom Verkäufer B kaufen soll. Er will sich aber an etwas halten: Und das ist entweder das bestimmte Image eines Produkts oder die individuelle Persönlichkeit des Verkäufers.

Das Image des Produkts kann der Verkäufer kaum beeinflussen! Aber sein persönliches Image kann er sehr wohl gestalten, und zwar zu einem unverwechselbaren, eindrucksvollen, eventuell sogar unvergesslichen Image!

Genau das machen alle sehr erfolgreichen Verkäufer. Hier gilt:

> **Heute muss sich der Verkäufer zuerst selbst verkaufen!**

Und das muss er gut tun, wenn er nicht in der Masse der Mitbewerber untergehen will. Also versucht der Erfolgreiche alles, um dem Kunden ein bestimmtes Image zu vermitteln – am besten das des überdurchschnittlich kompetenten, erfolgreichen und zuverlässigen Verkäufers, der das Vertrauen des Kunden verdient.

Auf dieses unverwechselbare Image kommt es an. Denn dieses Image zahlt sich zuletzt auch in überdurchschnittlichen Abschlüssen aus.

Die Herausforderung für jeden, der erfolgreich sein will, lautet daher: Schaffen Sie sich ein unverwechselbares Image, statt in der langweiligen und grauen Anonymität der Masse unterzugehen! Hier gilt die Regel:

Je besser Ihr Image ist, umso größer ist auch Ihr Erfolg!

Denn es ist das Image, das den Unterschied zwischen einem Durchschnittsmenschen und einer Erfolgspersönlichkeit ausmacht. Was macht aber nun das Image aus?

Die Antwort ist sehr einfach: Zum Image gehört alles! Ihre Kleidung, Ihre Frisur, Ihre Visitenkarte, Ihre Unterlagen, Ihr Auto, Ihre Wohnung, Ihr Freundeskreis ..., aber vor allem gehören auch Ihr Temperament, Ihr Auftreten, Ihr Engagement, Ihre Stimme, Ihre Miene, Ihre Fröhlichkeit, Ihr Fachwissen, Ihre Kompetenz und Ihre Hilfsbereitschaft ... dazu. Und das Besondere daran:

Ein gutes Image erreichen Sie dann, wenn Sie im positiven Sinne anders, besser, besonders oder außergewöhnlich sind!

Das bedeutet, dass Sie sich von der üblichen Norm, vom üblichen Standard abheben und ihren eigenen, besonderen Stil finden! Denn Durchschnittlichkeit und gutes Image passen nicht zusammen!

Das Wichtigste, um sich von der Masse abzuheben, müssen Ihre neuen Ideen und Innovationen sein! Nur das bewirkt die entscheidende Eigenwerbung für Sie. Und nur dann haben Sie überhaupt erst eine echte Erfolgschance! Genau das meint auch Reinhard Sprenger in seinem Buch „Mythos Motivation":

„Nichts auf der Welt ist erfolgreicher als das Einmalige. Das kann für den Einzelnen nur heißen: Sei du selbst, unverwechselbar, einzigartig. Tue nur, was du absolut erstklassig kannst, wo dein Talent wie eine Sonne leuchtet. Unterlasse alles, worin du nur zweitklassig bist. Heraus aus dem Mainstream! Von ‚Me-too-Produkten' haben wir überall genug. Erfolg ist immer so einmalig, wie der Mensch, der ihn anstrebt."

Das erfordert natürlich auch ein erhebliches Maß an Selbstbewusstsein und Selbstvertrauen. Denn es bedeutet als Erstes, sich selbst als etwas Besonderes und Außergewöhnliches zu empfinden oder es zumindest anzustreben!

Dazu gehört auch Mut, denn viele werden Ihnen sagen: „Das kannst du doch nicht tun!" Oder: „Das gehört sich nicht!" Oder:

„So wirst du keinen Erfolg haben!" Oder sie begegnen Ihnen mit unverhohlenem Neid und offener Ablehnung. Damit müssen Sie rechnen. Wenn Sie das spüren, dann wissen Sie jedenfalls, dass Sie auf dem Weg zu etwas Außergewöhnlichem sind. Jetzt kommt es nur noch darauf an, die Sache durchzustehen und auszubauen!

Kehren wir kurz zur Bedeutung der „äußeren Wirkung" zurück. Hier gilt die Regel:

> **Wer Selbstvertrauen und Erfolg ausstrahlt,**
> **dem traut man auch zu, Großes zu vollbringen.**

Und das macht sich jeden Tag bezahlt! Denn eine Empfangsdame oder Sekretärin, die von dem sicheren Auftreten eines Verkäufers beeindruckt ist, wird von sich aus dem Chef ganz anders davon berichten – und sei es nur durch ihre Miene, ihre Stimme und den Nachdruck, mit dem sie diesen Besucher anmeldet. Und genau diese winzigen Merkmale führen dann zu dem erwünschten Termin und zu der unbewusst positiven Einstimmung des Kunden.

Deshalb ist es auch für jeden Verkäufer, jeden Bewerber und jeden, der ein Projekt präsentiert, so wichtig, das Image des Erfolgreichen auszustrahlen. Warum? Weil nichts von dem, wie Sie sich kleiden, wie Sie sprechen, welche Kontakte Sie haben, welche Sportarten und Hobbys Sie betreiben, welches Auto Sie fahren und wohin Sie in den Urlaub fahren ..., zufällig geschieht. Hier gilt:

> **Alles, was wir tun, ist der Ausdruck unseres**
> **unbewussten Glaubens an unseren Erfolg.**

Dazu ein Beispiel:

Ob eine junge Führungskraft sich einen Anzug oder ein Kostüm für 500 Mark oder für 1.000 Mark kauft, zeigt bewusst (oder unbewusst) auf, wie hoch sie sich selbst einschätzt, welche Ziele sie anpeilt, welche Kontakte und Bekanntschaften sie anstrebt und wie sie behandelt werden möchte. Nichts ist Zufall!

Gleichzeitig treten zwei weitere Gesetze in Kraft. Erstens das Gesetz der Anziehung und Ausstrahlung:

> **Das, was wir ausstrahlen, ziehen wir an!**

Genau das werde ich Ihnen noch an einem beinahe unglaublichen Beispiel aufzeigen.
Und zweitens das Gesetz der Ähnlichkeit:

> **Erfolgreiche Leute pflegen gern Kontakt**
> **mit ähnlich erfolgreichen Leuten!**

Hier sind nun vier Beispiele, wie Top-Verkäufer es verstanden, durch ein außergewöhnliches Image – Verhalten, Merkmale oder Vorgehensweise – die Aufmerksamkeit ihrer Kunden zu erregen und damit Millionen-Aufträge zu gewinnen.

4 Beispiele, wie Top-Verkäufer Aufsehen erregen

Beispiel Nr. 1:

33 Karat machen immer Eindruck

Ein Vertreter, der Diamanten-Schleifmaschinen verkaufte, handelte nicht nur beruflich mit Diamanten, sondern machte sie auch zu seinem persönlichen Markenzeichen. Er sammelte Diamanten und seine Krönung war eine 33-karätige Brillanten-Krawattennadel. Darüber hinaus waren selbst seine Manschettenknöpfen, sein Zigarettenetui und natürlich seine Uhr mit Diamanten bestückt. Natürlich wusste er, dass heute kaum jemand noch Krawattennadeln trägt

und erst recht nicht solche mit einem so wertvollen Diamanten. Aber genau darauf hatte er es abgesehen. Wenn der Kunde dann ungläubig fragte, ob denn der Brillant auf der Krawattennadel wirklich 33 Karat habe, ging er zum Fenster des Büros und kratzte lässig seine Initialen in die Scheibe. So überzeugte er nicht nur diesen ungläubigen Thomas mit seinem Diamanten, sondern hinterließ auch noch eine bleibende Erinnerung an den „Diamanten-Verkäufer".
Beispiel Nr. 2:

Haben Sie eine Visitenkarte, die man nicht wegwirft?

Vor einiger Zeit traf ich einen früheren Nachbarn, der vor ungefähr 10 Jahren weggezogen war. Nach dem Austausch einiger Erinnerungen fragte er mich: „Wissen Sie, dass ich Ihre Visitenkarte mit den tollen Sprüchen noch immer neben unserem Telefon stehen habe?" – Ich war beeindruckt. Eine so kleine Investition und eine so starke Erinnerung. Worin besteht der Effekt?

Meine Visitenkarte ist 18 Zentimeter breit und 13,5 Zentimeter hoch und kann in der Mitte gefaltet werden, so dass sie etwa so groß wie ein kleiner Notizblock ist.

Der zweite Unterschied – und das ist auch der Grund, warum sie nicht weggeworfen wird – sind die intelligenten Sprüche weltberühmter Menschen, die anscheinend den Leuten sehr gut gefallen. Jeder Mensch braucht wohl von Zeit zu Zeit wieder einmal eine kleine moralische Aufrüstung – und dafür ist diese Visitenkarte ideal.

Auf den nächsten Seiten sehen Sie die beiden Innenseiten dieser Visitenkarten in leicht reduzierter Größe.

Positive Gedanken für den Alltag

Es ist ein Zeichen von Intelligenz, in jeder Situation auch das Positive zu sehen. *(William James)*	Klage nicht so sehr über einen kleinen Schmerz; das Schicksal könnte ihn durch einen größeren heilen. *(Friedrich Hebbel)*
Es ist ein Gesetz im Leben: Wenn sich eine Türe für uns schließt, öffnet sich eine andere. *(André Gide)*	Ich werde nie aufgeben! *(Das Motto der 40 „Unsterblichen" der Académie Française)*
Das fernste Ziel ist dem erreichbar, der mit Klugheit hofft. *(Lope de Vega)*	Gott gebe mir die Gelassenheit, Dinge hinzunehmen, die ich nicht ändern kann; den Mut, Dinge zu ändern, die ich ändern kann. Und die Weisheit, zwischen beiden zu unterscheiden. *(Franz von Assisi)*
Ich habe mir im Leben viele Sorgen gemacht; aber die meisten sind nie eingetroffen. *(Mark Twain)*	Jeder Tag, an dem du nicht lachst, ist ein verlorener Tag. *(nach Friedrich Nietzsche)*
Es ist sinnlos, sich über Dinge zu ärgern, über die wir keine Gewalt haben. *(Epiktet)*	Carpe diem – Nutze den Tag! *(Horaz)*

Beispiel Nr. 3:

Machen Sie Werbung für den wichtigsten Kunden – für sich selbst!

Ein Unternehmensberater im Bereich Marketing wusste, dass es unbedingt erforderlich ist, sich ein unverwechselbares Image zu geben. Und genauso wusste er, dass man dieses Image auch durch eine permanente Werbung bekannt machen muss. Also wandte er zu Beginn seiner Karriere 10 Prozent seines Umsatzes für Werbezwecke auf, um seinem wichtigsten Kunden – nämlich sich selbst – die nötige Publicity zu verschaffen.

Zu seinen Volltreffern gehörte die ausführliche Visitenkarte. Kam es zum Austausch der Visitenkarten, dann übergab er nicht das übliche kleine Kärtchen, sondern eine komplette kleine Broschüre über sich selbst.

Seine Idee zielte darauf ab, dass die Menschen Persönlichkeiten und Ideen, nicht aber Produkte und Firmen kaufen. Was immer er tat, er wollte seine Kunden davon überzeugen, dass sie es mit einer besonderen Persönlichkeit zu tun hätten.

Beispiel Nr. 4:

Wie man sich ins rechte Licht rückt

Wie oft bietet sich im Leben die Chance, sich und seine Leistung ins rechte Licht zu rücken? Aber nur zu oft macht man nichts Rechtes daraus. Man geht ohne lange zu überlegen nach der 08/15-Methode vor, schnell und zweckmäßig. Aber der besondere Pfiff, der unvergesslich bleibt, fehlt. Da bekommt z. B. ein Verkäufer die Gelegenheit, vor Kunden zu sprechen. Aber was tut er? Er kleidet sich korrekt, redet korrekt und präsentiert seine Folien korrekt, aber ansonsten gibt es nichts, was einen nachhaltigen Eindruck hinterlassen könnte. Und wieder ist eine Chance vertan, zu zeigen, dass man etwas Besonderes ist. Doch hier gilt:

Erfolg erfordert immer etwas Außergewöhnliches!

Wie man eine Rede zu einem gelungenen, fesselnden Auftritt machen kann, zeigt das folgende Beispiel:

Ein Vertriebsleiter sollte über „Geldanlagen in den USA" sprechen. Der Termin war am Ende einer langen Tagung quasi als Highlight angesetzt. Natürlich war ihm sofort klar, wie schwierig es werden würde, zu später Stunde noch die Aufmerksamkeit zu gewinnen. Also schickte er einen Kollegen zur nächsten Bank und ließ 50 Ein-Dollar-Scheine holen.

Nachdem er vom Veranstalter angekündigt worden war, hielt er durch den Mittelgang seinen Einzug und warf dabei die Dollarscheine in die Luft. Damit wollte er seine Zuhörer schlagartig darauf aufmerksam machen, dass amerikanische Geldanlagen in der Luft lägen und dass man die Dollars nur so aufsammeln könnte, wenn man wollte.

Noch dramatischer gestaltete er seinen Abgang. Er ließ eine (alte) Glastüre auf der Bühne aufstellen und schoß zuletzt einen Fußball dagegen, so dass sie in tausend Scherben zersprang. Dazu schrie er voller Begeisterung ins Mikrophon: „Wir müssen die Tradition zum Fenster hinausschießen, wenn wir Erfolg haben wollen!"

Solche Effekte bleiben den Zuhörern natürlich noch lange im Gedächtnis und bewirken einen emotionalen Aha-Effekt. Denn bei einer dramatischen und spektakulären Demonstration erfassen sowohl der Verstand als auch das Gefühl sofort, worum es geht – und deshalb ist auch die Akzeptanz so groß und die Erinnerung so anhaltend!

„Den Menschen fehlt nicht die Kraft.
Es fehlt ihnen der Wille.“
Victor Hugo

7. Kapitel

Resultatsorientierung – das Königsmerkmal aller Sieger

Sieger arbeiten immer auf Resultate hin

Als ich die Persönlichkeit der Top-Verkäufer aus meinem Buch „Kunden kaufen nur von Siegern" mit Hilfe von Fragebögen psychologisch testen ließ, stellte sich heraus, dass 90 Prozent aller Sieger zu dem Typ „Direktor" gehören. Dieser Typ zeichnet sich dadurch aus, dass er bei allem, was er tut, ganz klar die Priorität auf bestimmte Resultate legt. Was immer er tut, er will bestimmte Ergebnisse erreichen!

Die Resultatsorientierung, das Arbeiten auf klar fixierte Ergebnisse hin, ist also ein absolutes Siegermerkmal. Denn sie ist für jeden beruflichen Erfolg entscheidend. Hier gilt:

> **Wir werden nicht nach unseren Absichtserklärungen bezahlt, sondern nach unseren Ergebnissen!**

Auf dieses „resultatsorientierte Arbeiten" haben sich alle Sieger geradezu (unbewusst) programmiert. Und damit sind wir auch bei der überragenden Bedeutung des Unterbewusstseins für unseren Erfolg. Seit den Untersuchungen von Sigmund Freud wissen wir:

91

> **Das Spiel des Erfolgs wird im Bewusstsein gespielt, aber im Unterbewusstsein gewonnen oder verloren!**

Also kommt alles darauf an, dass wir unser Unterbewusstsein auf ein resultatsorientiertes Handeln programmieren.

Genau das mache ich z. B. beim Schreiben: Ich setze mich von 9 bis 12.30 Uhr an die Schreibmaschine und dann möchte ich 10 Seiten schaffen. Das sind beileibe keine fertigen Seiten, sondern eher Rohentwürfe, die dann noch bis zu sechs Mal umgeschrieben werden müssen. Aber es sind 10 Seiten. Ich kann es mir nicht leisten, auf den Tag oder die Stunde zu warten, wo mich die Muse küsst. Da müsste ich lange warten. Und wenn sie mich in der Freizeit küsst, dann wäre keine Schreibmaschine in der Nähe.

Gehen wir einen Schritt weiter:

Wie funktioniert nun diese unterbewusste Programmierung bei den Top-Verkäufern? Zum Beispiel bei der vielleicht schwierigsten Aufgabe: der Vereinbarung von Besuchsterminen am Telefon?

Ich möchte Ihnen das an einem Vergleich zwischen einem Top-Verkäufer und einem eher schwächeren Verkäufer zeigen. Zuerst das Problembeispiel:

Wie man sein Unterbewusstsein auf Misserfolge programmiert

Nehmen wir an, Verkäufer Fritz Schwach hat sich vorgenommen, am Abend von 18 bis 19 Uhr neue Termine am Telefon zu vereinbaren. Er hasst diese Tätigkeit. Aber es fällt ihm keine andere Methode ein. Also geht er mit innerer Abwehrhaltung und Halbherzigkeit an die Aufgabe heran. Er erwartet in Wirklichkeit keinen Erfolg und hat mit dieser Einstellung auch keinen Erfolg, denn die ersten fünf Anrufe erweisen sich als Nieten.

Das ist zu viel für ihn. Er braucht jetzt eine Kaffeepause. Und weil die erste Entspannung gleich eine zweite nach sich zieht, greift er auch noch zur Zigarette.

92

Er ahnt nicht, dass er jetzt für alle Zeiten eine geradezu tödliche Programmierung in seinem Unterbewusstsein geschaffen hat. Sein Unterbewusstsein, das ja ebenfalls von dieser Telefonakquise nichts hält, jubelt: „Dem Typ da oben brauche ich nur fünf Misserfolge zu schicken, dann gibt's Kaffee und Zigaretten! Bravo! Und zu den fünf Misserfolgen verhelfe ich ihm allemal! Ein bisschen Abwehrhaltung, eine negative Einstellung, eine Portion Halbherzigkeit und jede Menge Frustgefühle. Das müsste eigentlich reichen!" Und in der Regel reicht es nach kurzer Zeit nicht nur für die nette Kaffeepause, sondern auch gleich fürs Aufhören. Denn ab 19 Uhr versinkt Deutschland vor der Glotze in einen entspannten Dämmerzustand und da kann man niemanden mehr anrufen. Fertig ist die Falle unseres Unterbewusstseins!

So programmieren sich Sieger auf Erfolge

Ganz anders verhält sich Kevin Stark. Zuerst einmal glaubt er an die Aussage seines Verkaufsleiters: „Ruf 15 Interessenten an und du hast im Durchschnitt drei Termine!" Also ruft er an und stößt ebenfalls auf die gleichen fünf Nieten wie Kollege Fritz Schwach. Im ersten Augenblick machen auch ihm die Misserfolge zu schaffen, kommen auch bei ihm leicht negative Gefühle hoch und zieht es auch ihn zu Kaffee und Zigaretten. Aber er reagiert anders! Er sagt zu sich:
„Kaffee und Zigarettenpause gibt es erst, wenn ich meine drei Termine erreicht habe!" Und dann macht er so lange weiter, bis er die drei Termine geschafft hat.
Haben Sie den zweifachen Unterschied gesehen? Erstens: Kevin Stark macht keine fatale (negativ programmierende) Pause, sondern er macht einfach weiter. Und zweitens: Er nimmt sich vor, so lange zu telefonieren, bis er wirklich die drei erstrebten Termine erreicht hat. Genau das kennzeichnet die echte Resultatsorientierung der Sieger. Sie arbeiten so lange und so entschlossen auf ein bestimmtes Ergebnis hin, bis sie es auch erreicht haben. Das ist Erfolg hoch drei! Denn es bedeutet:

Und das bringt ihnen gleich zwei weitere unvergleichliche Vorteile:
Erstens: Sie programmieren ihr Unterbewusstsein darauf, ein bestimmtes Resultat anzustreben – und vorher weder zu entspannen noch aufzuhören. Und zweitens: Sie entwickeln dabei eine absolute Entschlossenheit.

Ihrem Unterbewusstsein machen sie so ein für alle Mal klar, dass sie das festgesetzte Ergebnis wollen und dass sie vorher nicht aufgeben. Genau diesen starken emotionalen Wunsch kapiert auch ihr Unterbewusstsein. Es weiß nun, dass es keinen Ausweg, keinen faulen Kompromiss und keine dummen Ausreden gegenüber diesem Ziel gibt.

Und dass zuvor weder ein Abbruch noch eine Aufgabe infrage kommt. Und da unser Unterbewusstsein immer bemüht ist, unsere Energiereserven so ökonomisch wie möglich einzusetzen, stellt es Kevin Stark gleich bei seinem ersten Versuch die volle Power für den angestrebten Erfolg zur Verfügung. Also die Energie, die Fritz Schwach erst dann mobilisieren kann, wenn ihm das Wasser bereits an der Oberkante Unterlippe steht. Und der Effekt?

Durch die sofortige Zuschaltung des inneren Turbos erreicht Kevin Stark nicht nur die durchschnittliche 15:3-Quote (die ja nur für den Durchschnitt steht), sondern in der Regel eine wesentlich bessere Quote, denn er geht bereits beim ersten Anruf mit voller Entschlossenheit vor!

Genau dasselbe gilt auch für die Verkaufsgespräche! Auch dazu ein Beispiel:

Wie eine Verkäuferin
unter 300 Kollegen die Nr. 1 wurde

Diese junge Verkäuferin kennen Sie bereits. Es ist Cornelia Grewe, die Frau mit dem sensationellen Outfit: den Thierry Mugler-

94

Kostümen, den knallroten, langen Fingernägeln und den acht Ringen an den Fingern. Sie war bis dahin noch nie im Außendienst und wurde doch innerhalb von eineinhalb Jahren die Nr. 1 unter 300 Kolleginnen und Kollegen beim Verkauf von Lexika. Diesen phänomenalen Erfolg verdankt sie neben ihrem Mut, anders zu sein, vor allem ihrer klaren Resultatsorientierung.

Sie verkauft in der Woche 100 Bände. Genau die Anzahl, die ihre durchschnittlichen Kollegen im Monat verkaufen.

Wie schafft sie das?

Sie weiß erstens, dass sie dazu vier Termine pro Tag braucht. Also telefoniert sie jeden Abend so lange, bis sie diese vier Termine erreicht hat. Und sie weiß zweitens, dass sie pro Tag 20 Bände verkaufen muss, damit am Freitag Abend 100 im Auftragsbuch stehen. Wenn sie jedoch dieses Ziel nicht erreicht hat, dann beweist sie wieder echte Siegermentalität: Dann hängt sie sich am Freitag abend noch ans Telefon, um für den Samstag und, wenn es sein muss, sogar für den Sonntag, neue Termine auszumachen. Genau das ist der wahre Beweis ihrer Entschlossenheit gegenüber ihrem Unterbewusstsein! Sie will ihr Ziel, 100 Bände pro Woche, wirklich und unter allen Umständen erreichen.

Natürlich weiß sie, dass diese Samstags- und Sonntagsarbeit niemals zur Regel werden darf. Das wird sie auch nicht. **Doch mit dieser gelegentlichen Wochenendarbeit hat sie ihr Unterbewusstsein auf absolute Entschlossenheit programmiert.** Mit der Folge, dass sie bereits das erste Verkaufsgespräch in der Woche mit jener Entschlossenheit führt, die schwächere Verkäufer erst am Freitag aufbringen, um wenigstens ihr wöchentliches Mindestsoll von 25 Bänden zu retten.

Und jetzt folgt ein weiterer Erfolg dieser Entschlossenheit, den Sie bereits kennen.

Auch der Kunde nimmt die Entschlossenheit
des Verkäufers wahr!

Hier wirkt das unbewusste Prinzip der Nachahmung – dem wir in Wahrheit alles verdanken, was wir als Kind gelernt haben. Dieses Prinzip besagt:

Wenn der Kunde den Verkäufer als entschlossen wahrnimmt, dann steigert das auch seine eigene Entschlossenheit, zu kaufen! **Die Entschlossenheit des Verkäufers beeinflusst also die Entschlossenheit des Kunden!**

Selbstverständlich gilt das für alle wichtigen Gespräche:

- Der Bewerber, der die neue Stelle entschlossen will, steckt damit auch den Personalchef an!
- Die Mutter, die ihrem Kind entschlossen einen Wunsch verweigert, wird damit auf Dauer wesentlich besser fahren, als wenn sie nur mit einem gereizten „Nein, das geht nicht" reagiert – und kurze Zeit später doch nachgibt.
- Der Abteilungsleiter, der seine Mitarbeiter für ein neues Projekt begeistern will, hat wesentlich mehr Chancen, wenn er auch die zu erwartenden Einwände mit unerschütterlicher Standfestigkeit beantwortet.

Der Unterschied zwischen einem absolut entschlossenen, resultatsorientierten Handeln und einem eher zufälligen ist genau so gravierend wie der zwischen einem fest eingeschlagenen Nagel und einer leicht eingedrückten Reißzwecke.

Nicht umsonst haben viele Große der Weltgeschichte sich einiges einfallen lassen, um vor der entscheidenden Herausforderung diese notwendige Entschlossenheit bei sich und ihren Gefährten zu erzeugen.

Die Methode der verbrannten Schiffe

Als sich Cortez im Jahr 1519 mit 420 Soldaten auf den Weg machte, um Mexiko zu erobern, brauchte er die felsenfeste Entschlossenheit seiner Soldaten. Also ließ er von den 10 Schiffen, mit denen sie angekommen waren, neun auf den Strand ziehen und unbrauchbar machen. Dann erklärte er seinen 420 Mannen, worum es ging, und forderte zuletzt diejenigen, die von seinem Plan nicht restlos begeistert waren, auf, das intakte Schiff zu besteigen. Er versprach ihnen, dass sie ohne Bestrafung nach Hause absegeln könnten. Jeder konnte nun selbst die Entscheidung treffen. Danach war jedoch allen Soldaten klar, dass es jetzt nur noch um eines ging: zu kämpfen und zu siegen!

Diese Methode der „verbrannten Schiffe" können Sie überall anwenden, wo es notwendig ist, eine felsenfeste Entschlossenheit zu erzeugen. Die beste, aber auch gefährlichste Methode besteht darin, sich selbst freiwillig unter einen gewissen Erfolgszwang zu setzen, wie die folgende Geschichte beweist.

Mein Start in die Selbstständigkeit

Weniger dramatisch als Cortez habe ich dieselbe Methode angewandt, als ich mich selbstständig machte. Ich hatte gerade als Leiter der gesamten Aus- und Weiterbildung bei einer der größten Versicherungskonzerne in Deutschland den Gipfel meiner Angestelltenkarriere erreicht, als mir klar wurde, dass mein wahres Ziel die Selbstständigkeit als Trainer war. Gedacht, getan. Wie aber erreichte ich meine Entschlossenheit?

Durch eine ganz einfache Methode: Ich gab meinen 100.000-Mark-Job mit dem wunderschönen mahagonigetäfelten Büro und den zwei Vorzimmerdamen auf und machte mich – ohne einen einzigen Kunden und einen einzigen Auftrag zu haben – selbstständig. Jetzt musste ich etwas tun! Aber das Erste, was ich tat, war, dass ich mich – weil meine Wohnung etwas laut war – im Mai im Nymphenburger Schlossgarten auf eine Parkbank setzte und Verkaufsbücher las. Das machte ich etwa eine Woche lang, um anscheinend den unbewussten Schock auszugleichen und darauf zu warten, dass mein Glück, meine Ideen oder meine Kreativität mich in den Kontakt mit den ersten Kunden brachten. Was dann auch prompt nach zwei Wochen durch einen echten „Glücksfall" geschah.

Sie sehen, mein Start in die Selbstständigkeit verlief weder sehr professionell noch geplant noch genau kalkuliert. Alles, was für mich zählte, war: Ich wollte mich unbedingt selbstständig machen! Ich hatte absolut keine Lust mehr, als Angestellter, und sei es auf einem noch so hohen Niveau, weiterzuarbeiten.

Obwohl also weder die Vorbereitung noch die Planung, ja, noch nicht einmal die ersten Schritte professionell geplant oder durchgeführt waren, habe ich meinen späteren Erfolg dem wichtigsten unbewussten Grundsatz zu verdanken:

**Man erreicht alles,
was man (unbewusst) aus tiefstem Herzen will!**

Ohne diese radikale Entscheidung hätte ich niemals die Gelegenheit gehabt, meine Erfolgschancen zu testen!

Genau das bewirkt die felsenfeste Entschlossenheit! Durch meine Kündigung ohne doppelten Boden und ohne mögliche Rückzugschance habe ich meinem Unterbewusstsein bewiesen, dass ich die Selbstständigkeit wirklich, „unter allen Umständen" wollte, und jetzt machte sich mein Unterbewusstsein daran, die entscheidende Lösung herbeizuführen.

Sie sehen, Entschlossenheit heißt:

Sie müssen den Erfolg mit ganzem Herzen wollen!

Denn der Verstand spielt dabei nur eine untergeordnete Rolle. Genau das drückt auch das folgende chinesische Märchen aus:

Die Geschichte vom legendären Riesen Ying Shih

Vor mehr als 1.000 Jahren stürzte der ehrgeizige Wong Te den Kaiser und setzte sich selbst auf den Thron. Doch statt die Not des

Volkes zu lindern, wurde er ein mächtiger Tyrann, der das Volk erbarmungslos unterdrückte.

Da beschloss der Riese Ying Shih, den getöteten Kaiser zu rächen und das unglückliche Volk von diesem Tyrannen zu befreien. Er stieg vom Himmel und forderte Wong Te zum Kampf auf. Heiß ging der Kampf hin und her. Da aber Wong Te allen Soldaten des Palastes befohlen hatte, ihn zu unterstützen, schwanden dem Riesen bald die Kräfte, so dass ihm Wong Te in einem Augenblick der Schwäche den Kopf abschlug.

Mit Donnergetöse rollte der Kopf zu Tal. Verblüfft griff der (unsterbliche) Riese nach seinem Kopf – doch er fand ihn nicht. Der Kopf verschwand in einer Bergspalte, die sich danach sogleich für immer verschloss. Da begriff der Riese Ying Shih, dass er seinen Kopf nie mehr finden würde. Stattdessen hörte er nur das höhnische Lachen der Gegner, die nun glaubten, leichtes Spiel mit ihm zu haben. Doch dieses Lachen setzte augenblicklich überirdische Kräfte in ihm frei. Mit Gebrüll und unbändiger Wut, ja mit verzehnfachter Kraft, stürzte er sich erneut in den Kampf. Fürchterlich wütete er nun unter seinen Gegnern. Und je rasender er kämpfte, umso größer wurde seine Kraft. Und mit ihr veränderte sich plötzlich auch sein Körper. Seine Brustwarzen wurden zu Augen und sein Bauchnabel zum Mund. So schenkte ihm sein unbändiger Siegeswille sogar einen neuen Kopf. Angefeuert von dieser überirdischen Macht und rasend vor Wut stieß er schließlich einen mächtigen Fluch aus und schlug den verhassten Tyrannen mit einem tödlichen Hieb zu Boden.

Was sagt uns diese Geschichte vom Riesen Ying Shih?

Die erste Botschaft lautet: Wenn wir uns vom Schicksal oder von Misserfolgen demoralisiert fühlen, wenn wir beinahe schon die Hoffnung aufgegeben haben, dann bleibt uns immer noch ein unerschöpflicher Kraftquell: unsere Wut, unser Zorn, unser Aufbegehren und letztlich unsere absolute Entschlossenheit, die Dinge nicht so einfach hinzunehmen, sondern dagegen zu kämpfen. Dann können wir auch die schlimmsten Verhältnisse wieder umkehren.

Die zweite Lehre daraus besagt, dass nicht der Verstand, die kühle Vernunft oder gar das logische Denken unsere stärkste Kraft darstellen, sondern dass sie aus unserem Herzen, aus unseren tiefsten Gefühlen, kommt.

Und dass dieses Herz nicht nur viel besser und wahrhafter sehen kann als unsere Augen, sondern dass es auch viel überzeugender und leidenschaftlicher sprechen kann als unser Verstand! Nicht umsonst lautet eine alte Redensart:

Dort, wo dein Herz ist, ist dein größter Schatz!

Wenn Sie also wissen wollen, wo Ihre größten Kraft-, Kreativitäts- und Motivationsreserven sind, dann hören Sie auf die Stimme Ihres Herzens. Sie verbirgt sich gewöhnlich hinter Ihren wahren „Herzenswünschen", also hinter Ihren stärksten Wünschen, Zielen und Sehnsüchten. Entscheidend ist dabei, dass es Ihre ureigensten Wünsche sein müssen und keine fremden, die Ihnen von anderen, z. B. von Eltern oder Freunden, vorgegeben wurden.

Daher werden Sie in Ihrem Beruf – als Verkäufer oder als Führungskraft – dann großen Erfolg haben, wenn Sie den großen Erfolg wirklich von ganzem Herzen wollen!

Genau dasselbe sagt auch der alte Samurai-Spruch, den Susanna Tamaro als Titel für ihren Bestseller verwendete: **„Geh, wohin dein Herz dich trägt!"**

Warum haben wir nur Erfolg, wenn wir unseren Beruf auch als Herzensangelegenheit sehen?

Weil nur das Herz jene Kraft aufbringt, die uns trotz aller Schwierigkeiten durchhalten lässt. In der nüchternen Psychologensprache heißt das: In Extremsituationen gibt zuerst der Geist auf und dann erst der Körper!

Wie fehlende Entschlossenheit alle unsere Erfolgsaussichten zunichte machen kann, zeigt die folgende Geschichte:

Der vergebliche Start eines jungen Piloten

Ein junger Mann hat gerade den Pilotenschein gemacht und darf zum ersten Mal allein fliegen. Er rollt zur Startbahn, bekommt vom Turm das Freizeichen und gibt Vollgas. Doch plötzlich: Was ist das? Noch eben war der Himmel strahlend blau – ohne ein einziges Wölkchen. Und jetzt? Plötzlich sind da zwei kleine weiße Wolken. Der junge Pilot denkt: „Ich habe keine Schlechtwettererfahrungen und außerdem ist meine Maschine für den Blindflug nicht geeignet. Das lass ich mal lieber!" Er tritt voll auf die Bremse und biegt von der Startbahn ab. Als er am Turm vorbeikommt, merkt er, dass die beiden Wölkchen verschwunden sind und erneut ein strahlend blauer Himmel über ihm leuchtet. „Gute Gelegenheit", sagt er zu sich, „ich probiere es gleich nochmal!" Also rollt er zur Startbahn, bekommt wieder die Freigabe vom Turm und gibt erneut Gas. Doch was passiert? – Eben waren doch die zwei Wolken verschwunden, doch jetzt sind sie schon wieder da! „Verflucht nochmal", denkt unser junger Pilot, „das ist mir zu gefährlich!" Er tritt erneut auf die Bremse und verlässt die Startbahn. Fünf Minuten später vollzieht sich dasselbe Spiel zum dritten Mal. Wieder erstrahlt der Himmel in leuchtendem Blau. Wieder will er losstarten und wieder tauchen die beiden Wölkchen auf, so dass er den Versuch zum dritten Mal abbricht. Diesmal endgültig. „Bei dem Wetter kann man doch nicht starten!", brummt er enttäuscht, als er zum Hangar zurückrollt.

Haben Sie die Quintessenz der Geschichte erkannt? **Es ist die Geschichte eines Verlierers, der auf die optimalen Bedingungen, auf die Super-Bedingungen wartet.** So wie er mit seinem Flugzeug nur starten kann, wenn ein absolut strahlend blauer Himmel ohne jede Wolke über ihm leuchtet, so sucht er auch immer wieder nach einem besseren Job. Immer mit der Hoffnung, irgendwann den Beruf, die Tätigkeit, die Firma und das Produkt zu finden, bei dem einfach alles stimmt – bei dem es keine Schwierigkeiten, keine Hindernisse, keine Probleme, keine Aufregungen und vor allem keine Herausforderungen gibt. Und jedes Mal wenn in der neuen Firma oder im neuen Beruf oder in der neuen Partnerschaft unerwartete Wolken, also Schwierigkeiten und Herausforderungen, auftauchen, bricht unser junger „Pilot" den Startversuch ab. Damit hat er nicht gerechnet und darauf hat er sich nicht eingestellt!

So wie diesem jungen Mann geht es vielen! Sie versuchen es nur. Sie befinden sich zeitlebens nur auf der Startbahn, ohne einmal Vollgas zu geben, den Steuerknüppel energisch hochzuziehen und in die Höhe zu kommen.

Mein Tipp: **Hören Sie auf, von den idealen Startbedingungen zu träumen!**

Es gibt sie nicht. Denn wenn es sie gäbe, dann wäre diese Startbahn total überfüllt!

Die beste Methode, ein großes Ziel zu erreichen

Das absolut beste Geheimmittel der Sieger, um ihre Entschlossenheit und Willenskraft optimal für ein Ziel einzusetzen, ist die „Willensdeklaration" – also eine Willenserklärung!

Viele große Entscheidungen in der Geschichte der Menschheit wurden zuvor durch ganz bestimmte „Deklarationen" eingeleitet. Denken Sie z. B. an die amerikanische Unabhängigkeitserklärung, mit der sich die Vereinigten Staaten von Amerika von England lossagten. Oder an die Erklärung der Französischen Revolution mit der Proklamation von Freiheit, Gleichheit und Brüderlichkeit. Oder an die Vereinbarung der OSZE in Helsinki, die mit der Erklärung der Menschenrechte den Einsturz des gesamten Ostblocks und seines kommunistischen Regimes brachte.

Genau dasselbe machen erfolgreiche Menschen. Sie machen vor jeder großen Herausforderung zunächst eine Willensdeklaration.

Ein Verkäufer erklärt zum Beispiel:

„Ich werde im nächsten Jahr meinen Umsatz um 50 Prozent auf 2 Millionen Mark erhöhen!"

Ein Student sagt:

„Ich werde heuer im Herbst mein Staatsexamen mit der Note zwei machen!"

Eine Hausfrau sagt:

„Ich werde mir bis zum 1. Juni eine Halbtagsstelle suchen."

Der Niederlassungsleiter einer kleinen Niederlassung sagt:

„Ich werde bis zum 1. September einen Plan für die Führung einer großen Niederlassung ausarbeiten und ihn dem Vorstand vorlegen!"

Wie ein einziger Satz 15.000 Mark Provision einbrachte

Wie motivierend eine solche bewusste Willenserklärung sein kann, um bestimmte Ergebnisse zu erreichen, wusste auch der Verkaufsleiter einer Fertighaus-Firma. Er berichtet mir:

„Ich unterhielt mich nach dem Montags-Meeting noch mit einigen Verkäufern, als wir über die kommenden Wochenziele sprachen. Ganz spontan sagte ich dabei: „Ich verkaufe morgen, am Dienstag, der Familie Krieger ein Haus." Alle nickten beifällig. Daraufhin sagte meine erste Verkäuferin: „Und ich verkaufe am Mittwoch Nachmittag meinem Kunden Schwarzberg ein Haus." Wieder ertönte beifälliges Gemurmel. Da richtete ich den Blick auf eine Mitarbeiterin, von der ich wusste, dass sie am Freitag Nachmittag einen Abschlusstermin hatte, und fragte sie:

„Und wie ist es mit Ihnen, Frau Holzer, werden Sie Ihren Kunden auch am Freitag abschließen?" „Ich werde es versuchen", reagierte sie eher zögerlich als überzeugt.

„Wieso nur versuchen?", wandten sich da die anderen an sie. „Sie werden ihm natürlich das Haus verkaufen", bestätigten daraufhin alle.

Und genauso war es auch. Alle drei verkauften „ihr" Haus in dieser Woche, und das nur, weil sie zuvor eine klare Willensdeklaration abgegeben hatten.

Nichts stärkt Ihre Entschlossenheit, Ihre Willenskraft und damit auch Ihre Überzeugungskraft, Dringlichkeit und Standfestigkeit so entscheidend wie eine klar und deutlich formulierte **Willensdeklaration!** Sie hat seit Jahrhunderten in der Geschichte eine ungeheure Stoßkraft bewiesen, sie wird auch bei Ihnen einen fantastischen Erfolgsschub auslösen – wenn Sie sie wirklich ernst nehmen.

Wie Onassis seinen ersten großen Verkaufserfolg erzielte

Aristoteles Onassis versuchte sein Glück zunächst in der Fremde. Im Alter von 23 Jahren wanderte er von Smyrna (damals noch griechisch) nach Buenos Aires aus. Doch als einer der vielen Flüchtlinge aus dem alten Europa fand er nur Jobs als Tellerwäscher oder Nachtportier und schien sich schon auf der Verliererseite zu befinden, als er eines Tages die Stelle eines Telefonisten bei der British United River Plate Telephone Company erhielt.

Telefonist zu werden war nicht sein Lebenstraum. Als er jedoch plötzlich in einem Telefongespräch den Satz hörte, „Östlicher Kram ist der Schlager überhaupt, damit macht man immer ein Geschäft", kam ihm eine Idee. Warum sollte man nicht türkischen Tabak nach Argentinien einführen? Gesagt, getan. Auf der Stelle bestellte er bei seinem Vater, einem der größten Tabakhändler Smyrnas, mehrere Ballen des feinsten Tabaks. Die Tabakballen kamen, was aber nicht kam, waren die großen Aufträge. Und das aus einem ganz einfachen Grund: Onassis hatte bisher nur mit den Sachbearbeitern verhandelt. Es war ihm noch nicht gelungen, an einen der Chefeinkäufer heranzukommen. Eine Situation, die wohl viele Verkäufer kennen. Die Idee, die Onassis dafür einfiel, war nicht besonders originell, aber sie war wirksam und sie verdeutlichte, was diesen Mann zeit seines Lebens in besonderem Maße auszeichnete: Seine Hartnäckigkeit, seine Ausdauer und seine Entschlossenheit, um den Erfolg zu kämpfen!

Über die Methode schreibt Peter Evans[9] in seiner Onassis-Biographie: „Als Juan Gaona zum ersten Mal Aristo vor seiner Villa Olivios stehen sah, war er lediglich neugierig. Am nächsten Tag, als er ihn wieder dort stehen sah, starrte er ihn kühl an. Am

dritten Morgen schlug seine Kühlheit in Besorgnis um und am Ende der Woche verspürte er eine panische Erregung. Als er die
Spannung nicht länger ertragen konnte, sagte er zu seinem Prokuri-
sten: ‚Ich möchte, dass Sie herausfinden, wer er ist und was zum
Teufel er sich bei diesem Spiel denkt.‘ Zwei Tage später saß Aristo
dem Direktor des drittgrößten argentinischen Tabakunternehmens
gegenüber, redete davon, welch großes Potenzial die Frauen für
den Zigarettenmarkt darstellten, wie attraktiv ein milderer (oriental-
lischer) Tabak für sie sei und wie das Ganze durch den östlichen
Boom noch gesteigert werde. ‚Bueno‘, sagte Senor Goana, ‚wenn
das so ist, dann liefern Sie mir doch einmal für 25.000 Dollar Ihren
Tabak.‘“

Onassis hatte sein erstes großes Geschäft abgeschlossen! Er
hatte gewonnen, weil er das Motto aller Sieger beherzigt hatte.
Denn hinter seinem Schreibtisch stand auf einer Messingtafel:

> **Finde einen Weg oder mache ihn!**

Genau das hatte Onassis getan und damit seine Entschlossenheit
bewiesen.

Formulieren Sie
Ihre eigene Willensdeklaration!

Machen Sie also vor jeder großen Herausforderung zuerst eine klare Willensdeklaration, z. B.:

> **Ich will bis zum 31.12.**
> **einen Umsatz von x DM erreicht haben!**

Wiederholen Sie diese Willensdeklaration mehrmals und stellen
Sie sich Ihr Ziel ganz genau vor.

Mit dieser Willensdeklaration konzentrieren Sie – und das ist der entscheidende Vorteil! – alle Ihre Gedanken, Gefühle und Energien auf dieses eine Ziel und vermeiden so jeden Motivations- und Energieverlust.

Nur durch diese Willensdeklaration schaffen Sie es auch, jene Selbstdisziplin zu erreichen, die schließlich zu den wahren Erfolgsfaktoren führt: **den neuen Erfolgsgewohnheiten**! Das ist entscheidend! Denn wenn Sie sich jeden Tag aus dem Bett quälen und jeden Morgen neu motivieren müssen, um neue Umsätze zu machen, dann kostet Sie das zu viel Kraft!

Erfolgsgewohnheiten sorgen dafür, dass Sie ein Gefühl der Kontrolle über Ihr Tun bekommen, dass Sie den Absprung aus der gemütlichen Komfortzone schaffen und dass Sie die Dinge tun, die getan werden müssen, wenn Sie neue Spitzenerfolge erreichen wollen.

Selbstdisziplin und Erfolgsgewohnheiten sind letztlich der Maßstab und der Beweis dafür, wie sehr Sie den Erfolg wirklich wollen und welche Chancen Sie haben, ihn auch zu erreichen.

Denn wir wissen:

**Alles, was wir tun,
drückt unbewusst unseren Glauben an unseren Erfolg aus.**

Wenn Sie also die Selbstdisziplin für die notwendigen Schritte zum Erfolg aufbringen – zum Beispiel pro Tag vier Termine per Telefon zu vereinbaren –, dann signalisieren Sie damit unbewusst gleich dreierlei:

- Erstens: dass Sie den Erfolg mit absoluter **Entschlossenheit** wollen
- Zweitens: dass Sie auch bereit sind, den **Preis** für den Erfolg zu zahlen
- Drittens – und das ist der entscheidendste Punkt –: dass Sie von Anfang an auch an Ihren Erfolg **glauben**

Genau diese drei unbewussten Botschaften machen die feste Entschlossenheit zu einer so unwiderstehlichen Antriebskraft!

Verlierer drücken sich dagegen um diese drei Entscheidungen – und das ist in der Regel auch schon das Ende vom Spiel um den Erfolg.

Praktische Übung:

Wie sieht Ihre Willensdeklaration aus, die Sie ab heute wie auf Schienen zum Sieger machen soll? Welches Ziel wollen Sie mit felsenfester Entschlossenheit erreichen? Ein neues Umsatzziel? Eine neue Erfolgsgewohnheit? Eine neue Zukunftsvision?

Schreiben Sie dieses Ziel hier in einem Satz mit genauer Terminangabe nieder. Machen sie ein Rendezvous mit Ihrer Zukunft aus!

_____

_____

_____

_____

_____

_____

_____

_____

_____

„Die meisten Spieler sind ziemlich gut,
aber sie laufen dahin, wo der Puck ist.
Ich laufe dahin, wo der Puck sein wird!"
Wayne Gretzky,
der beste Eishockey-Spieler der Welt

8. Kapitel

Die unglaubliche Macht der Intuition

Warum Intuition wichtiger ist als Intelligenz

Immer wieder lerne ich bei Seminaren, Begleittagen und Interviews Menschen kennen, die weit überdurchschnittliche Erfolge erzielen. Dabei interessiert mich natürlich am brennendsten die Frage: Wie gehen sie vor? Wie erreichen sie ihre überragenden Erfolge? Zum Beispiel die Sieger aus meinem letzten Buch „Kunden kaufen nur von Siegern":

- Wie schafft es zum Beispiel eine junge Anlageberaterin, in wenigen Jahren die Nr. 1 unter 400 Kollegen zu werden und einen Umsatz von 25 Millionen Mark pro Jahr zu erreichen?
- Oder wie schafft es ein 55 Jahre alter ehemaliger Direktor eines Landmaschinenkombinats, der vorher noch nie im Verkauf war, in Mecklenburg-Vorpommern Bäderausstattungen für 5,4 Millionen Mark zu verkaufen, wo zuvor fünf westliche Handelsvertreter ganze 350.000 Mark Umsatz erzielten?

Da stellt sich doch die Frage: Was machen die anders? – Denken sie anders? Sind sie mental stärker? Haben sie ihre Gefühle besser unter Kontrolle? Wenden sie die besseren Strategien an? Oder sind sie einfach nur ausdauernder und hartnäckiger?

Das wahre Geheimnis aller Sieger

Als ich die erfolgreichsten Verkäufer nach ihren Erfolgsgeheimnissen fragte, machte ich eine erstaunliche Entdeckung. Sie wussten sie nicht! Die klassische Antwort war: „Wenn Sie mich so fragen, muss ich erst einmal darüber nachdenken!" Bei den anschließenden Interviews brauchten wir dann oft fünf Stunden, um die „wahren" Erfolgsursachen ans Licht zu bringen. Dabei kam ich mir wie die „sokratische Hebamme" vor, deren Aufgabe es ist, den Menschen zu helfen, die Wahrheit, die sie unbewusst schon wissen, auch bewusst zu erkennen.

Nach meiner Erfahrung mit Dutzenden von Spitzenverkäufern zeichnen sich diese Siegertypen weder durch einen überragenden Intelligenzquotienten (sonst könnten sie ja ihre Erfolge klar und logisch analysieren) noch allein durch ein Übermaß an „emotionaler Intelligenz" aus, die für den richtigen Umgang mit den eigenen und fremden Gefühlen steht.

Natürlich besitzen sie diese beide Intelligenzformen, aber den entscheidenden Unterschied macht etwas ganz anderes aus – und das ist ihre geradezu unglaubliche Intuition, die ich hier gelegentlich auch als Erfolgsinstinkt bezeichne.

Denn während keiner von ihnen seine überdurchschnittlichen Erfolge klar und logisch erklären konnte, fanden sie alle mit geradezu unglaublichem Spürsinn genau die Strategien heraus, die für ihre Persönlichkeit, ihren Beruf, ihre Branche und ihre Zielgruppe hundertprozentig passten.

Eine wahrhaft paradoxe Erscheinung! Seitdem nenne ich es das **„Paradoxon der Sieger"**. Es lautet:

> **Sieger sind in der Analyse Hausmeister
> und in der Intuition Weltmeister!**

Damit kommen wir zu dem entscheidenden Stichwort: dem „Unterbewussten". – Die Super-Erfolgreichen handeln aus dem Unterbewussten! Mit intuitiver Sicherheit und instinktivem Gespür setzen sie genau die Strategien ein, die sie zum Erfolg führen.

Was in so vielen Seminaren landauf, landab gepredigt wird – die berühmte **Eisbergregel**, nach der unser Verhalten zu 93 Prozent aus dem Unterbewusstsein kommt, aber nur zu sieben Prozent durch unser Bewusstsein gesteuert wird: hier, bei den Top-Verkäufern ist sie Tatsache!

Und sie beweist zugleich, dass die Sieger viel mehr instinktiv richtig enscheiden als die durchschnittlichen Verkäufer.

Nur ein Beispiel dazu:

Der Augenblick der Wahrheit

Jedem Verkäufer passiert es gelegentlich, dass er trotz einer vorherigen Terminabsprache vom Kunden mit den Worten empfangen wird: „Aber das eine sage ich Ihnen gleich. Kaufen tue ich heute nichts! Das ist heute doch bloß zur Information, nicht wahr?" Das ist genau der entscheidende Augenblick.

Denn in dieser Situation richtig zu reagieren bedeutet Zeitgewinn oder Zeitverlust, Energieeinsparung oder Energieverschwendung, Erfolgsgefühl oder Frustration.

Die schwächeren Verkäufer reagieren in der Regel mit zwei Verhaltensweisen: Entweder sie resignieren sofort und versuchen, schnellstmöglich die Kurve zu kratzen, oder sie wollen es nun wissen und verbeißen sich in den Kunden, um nach drei Stunden erschöpft festzustellen, dass sie wirklich einer hohlen Nuss aufgesessen sind.

Sieger achten dagegen in den nächsten 20 Minuten ebenso bewusst wie unbewusst auf alle offenen und versteckten Signale des Kunden, um die Wahrheit herauszubekommen. Und nach 20 Minuten haben sie genau das Gefühl, das sie brauchen: Dann wissen sie, ob dieser Kunde wirklich eine hohle Nuss ist, und gehen, oder ob hinter seiner schnoddrigen Absage nur eine Schutzhaltung steht, und verabschieden sich nach drei Stunden mit einem schönen Auftrag.

Sieger haben also den Erfolgsinstinkt, der es ihnen ermöglicht, in den meisten Augenblicken ihres Lebens das Richtige zu tun.

Die 4 wichtigsten Voraussetzungen für die Entfaltung der Intuition

Freilich braucht es auch bei diesen Top-Erfolgreichen bestimmte Voraussetzungen, damit sich dieser Instinkt frei entfalten kann: Die erste Voraussetzung lautet:

> **Sieger leben nach ihren eigenen Regeln!**

Nichts stört die Intuition mehr als irgendwelche gedankliche Blockaden und Sperren, die auf genormten und angepassten Vorstellungen beruhen, also darauf, **„wie und was"** man zu tun hätte.

Sieger verzichten daher auf genormte Vorstellungen und ein sklavisches Anpassungsverhalten. Sie halten sich nicht an Lehrbuchweisheiten. Und sie verkaufen auch nicht nach den Regeln von Seminarleitern. Sie hören sich ihre Aussagen an, nehmen daraus, was ihnen gefällt, und bilden sich ansonsten ihre eigene Meinung!

Auch aus diesem Grund nannte Herr Trang, den Sie bereits kennen, der erfolgreichste Verkäufer einer Fertighaus-Firma, folgenden Spruch als sein Erfolgsmotto: **„Alles, was die anderen machen, darfst du nicht machen! Denn nur das Besondere und Außergewöhnliche bleibt beim Kunden hängen und bringt Erfolg!"**

Diese Verpflichtung zum „anders sein" regt nicht nur seine (unbewusste) schöpferische Fantasie an, sondern führt auch zu wirklich authentischen Aussagen und Strategien, hinter denen er steht. Ja, dieses Erfolgsmotto verführt ihn geradezu dazu, dass er immer wieder seine schöpferische Fantasie in Gang setzt und nach neuen, besseren Lösungen sucht!

Geistige Freiheit und Unabhängigkeit ist daher das erste Kriterium eines wachen Erfolgsinstinktes!
Die zweite Voraussetzung, die für einen starken Erfolgsinstinkt gegeben sein muss, lautet:

Sieger sind mit Leib und Seele in ihrem Beruf dabei!

Für sie ist ihr Beruf zur Berufung geworden. Und daher passen bei ihnen auch das Anforderungsprofil ihres Berufs und ihr persönliches Fähigkeitsprofil (Charakterprofil) optimal zusammen. Beide Eigenschaften bewirken, dass sie ihren Beruf lieben. Sie lieben ihn leidenschaftlich, oft mit wahrer Besessenheit. Und da die Liebe die stärkste Form der Energie darstellt, ist dieses starke Gefühl auch der **entscheidende Auslöser**, um die unbewussten kreativen, physischen und psychischen Energiereserven hundertprozentig zu mobilisieren.

Denn ohne dieses starke Gefühl der Liebe und der Leidenschaft drosselt unser Unterbewusstsein alle diese Energiereserven, es hält unseren Erfolgswillen auf Sparflamme und gibt nur die absolut notwendige Energie ab.

Warum? Das Unberbewusstsein ist keinesfalls an persönlichen Spitzenleistungen interessiert. Es hat als vorrangige Aufgabe unser Überleben zu sichern und nur für diesen Ernstfall alle unsere Energie zu mobilisieren. Leider hält es noch immer Säbelzahntiger, Hungersnöte und andere menschenfeindliche Bedrohungen für die Überlebensgefahr Nr. 1 und reserviert dafür die wirklichen Energier – leider nicht für die Erfüllung unserer Träume und Wünsche.

Erst wenn wir diese mit wahrer Leidenschaft und Hingabe begehren, fühlt sich unser Unterbewusstsein angesprochen und gibt die entsprechenden Energiereserven frei. Und erst jetzt macht sich auch unser innerer Erfolgsinstinkt bemerkbar. Nicht umsonst sagte bereits der römische Dichter Ovid, Zeitgenosse von Kaiser Augustus:

> **„Wünschen allein genügt nicht,**
> **Begehren erst führt dich zum Ziel!"**

Das bedeutet in der Praxis:

Die Stärke unseres Begehrens, also unserer Gefühle, bestimmt, in welchem Umfang wir unsere kreativen, physischen und psychischen Energiereserven nutzen können.

Alle Sieger zeichnen sich daher durch Leidenschaft, ja Besessenheit und äußerste Hingabe an ihrem Beruf bzw. ihrer Aufgabe aus!

Genau das bestätigte Lothar Matthäus, als er bei seinem Abschied aus München nach dem Geheimnis seines Erfolgs gefragt wurde. Er sagte:

„Du musst den Fußball lieben! Du musst Leidenschaft, ja sogar Besessenheit dafür haben!"

Die dritte Voraussetzung für einen starken Erfolgsinstinkt lautet:

> **Sieger haben eine so positive Erwartungshaltung,**
> **dass sie immer nach besseren Lösungen suchen**
> **und sicher sind, dass sie sie auch finden!**

Da Sieger immer anders als alle anderen sein wollen und sein müssen, um ihren Siegerstatus zu behaupten, gehen sie unbewusst auch mit einer absolut **positiven Erwartungshaltung** an jede neue Herausforderung heran. Denn sie wissen aufgrund ihrer bisherigen Erfolge: „Es gibt immer einen neuen und besseren Weg, um ein Problem zu lösen, und ich werde ihn finden!"

Kurzum: Sieger haben sich schon im Voraus auf eine bessere, leichtere, effektivere und erfolgversprechendere Problemlösung bzw. Strategie programmiert! Daher haben sie auch nicht die Angst der Mittelmäßigen vor neuen Herausforderungen! Denn sie wissen: Sie finden auch dafür eine neue, bessere Strategie!

Die vierte Voraussetzung für einen starken Erfolgsinstinkt lautet:

Das ist logisch! Denn was hilft mir jede bessere Strategie, wenn ich nicht den Mut habe, sie auch einzusetzen?

Am deutlichsten tritt dieser Mut bei der gezielten Provokation zutage. Sieger haben den Mut zu provozieren: durch ihre Gedanken, Aussagen und Handlungen. Sieger verachten auch hier wiederum die üblichen Seminarregeln, nach denen man dem Kunden zum Beispiel nie widersprechen darf. Oder ihn nicht vor den Kopf stoßen darf. Oder ihn nie persönlich angreifen darf.

Genau das aber tun die Sieger! Und mit dem Mut zur Provokation beweisen sie in Wahrheit, dass sie die Führung des Gesprächs beanspruchen – ohne den Fehler der Durchschnittsverkäufer zu machen, das Gespräch und den Kunden dominieren zu wollen. Denn zwischen Gesprächsführung und Gesprächsdominanz ist ein himmelweiter Unterschied! Auch dazu ein Beispiel:

„So werden wir es sicher nicht machen!"

Werner Mitteregger, einer der erfolgreichsten Anlageberater seiner Firma, verdankt seinen Erfolg mit Sicherheit auch seiner provokativen Entschlossenheit. Als er wieder einmal einen seiner Stammkunden anrief, um ihm eine neue Anlage vorzuschlagen, reagierte der Kunde, ein Unternehmer, auf sein Angebot mit den Worten: „Ich baue gerade meine zweite Fabrik und für meinen Sohn noch ein Haus. Ich bin sehr unter Druck und habe weder Zeit noch Geld für Sie."

Mitteregger: „Bauen Sie die neue Firma aus karitativen Gründen?" „Natürlich nicht. Ich will damit Geld verdienen."

„Bekommen Sie dieses Geld vom Staat geschenkt oder müssen Sie zuerst Ihren Gewinn zu 50 Prozent mit Herrn Eichel teilen?" „Natürlich muss ich das versteuern!"

„Wenn ich Ihnen nun zeige, wie Sie ohne eigenes Geld – rein aus Ihrem Steuervolumen – Privatvermögen bilden können, wäre Ihnen das 30 Minuten Zeit wert?" „Natürlich!"

Bei dem Termin, der sich dann zuerst einmal 20 Minuten um Armbanduhren drehte (denn sie trugen beide dieselbe Marke), erklärte ihm Mitteregger mit einer einfachen Zeichnung nicht nur das System, sondern zeigte ihm so auch seinen Bedarf für seine Altersvorsorge auf.

Danach sagte der Kunde zu ihm: „Herr Mitteregger, wir werden es folgendermaßen machen. Sie erstellen mir zunächst einmal ein konkretes Angebot, das ich dann meinem Steuerberater zur Prüfung übergebe, und wenn der sein Okay gibt, dann können wir wieder miteinander telefonieren."

Daraufhin sagte Mitteregger ohne mit der Wimper zu zucken: **„Genau so werden wir es sicher nicht machen!"** Der Kunde zuckte zusammen: „Und wieso nicht?"

„Weil Sie und ich, also wir beide, unser Geschäft beherrschen. Und deshalb werden wir als Nächstes gemeinsam mit Ihrer Frau bei Ihnen zu Hause – bei einer gute Tasse Kaffee – über die Sache sprechen und dabei klären, ob mein Angebot in Ihre Lebensplanung passt und ob es Ihnen hilft, Ihren Lebensabend abzusichern.

Und wenn Sie und Ihre Frau ja sagen, dann kann Ihr Steuerberater das Konzept nochmals auf seine steuerliche Richtigkeit überprüfen. Aber nicht vorher, es sei denn, er ist ein Spezialist, was die Immobilienpreise in Neuss betrifft. Sie entscheiden doch auch selbst, wie Sie Ihren Lebensabend verbringen wollen, nicht wahr? – Oder lassen Sie das auch von Ihrem Steuerberater entscheiden?" „Natürlich nicht!"

Aber Vorsicht! Die Provokation ist kein Allzweckmittel. Mitteregger hatte damit Erfolg, weil ihm eben seine Intuition sagte, dass er damit bei diesem Kunden Erfolg haben würde.

Bleibt die Frage:

Wie kann ich meine Intuition (meinen Erfolgsinstinkt) noch besser ausbilden und nutzen?

10 Tipps,
wie Sie eine fantastische Intuition erreichen

Ich möchte Ihnen dazu ein kleines Trainingsprogramm vorschlagen.

1. **Nehmen Sie ganz bewusst alle Sinneseindrücke auf!** Da die Intuition vor allem auf den Sinneswahrnehmungen beruht, sollten Sie bei Ihren nächsten Verkaufsgesprächen einmal ganz bewusst auf folgende fünf Wahrnehmungen achten:

- Was drückt die Miene des Kunden aus: Interesse, Freude, Gleichgültigkeit, Ablehnung ...? (Der Gefühlszustand eines Menschen drückt sich vor allem in seiner Miene aus.)
- Was verrät sein Auftreten, seine Körpersprache: Selbstsicherheit, Dynamik, Zurückhaltung ...? (Die Körpersprache verrät die wahre „Haltung" und augenblickliche Stimmung des Menschen.)
- Wie spricht er: bildhaft, erzählend, emotional oder wissenschaftlich, analytisch, sachlich, zahlenorientiert? (Die bevorzugte Sprechweise verrät die optimale Kontaktbasis.)
- Was strebt er vor allem an: ein klares Resultat (Direktor-Typ), eine persönliche Beziehung (Beziehungs-Typ), gute, beweiskräftige Unterlagen (Analytiker-Typ) oder eher Unterhaltung (Fun-Typ)? (Das, was ein Mensch bzw. Kunde vorrangig anstrebt, zeigt, welcher Typ er ist und wie man ihn am besten überzeugen kann.)
- Was für einen Charaktereindruck haben Sie von ihm: zuverlässig, ehrlich, offen und korrekt oder eher verschlagen, unwahr, verdrossen und ein Pokertyp? (Dieser Charaktereindruck ist der wichtigste, denn er bestimmt Ihr weiteres Handeln.)

Üben Sie, diese „Eindrücke" durch die Wahrnehmung kleinster Verhaltensweisen zu untermauern. Wenn der Kunde trotz klarer Terminvereinbarung z. B. 10 Minuten zu spät kommt, dann beweist das, dass er Sie entweder nicht wirklich ernst nimmt oder er nicht hundertprozentig korrekt ist.

2. **Machen Sie nach dem Verkaufsgespräch eine kurze Pause.**
Zum Beispiel im Auto. Schließen Sie die Augen und achten Sie jetzt auf Ihr Bauchgefühl. Was für eine Gesamtgefühl haben Sie hinsichtlich dieses Kunden? Stellen Sie sich dabei vorerst nur die Frage: „Wird es mit dem klappen oder nicht?"

Versuchen Sie dann, die oben genannten fünf Eindrücke einzeln abzufragen und entsprechend Ihrem Bauchgefühl mit einer Aussage zu bewerten. Also:

- Was drückte seine Miene aus?
- Was sagte seine Körpersprache?
- Wie sprach er?
- Was strebt er in der Beziehung zu mir vor allem an?
- Was habe ich für einen Charaktereindruck von ihm?

Halten Sie diese fünf Eindrücke jeweils in ein paar Worten auf Ihrer Kundenkartei fest.

Überprüfen Sie bei einer extremen Bewertung (z. B. unwahr, verschlossen etc.) in jedem Fall dieses Bauchurteil, suchen Sie nach „klaren Beweisen", damit Ihnen Ihre Vorurteile nicht einen Streich spielen! Das gilt natürlich auch für extrem positive Bauchgefühle, die von Illusionen herrühren können.

3. **Stellen Sie ganz gezielte Fragen an Ihre Intuition.** Auch wenn Sie noch keinen Kontakt oder keine besonderen Informationen über eine Person oder ein Geschäft haben, könnten Sie sich zum Beispiel fragen: „Wie wird das Gespräch in dieser Firma verlaufen?" Oder wenn die Kundeneinwände sehr stark sind: „Hat der Kunde wirklich Interesse an meinem Angebot oder will er nur ein Alternativangebot von mir?" Oder in der Abschlussphase: „Hat der Kunde schon genügend Abschlusssignale gezeigt? Ist jetzt der richtige Zeitpunkt für eine erste Abschlussfrage?"

Tipp: Tauchen Sie nie so in ein Verkaufsgespräch ein, dass Sie darüber das „Bewusstsein" verlieren, also völlig in ihm aufgehen und es nicht mehr bewusst reflektieren können.

4. **Achten Sie nach dem Gespräch auf weitere Gefühle!** Selbst wenn sie sich erst eine halbe Stunde später einstellen, nehmen

Sie sie sofort wahr und fragen Sie sich, was sie zu bedeuten haben.

Beispiel: Sie spüren eine halbe Stunde nach dem Gespräch bei der Autofahrt plötzlich ein merkwürdig ungutes Gefühl. Verdrängen Sie es jetzt auf keinen Fall, indem Sie einfach weiterfahren. Das könnte Ihre innere Stimme sein. Fragen Sie sich, was sie Ihnen sagen will, denn unsere Intuition spricht zu 90 Prozent über unsere Gefühle zu uns.

Wenn Sie dann das Gespräch nochmals Revue passieren lassen, fällt Ihnen vielleicht ein, dass Sie z. B. den Kunden gar nicht danach gefragt haben, ob Sie in Konkurrenz zu einem Wettbewerberangebot stehen. Das negative Gefühl könnte jetzt ein Hinweis darauf sein, dass Sie mit einem 08/15-Angebot oder 08/15-Preis hier keine Chance haben und etwas ändern müssen.

5. **Richten Sie auch vor schwierigen Entscheidungen ganz gezielte Fragen an Ihre Intuition.** Nehmen wir an, Sie sind sich nicht ganz sicher, ob Ihr Gesprächspartner auch wirklich die Kaufentscheidung trifft, obwohl er es bejaht hat. Fragen Sie dann Ihre Intuition: „Trifft diese Person hier wirklich die Entscheidung?" Oder wenn Sie nicht wissen, wie Sie den Entscheider erreichen: „Was muss ich tun, um mit dem wahren Entscheider ins Gespräch zu kommen?"

Ein guter Tipp: Schreiben Sie wichtige Fragen auf einen Zettel und stecken Sie ihn in die Jackentasche. Seien Sie dann bereit, in einer ganz unverhofften Situation, z. B. beim Zähneputzen, plötzlich einen Hinweis dafür zu bekommen.

6. **Nehmen Sie auch Ihre plötzlichen Ahnungen und Gefühle wahr.** Wenn Sie z. B. bei einem Fußballspiel vor dem Fernseher sitzen und plötzlich ein Gefühl oder ein Gedanke hinsichtlich Ihres letzten Gesprächs auftaucht, dann sollten Sie kurz einhalten und sich fragen: „Was will mir das sagen?"

Hier gilt: Nur wenn Sie Ihre Intuition ernst nehmen (und die richtet sich nicht nach Ihren Bürozeiten), wird sie Sie weiter unterstützen!

7. **Nehmen Sie auch alle übrigen „Signale" künftig intensiv wahr!** Z. B. Symbolhandlungen, Leseeindrücke, bestimmte Aussagen anderer, Plakatinschriften, die Ihnen auffallen, Lieder, die Ihnen nicht aus dem Kopf gehen, Filme, die bei Ihnen einen nachhaltigen Eindruck hinterlassen, oder Ereignisse, von denen Sie noch träumen. Versuchen Sie, kurz zu überlegen, welche Botschaft Ihrer Intuition dahinter stecken könnte. Denn die Sprache und die Signale der Intuition sind ungeheuer vielfältig. Man muss aber die „Zeichen" zuerst wahrnehmen und dann lesen können. Doch wie funktioniert das?

Nehmen wir als Beispiel das Signal einer „Symbolhandlung": Vor einigen Tagen habe ich für unseren Kachelofen Holzscheite zum besseren Anbrennen klein gehackt. Bisher klappte das ohne das geringste Problem. Diesmal aber – oh, Graus! – landete das Hackbeil auf dem Daumennagel. Und warum? Weil irgendetwas unbewusst meine Aufmerksamkeit für Sekundenbruchteile blockiert hatte ... Was war es? Ich vermute, es war das Angebot, auf einer größeren Vortragsveranstaltung aufzutreten, von der ich nicht so recht überzeugt war ... und von der ich (laut Intuition) lieber die „Finger" lassen sollte, was ich dann auch tat.

8. **Fragen Sie sich immer wieder, was Ihre Herzenswünsche sind!** Was liegt Ihnen wirklich am Herzen? Was sagt Ihnen Ihre innere Stimme dazu? Das Problem ist, dass wir gerade unsere Herzenswünsche immer wieder verdrängen, z. B. weil wir im Augenblick keine Zeit, kein Geld, keine Gelegenheit, keine Stimmung ... dafür haben. Aber plötzlich erregt uns in einem Buch, in einem Film oder in einem Gespräch ein Wort, ein Bild oder ein Satz ganz besonders stark. Vielleicht nur drei Sekunden lang. Doch schon verdrängen wir das Ganze durch den nächsten Eindruck. Genau das aber unterdrückt unsere Intuition, die sich auf diese Weise Gehör verschaffen will. Achten Sie künftig auch auf diese kurzen „Herzensimpulse" und versuchen Sie, die Botschaft zu entschlüsseln. Denn alles, was Sie spontan erregt, was Herzklopfen verursacht, was ein Sehnsuchtsgefühl auslöst, weist (in der Regel) auf solche intuitiven Signale hin.

Egal ob es darum geht, den wahren Beruf zu finden oder aus dem jetzigen Beruf eine Berufung zu machen.

9. **Achten Sie auf alles, was Ihnen plötzlich leicht und schnell von der Hand geht!** Wenn Sie z. B. eine neue Tätigkeit, Strategie, Methode, Vorgehensweise ausprobieren und dabei überraschend schnell Erfolg haben, dann steckt in der Regel ein bestimmtes Talent oder eine natürliche Neigung dahinter, die Sie vielleicht ausbauen sollten. Genauso sollten Sie auch unüberwindliche Abneigungen ernst nehmen. Wenn Sie der Telefonakquise absolut nichts abgewinnen können, dann respektieren Sie diese Negativgefühle und fragen Sie Ihre Intuition nach einer besseren Lösung. Zum Beispiel: „Liebe Intuition, zeige mir einen Weg, wie ich leichter, schneller und positiver zu neuen Kunden komme!" Und dann achten sie auf die kommenden Signale bzw. Informationen! Angefangen von einem Gespräch mit einem Kollegen bis hin zu einem interessanten Fachartikel.

10. **Nehmen Sie vor allem auch dauerhafte negative Gefühle wahr!** Z. B. eine anhaltende Stimmungsverschlechterung, die sich in Form von Lustlosigkeit, Müdigkeit und Desinteresse zeigt und in mangelnder Motivation niederschlägt. Gerade Verlierer versuchen, diese dauerhaften Negativgefühle zu unterdrücken und oft durch verstärkten Einsatz wettzumachen. Eine Katastrophe! Für kurzfristige Verstimmungen mag das der richtige Weg sein, aber nicht für langfristige. Denn langfristige Negativgefühle signalisieren in der Regel eine klare Botschaft Ihres Unterbewusstseins, dass hier irgendetwas nicht stimmt, z. B., dass Sie in der letzten Zeit bestimmte fundamentale Bedürfnisse zu Gunsten Ihres Erfolgsstrebens vernachlässigt haben – die Bedürfnisse nach guten privaten Kontakten zu Ihrer Familie, zu Ihren Freunden und Bekannten oder das Bedürfnis nach mehr Erholung, Sport, Freizeit und Ausspannen oder das Bedürfnis nach geistigen Anregungen, also wieder einmal Ihrem Hobby nachzugehen, ein gutes Buch zu lesen oder ein nicht-fachliches Gespräch zu führen.

Ihre nachlassende Motivation ist der Hebel, mit dem Sie Ihr Unterbewusstsein an die Befriedigung dieser unter-

drückten Bedürfnisse erinnern will. Und wenn Sie selbst jetzt diese Warnsignale noch unterdrücken, z. B. durch noch ehrgeizigeres Arbeiten, dann wird eines Tages aus der Demotivation eine echte Depression. Denn hier gilt:

> **Wir können auf Dauer unsere vier wichtigsten fundamentalen Bedürfnisse nach Erfolg, nach Kontakten, nach Erholung und nach geistigen Anregungen nicht ungestraft unterdrücken!**

Auch das gehört zur Intuition und ist die Voraussetzung für eine dauerhafte Motivation, die alle Sieger auszeichnet. Denn sie nehmen diese negativen Gefühle ernst, befriedigen sie und bleiben so im Gleichgewicht.

Genau das beweist auch die folgende Geschichte:

Wie einem Jungen sein Erfolgsinstinkt das Leben rettete – aber nur ein Mal

Zwei kanadische Jungen streifen durch den Wald, als sie plötzlich 50 Meter vor sich auf einer Lichtung einen Grizzly sehen. Im selben Augenblick hat sie auch schon der Grizzly erkannt, richtet sich drohend auf und macht alle Anstalten, sich auf sie zu stürzen.

Der eine der beiden Jungen ist der Klassenprimus, ein As in Mathematik. Er rechnet blitzschnell aus, dass der Bär in 17,5 Sekunden bei ihnen sein wird und sie keine Chance mehr haben davonzulaufen. In dem Augenblick fällt sein Blick auf seinen Kameraden, der sich gerade in aller Ruhe seine Jogging-Schuhe anzieht. Da schreit er ihn an: „Bist du verrückt geworden? Wir können doch unmöglich schneller laufen als der Grizzly!"

Da schaut der andere ihn ungerührt an und sagt zu ihm: „Wieso wir? Es genügt, wenn ich schneller laufe als du!"

Fazit: In einer höchst emotionalen Situation hat der eine auf seine Logik und der andere auf seinen Instinkt gesetzt und dadurch sein Leben gerettet. Doch die Geschichte geht noch weiter:

Leider hat der überlebende Knabe aufgrund des Vorfalls eine Waldphobie entwickelt, die er nun durch Atemübungen und Autosuggestionen zu beheben versucht. Als er den Erfolg eines Tages im Wald testen will, sieht er plötzlich den Grizzly wieder vor sich. Da der seitdem nichts mehr zu fressen bekommen hat, geht er sofort zum Angriff über. Der Knabe überlegt noch blitzschnell, ob er vielleicht auf einen Baum klettern soll, aber dafür ist es schon zu spät. Zitternd vor Angst fällt er auf seine Knie und betet um seine Rettung. Und siehe da – seine Gebete scheinen erhört zu werden. Denn auch der Grizzly fällt plötzlich auf die Knie und betet. Doch er spricht ein anderes Gebet, ein Dankgebet: „Oh Herr, ich danke dir für deine Gaben, für diesen Tag und diesen Knaben!" Und das war das Ende unseres Jungen.

Warum rettete ihn diesmal sein Erfolgsinstinkt nicht? **Weil zum wahren Erfolgsinstinkt auch eine gewisse analytische Begabung gehört, um aus seinen Erfolgen und Misserfolgen zu lernen!**

Hätte unser instinktsicherer Junge auch diese Fähigkeit gehabt, dann hätte er sich nach seinem letzten Erfolg sagen müssen: „Geh nie allein in den Wald! Denn einer allein kann einem Grizzly nicht davonlaufen!" Oder er hätte ein Gewehr mitnehmen und vorher üben müssen. Unser Junge tappte jedoch in eine der schlimmsten Verliererfallen, in die Falle der „Sorglosigkeit". So nach dem Motto: „Das geht schon gut! Mir wird nichts passieren! Das schaffe ich schon!"

Sieger verwechseln Intuition nicht mit Illusion

Sieger gehen aufgrund ihres Erfolgsinstinkts anders vor: Sie geben sich keinen Illusionen hin! Sie laufen keinen Wunschvorstellungen nach! Und sie gehen auch keinen Fantasien auf den Leim! Nein! Sie überlegen schon vorher, welche Schwierigkeiten und Hindernisse auf dem Weg zum Ziel auftreten können und wie sie sie überwinden können. Sie sind mental auf den Ernstfall vorbereitet. Und sie geben sich daher auch nicht den Illusionen der Verlierer hin, dass große Geschäfte glatt und reibungslos über die Bühne gehen. Sieger wissen, dass jedes große Geschäft an irgendeinem Punkt zum Kippen kommen kann – und bereiten sich darauf vor.

Aber – und das unterscheidet sie von den durchschnittlichen Verkäufern: Wenn sie vor solchen Herausforderungen stehen, dann gehen sie hundertprozentig davon aus, dass es eine Lösung dafür gibt. Und sie glauben auch felsenfest daran!

Sieger sind nicht so naiv, dass sie sich nur auf Optimismus und positives Denken verlassen, wie es landauf und landab gepredigt wird. Denn Sieger sind bei allem Optimismus Realisten. Ihre Einstellung lautet:

Ich erwarte das Beste, aber ich rechne auch mit dem Schlimmsten!

Ein Beispiel dazu:

Was macht der erfolgreichste Bergsteiger der Welt, um in 8.000 Meter Höhe zu überleben?

Als ein Reporter einmal Reinhold Messner vor einer seiner großen Himalaya-Expeditionen fragte, wie er sich denn auf solche Alleingänge vorbereite, da antwortete Messner:

„Ich gehe unter anderem alle Situationen durch, die für mich gefährlich werden könnten."

„Welche zum Beispiel?", fragte da der Reporter.

„Wenn ich z. B. in 8.000 Meter Höhe den rechten Handschuh verliere. Dann überlege ich mir schon zu Hause, was ich dann tun werde."

„Aber", antwortete der Reporter, „wenn Sie sich alle diese schrecklichen Situationen schon vorher vorstellen, woher haben Sie dann überhaupt noch die Motivation, auf den Berg raufzugehen?"

„Das ist ganz einfach!", wandte Messner ein, „wenn ich solche schwierigen Situationen nicht vorher in aller Ruhe durchdenke, dann habe ich im Ernstfall absolut keine Überlebenschance!"

„Wieso nicht?"

„Weil der Sauerstoffpartial-Druck auf 8.000 Meter Höhe nur noch ein Drittel des normalen Wertes beträgt und ich andererseits bei einer extremen Stresssituation acht Mal mehr Sauerstoff verbrauche. Im schlimmsten Fall kann diese Mangelsituation meinen Tod bedeuten. Und nur wenn ich vorher schon diese Situation und meine Reaktion durchdacht habe, bleibe ich ruhig und habe eine Überlebenschance – und daran liegt mir sehr viel!"

So steigern Sie
Ihren Erfolgsinstinkt im Verkauf

1. **Eigenes Verkaufskonzept.** Prüfen Sie ganz genau, ob Sie noch voll hinter dem Verkaufskonzept stehen, das Sie bei Ihrer Erstausbildung gelernt haben. Können Sie sich noch mit allen Aussagen, Methoden und Strategien identifizieren? Und vor allem: Haben Sie das Gefühl, dass Sie damit auch bei Ihren Kunden ankommen und Erfolg haben? Wenn nicht, bauen Sie sich Ihr eigenes Verkaufskonzept auf, mit dem Sie sich hundertprozentig identifizieren können. Damit beweisen Sie auch, dass Sie selbst Verantwortung für Ihre Erfolge übernehmen wollen.

2. **Bewusste Überprüfung.** Achten Sie einmal ganz genau darauf, wie viele alte Regeln Sie unbewusst noch für bare Münze halten und ungeprüft befolgen. Zum Beispiel: Glauben Sie immer noch, dass man dem Kunden nicht widersprechen und ihn nicht provozieren darf und dass man ihn durch Fakten mit der Formel „Das bedeutet für Sie ..." überzeugen kann? Stellen Sie alle diese Seminaraussagen auf den Prüfstand und verändern Sie sie so lange, bis Sie sich wirklich damit identifizieren können.

3. **Alle Sinneswahrnehmungen.** Konzentrieren Sie sich neben Ihren eigenen Aussagen und den Kundenaussagen ganz stark auf alle „leisen" Signale des Kunden, also auf den Tonfall, die Lautstärke, die Mimik, die Gestik, die Sitzposition, die Augenhaltung, die Distanz oder die Nähe ... Versuchen Sie dabei ein

Gefühl zu bekommen, ob das, was der Kunde sagt, auch mit seinen körpersprachlichen Signalen übereinstimmt.

4. **Welcher Kundentyp?** Versuchen Sie ganz schnell herauszufinden, welcher Typ Ihr Kunde ist, denn nur dann können Sie ihn auf die einzig richtige Weise überzeugen. Stellen Sie fest,
   * ob er ein **Ergebnis-Typ** ist, der vor allem Beweise will, dass Sie ihm das gewünschte Ergebnis auch liefern können;
   * ob er ein **Fun-Typ** ist, der bereits beim Verkaufsgespräch Spaß haben und unterhalten werden möchte;
   * ob er ein **Beziehungs-Typ** ist, der Sie erst persönlich kennen lernen will, bevor er mit Ihnen ein Geschäft macht; oder
   * ob er ein **Zahlen-Typ** ist, der Fakten und Statistiken braucht, um sich selbst von einer Sache zu überzeugen.

5. **Innere Stimme.** Hören Sie vor wichtigen Schritten im Verkaufsgespräch für einige Sekunden ganz bewusst auf Ihre innere Stimme bzw. auf ein bestimmtes Gefühl, – z. B., bevor Sie die Abschlussfrage stellen. Fragen Sie sich dann, ob jetzt die beste Gelegenheit dafür ist. Ob Ihre Problemlösung den Kunden wirklich interessiert. Ob er es ehrlich meint oder nur ein Vergleichsangebot will. Beobachten Sie dabei den Kunden ganz genau! Nehmen Sie alle seine Signale in dieser Situation ganz bewusst wahr, um sich später wieder daran erinnern zu können.

6. **Erfolgserinnerungen.** Schreiben Sie die drei größten Erfolge und Misserfolge der letzten Monate auf ein Blatt Papier. Analysieren Sie dann die Ursachen dafür. Was haben Sie im Einzelnen getan oder unterlassen? Wie hat der Kunde reagiert? An welcher Stelle wussten Sie, dass es zu einem Abschluss oder zu einer Absage kommen würde? Und warum? Versuchen Sie im Nachhinein ein Gefühl für die entscheidenden Aussagen und Verhaltensweisen von Ihnen und Ihrem Kunden zu bekommen.

7. **Neue Herausforderungen.** Geben Sie Ihrem Erfolgsinstinkt die Chance, aus einer größeren Bandbreite von Methoden und Strategien die den größten Erfolg versprechende zu wählen. Probieren Sie deshalb bewusst auch einmal neue Wege aus, die Sie bisher noch nie gegangen sind, um ihren Erfahrungshori-

zont zu erweitern. Wenn Sie immer nur dasselbe machen, was Sie bisher gemacht haben, und alle neuen Methoden ablehnen, dann hat Ihr Erfolgsinstinkt einfach zu wenig Chancen, Alternativmethoden zu finden.

8. **Klare Resultatsorientierung.** Machen Sie am Anfang einer Woche oder vor einem wichtigen Projekt bzw. einem wichtigen Verkaufsgepspräch eine klare Willensdeklaration, z. B.: „Ich werde heute dem Kunden X ein Haus im Wert von 450.000 Mark verkaufen!" Wiederholen Sie diese Willensdeklaration mehrmals, um Ihre Entschlossenheit zu festigen. Gehen Sie dann in das Gespräch mit dem klaren Blick auf dieses Resultat und beobachten Sie dabei, welche Änderungen Sie hinsichtlich Ihres Auftretens, Ihrer Sprache und Ihrer Standfestigkeit bemerken!

9. **Erlaubnis für Misserfolge.** Hören Sie auf, Misserfolge als persönliche Niederlagen oder Blamagen anzusehen. Wenn Sie das tun, bringen Sie sich selbst um alle großen Erfolgschancen. Denn dann wird Ihr Erfolgsinstinkt nur noch dafür sorgen, dass Sie allen lohnenden Herausforderungen aus dem Weg gehen und beim Kunden nur noch die niedrigste, weil sicherste Abschlusssumme ansprechen. Erlauben Sie sich auch schwere Misserfolge! Das ist die Voraussetzung dafür, dass Sie sich unbewusst auch größere Erfolge erlauben, also stärker aus sich herausgehen und damit größere Herausforderungen annehmen.

10. **Neue Initiativen.** Starten Sie immer wieder neue Initiativen, indem Sie mit neuen Ideen und Methoden experimentieren. Ausdauer ohne Flexibilität ist angewandte Dummheit. Erst die Ausdauer in Verbindung mit neuen, besseren Strategien mobilisiert Ihren Erfolgsinstinkt und bringt Sie auf die Siegerstraße.

11. **Starke Emotionen.** Zeigen Sie Gefühle! Mobilisieren Sie alle Ihre Gefühle, wenn es um wichtige Projekte und Verkaufsgespräche geht. Sei es in Form von Willensdeklarationen, attraktiven Zielvorstellungen oder aufgrund Ihrer Begeisterung über Ihr einzigartiges Angebot. Denn von der Stärke Ihrer Gefühle hängt ab, inwieweit Ihr Erfolgsinstinkt alle Ihre kreativen, psychischen und körperlichen Kräfte mobilisiert. Und nur mit die-

sem inneren Feuer der Begeisterung werden Sie auch Ihre Kunden begeistern können.

12. **Spontane Frage.** Achten Sie eine Zeitlang einmal ganz bewusst auf alle Sinneseindrücke, die Sie in den nächsten 10 Verkaufsgesprächen wahrnehmen. Stellen Sie sich dann in einer ruhigen Minute die Frage: „Was kann ich an meinem Verkaufskonzept noch verbessern?" Hören Sie nicht nur auf Ihre innere Stimme, sondern achten Sie in den nächsten Gesprächen oder bei Ihrer nächsten Lektüre auch darauf, ob Sie von irgendwoher einen „Fingerzeig" bekommen, was Sie verändern sollten. So fördern und fordern Sie Ihren Erfolgsinstinkt heraus, sich auf die Suche nach neuen Antworten zu machen.

„Der Mensch steckt im Herzen,
nicht im Kopf!"
Arthur Schopenhauer

9. Kapitel

Die Kraft der Begeisterung

Wie Begeisterung Sie am schnellsten aus der Sphäre der Misserfolge herausreißt

Wann immer ich Menschen in Seminaren oder bei einer Rede frage: „Wer möchte erfolgreich sein?", schnellen die Arme so schnell hoch wie die Speerspitzen der alten Makedonier beim Angriff. Wenn ich dann frage, wer nicht erfolgreich sein will, bricht ein leicht nervöses Gelächter aus. Und sollte sich tatsächlich einer melden, dann wird der angeschaut, als habe sich ein Anhänger des TSV 1860 im Fan-Block des FC Bayern verirrt.

Kaum etwas vereint die Herzen und Gemüter der meisten Menschen so stark wie der Wunsch nach Erfolg!

Ja, die Leute wünschen sich den Erfolg, sie wollen ihn, sie möchten ihn wirklich gern – doch sie ahnen nicht, dass sie sich allein schon mit diesen Begriffen auf der Verliererstraße befinden. Millionen von Menschen wünschen sich den Erfolg, aber warum erreichen dann nur knapp 5 Prozent den wahren Erfolg? Wünschen, wollen, möchten sie den Erfolg nicht? – Natürlich. Aber sie kennen den Ausspruch des römischen Dichters Ovid nicht oder beherzigen ihn nicht:

> **Wollen, das reicht nicht aus, Verlangen erst führt dich zum Ziele.**

Das heißt: Ein Wunsch, der allein aus dem Kopf, also dem Verstand, kommt, hat zu wenig Kraft! Er muss – und darauf weist auch der Spruch von Ovid hin – aus seinem Innersten, aus seinem Herzen kommen. Der Mensch selbst muss mit seinem ganzen Wesen dahinter stehen.

Lassen Sie mich dieses Problem an einer Geschichte deutlich machen:

„Wie eine einzige Idee meine Karriere und mein Lebensglück bewirkte"

Vor einigen Monaten lernte ich auf einer Tagung einen Verkäufer kennen, der außergewöhnlich erfolgreich war und den ich hier Heinz Jetter nennen möchte. Sein Einkommen war siebenstellig und seit mehreren Jahren war er die unangefochtene Nr. 1 in seinem Unternehmen, einem der größten der Branche. An sich müsste man ihn schon Unternehmer nennen, denn er beschäftigte noch zwei Assistenten und eine Sekretärin. Dennoch ließ er auch im Gespräch mit mir keine andere Bezeichnung als die des Verkäufers gelten. Er war wirklich ein Verkäufer mit Leib und Seele.

„Sind Sie der geborene Verkäufer?", frage ich ihn.

Er sieht mich etwas erstaunt an und antwortet dann mit einer Gegenfrage:

„Haben Sie jemals einen geborenen Top-Verkäufer kennen gelernt? Ich noch nie! Man kann bestimmte Talente haben, aber zum Erfolg wird man nicht geboren, den muss man sich erarbeiten."

„Wenn nicht zum Erfolg geboren, wie haben Sie dann die Spitze erreicht?"

„Ich kann es Ihnen entweder mit einem Wort sagen oder mit einer Geschichte."

„Lieber mit einer Geschichte!", gebe ich, neugierig geworden, zurück.

„Einverstanden", sagte er, „wenn Sie mir versprechen, alle Personen- und Ortsnamen zu verändern ... Ich bin abergläubisch. Wer zuviel über sein Glück spricht, lockt den Teufel herbei!"

Nachdem ich ihm das zugesagt habe, beginnt er mit einer Geschichte, die wahrscheinlich Tausende und Abertausende Menschen ähnlich erlebt haben. Doch er hat im Gegensatz zu ihnen ganz andere Konsequenzen daraus gezogen. Und das war entscheidend. Interessiert höre ich ihm zu.

Die ganz große Chance

„Ich erinnere mich noch ganz genau. Ich war damals erst 18 Jahre alt und spielte leidenschaftlich gerne Fußball. Fußball war mein ein und alles. Ja, ich liebäugelte bereits damit, einmal Profi zu werden. Ich spielte Mittelstürmer oder, wie wir heute sagen, die offensive Spitze und wurde in dieser Saison der Torschützenkönig meiner Liga. Ich galt als echtes Talent und deshalb war es auch kein Wunder, dass plötzlich ein Spielervermittler auftauchte und mir anbot, mich bei einem der ganz großen Clubs als Profi unterzubringen.

Damals dachte ich, das ist meine ganz große Chance, die musst du ergreifen, und habe unterschrieben. Mit dem Studium hatte ich es plötzlich nicht mehr so eilig. Mit viel Hoffnung und noch mehr Naivität fuhr ich zu diesem Club, der nur 120 Kilometer von meinem Heimatort entfernt lag. Als Torschützenkönig meiner Liga und als ‚Riesentalent', so dachte ich mir, da bist du doch was. Doch schon das erste Training sollte mich eines Besseren belehren. Dort, wo Europameister und Deutsche Meister mitspielten, da war ein Ligaspieler – auch wenn er 30 Tore in der letzten Saison geschossen hatte – nicht den Dreck unter dem Fingernagel wert."

Erstes Training mit den Profis

„Bekamen Sie diesen Eindruck gleich beim ersten Training mit?",
werfe ich ein.

„Nein, diesen Eindruck noch nicht, aber dafür einen anderen.
Nämlich den, was es heißt, als Profi zu trainieren. Das Trainings-
spielchen lief noch keine 15 Minuten, da rannte ich einer Steilvor-
lage nach. Ich wollte noch mit dem Kopf ran, doch mein Gegen-
spieler nahm den Ball direkt aus der Luft und knallte ihn mir mit
voller Wucht an die Birne. Danach sah und hörte ich nichts mehr.
Ich lag platt am Boden wie ein k.o.-geschlagener Boxer. Als ich
mich nach einigen Minuten wieder erholt hatte, spielte man ungerührt weiter. Kein Wort des Bedauerns oder der Entschuldigung.
,Damit musst du leben', sagte man mir später, ,wenn du ein
echter Profi sein willst.'"

„Und wie haben Sie das aufgenommen?"

„Ich war noch viel zu sehr belämmert, als dass ich mir deshalb
den Kopf zerbrochen hätte. Außerdem kam es noch schlimmer.
Eine halbe Stunde später versuchte ich als Stürmer ausgerechnet
am Leitwolf der Mannschaft, einem der bekanntesten Nationalspieler, vorbeizukommen. Vielleicht reizte mich in diesem Augenblick auch der Teufel, ihn elegant aussteigen zu lassen, besser gesagt, ihn durch eine blitzschnelle Körperdrehung ,vorzuführen'.
Das hätte ich als Neuling nie und nimmer tun dürfen. Ich war gerade auf seiner Höhe, als ich plötzlich einen siedendheißen Schmerz
an der großen Zehe verspürte und kurz danach einen zweiten ste-
chenden Schmerz im Unterschenkel. Das war, als ob mir jemand
das Bein absägen wollte. Es riss mich geradezu zu Boden. Solche
Schmerzen hatte ich in meiner früheren Liga niemals verspürt. Ich
humpelte an den Spielfeldrand, zog den Reißverschluss der Trai-
ningshose hoch und sah mir die Bescherung an. Ein zehn Zentimeter langer Riss zog sich das Wadenbein hoch. Die Stollen, die diese
Spuren hinterlassen hatten, hatten ganze Arbeit geleistet. Als ich
dann den Schuh aufband, um zu sehen, was mit der großen Zehe
los war, signalisierte mir ein leuchtend roter Fleck auf meinem So-
cken, dass hier das Motto zutraf: Doppelt getreten schmerzt besser!

Erst später wurde mir bewusst, dass jeder Neuling, der mit so naiven Illusionen antrat wie ich, auf diese Weise im Lager der Profis begrüßt und auf seine Nehmer-Qualitäten geprüft wurde."

„Wie haben Sie diesen Schlag verdaut?"

„Natürlich hatte ich meine Lektion schnell gelernt: Mir wurde blitzartig klar, dass hier mit ganz anderen Bandagen gespielt wurde und dass man einen Nationalspieler nicht ungestraft vorführt. Unbewusst hielt ich mich von da an mehr zurück. Daraufhin lief das Spiel schon besser. Aber ich hatte die Lektion anscheinend noch immer nicht gründlich genug gelernt."

„Warum nicht?"

Die grausame Enttäuschung

„Zwar hatte ich hin und wieder die Hoffnung, einmal in der ersten Mannschaft zu spielen oder wenigstens auf der Bank zu sitzen, aber das war eine absolute Illusion. Wenigstens, so glaubte ich, hatte ich in diesem Jahr eine professionelle Einstellung gezeigt und mich als Fußballer weiterentwickelt. Um so brutaler war das Erwachen: Mein Vertrag wurde nicht mehr verlängert!"

„Wie reagierten Sie auf diesen Schlag?"

„Wahrscheinlich wäre mein ganzes Leben anders gelaufen, wenn ich jetzt nicht mit einer Mischung aus Wut und Bestürzung den Trainer gefragt hätte: ‚Warum hat man meinen Vertrag nicht verlängert?'"

„Warum war diese Frage so entscheidend für Sie?"

„Hätte ich diese Frage damals nicht gestellt, hätte ich heute nicht vor Hunderten meiner Kollegen über meine Verkaufserfolge gesprochen. **Denn die Antwort des Trainers riss mich endgültig aus meinen Träumen:** ‚Du bist kein Kämpfer', war seine einzige Antwort. Ich war wie vom Donner gerührt! ‚Was meinen Sie damit?', fragte ich ebenso schockiert wie ernüchtert nach."

„Bekamen Sie denn überhaupt noch eine Antwort?"

„Vielleicht war er in diesem Augenblick gnädig gestimmt, denn während des ganzen Jahres hat er kaum ein persönliches Wort mit mir gesprochen. Doch jetzt ließ er sich zu einer kurzen Antwort herab: ‚Du glaubst, du schaffst den Sprung in die Erste, wenn du nur 99 Prozent gibst. Aber ich sage dir, wenn du nicht 120 Prozent gibst, wirst du nicht einmal auf der Bank sitzen. Und das bei keinem einzigen Bundesliga-Club.‘ Als er mein erstauntes Gesicht sah, legte er erst richtig los: ‚Du kämpfst nicht. Du bist nicht bereit, mit letzter Entschlossenheit in die Zweikämpfe zu gehen. Du machst Pausen beim Training, wenn du keine Luft mehr hast, statt alles zu geben, auch wenn es wehtut. Was du jetzt tust, weiß ich nicht. **Aber wenn du immer noch ein Profi-Fußballer werden willst, dann lerne kämpfen!‘“**

„Was taten Sie dann?“, frage ich ihn.

„Zunächst einmal tappte ich in die größte Falle: Ich war wütend – auf mich, auf den Trainer, auf den Club und auf die Art und Weise, wie man mich so einfach abserviert hatte.

Erst langsam kam ich zur Ruhe – und zur Einsicht. Mein Selbstvertrauen war so down, dass ich mich in der nächsten Saison nur bei einem Zweitliga-Club bewarb. Das war eine neue Chance. Denn hier lernte ich zu kämpfen und mich durchzubeißen. Ich hörte mit dem Selbstmitleid und der Kritik an allem und jedem auf. **Und ich hörte mit der Illusion auf, dass irgendjemand anders für meinen Erfolg verantwortlich war!“**

Der Aufstieg zu den Sternen

„Damals schwor ich mir, ich würde härter trainieren als je zuvor. Und dass das Training für mich erst begänne, wenn es weh täte. Alles andere war für mich nur Aufwärmen. Und genauso schwor ich mir, dass mich niemals mehr ein Trainer entlassen sollte, weil ich nicht bereit war, zu kämpfen und mein Bestes zu geben.“

„Und wie war der Start?“

„Es war geradezu ein Witz! Als wir unser erstes Auswärtsspiel machten – diesmal gelang mir sofort der Sprung in die Mannschaft – trafen wir uns am Vorabend in einem Nebenzimmer des Hotels zur Mannschaftsbesprechung. Wie ich durch die Doppeltüre gehe, bemerke ich über der Tür eine Inschrift, die ich dank meiner Lateinkenntnisse nur zu gut kannte:

> **Per aspera ad astra. Durch das Harte zu den Sternen!**

In dem Augenblick beschloss ich, jeden Preis für den Erfolg zu zahlen. Ich beschloss, so zu spielen, dass niemand mehr sagen konnte, ich sei kein Kämpfer. Ich fasste den Entschluss, in den Ruf des härtesten Kämpfers zu kommen, der in dieser Liga spielt. Und wenn mir das gelingen würde, dann würde ich auch – so meine Überlegungen – gezwungen sein, ihn zu behaupten."

„Wie machte sich das im Spiel bemerkbar?"

„Wir gewannen dieses Spiel und mein Kampfgeist schlug wie eine Bombe ein. Es war wie ein Wunder. Doch erst später begriff ich dieses dreifache Wunder.

1. **Mein Kampfgeist hatte meine Furcht und meine Nervosität besiegt.** Während ich vorher allen harten Zweikämpfen aus dem Weg gegangen war und harten Gegenspielern niemals echt Paroli geboten hatte, leistete ich jetzt echten Widerstand – und gewann!

2. **Mein Kampfgeist erstaunte zuerst meine Mitspieler, doch dann steckte er sie an!** Und plötzlich erlebte ich, wie sie mir fast automatisch den Ball zuspielten, während ich früher geradezu verzweifelt war, weil ich keine Vorlagen bekam. Seitdem weiß ich: Wenn du Hilfe von anderen erwartest, wirst du fast immer enttäuscht werden. Es ist umgekehrt: Erst wenn deine Mitspieler merken, dass sie von dir profitieren, werden sie sich auch für dich einsetzen."

„Und die dritte Erkenntnis?"

„**Anstatt unter der mörderischen Hitze zu leiden, fühlte ich mich pudelwohl** und am Ende des Spiels war ich so aufgekratzt wie noch nie. Es ist das alte Spiel: Handle begeistert und du wirst begeistert werden!"

„Was sagte der Trainer zu Ihrer Leistung?"

„Das weiß ich nicht mehr. Ich weiß nur, dass am nächsten Montag in der Zeitung stand:

,Die Verpflichtung von Heinz Jetter hat wie eine Bombe eingeschlagen. Er war nicht nur der zweifache Torschütze, sondern auch der Motor des ganzen Teams. An Einsatzbereitschaft und Kampfgeist nicht zu übertreffen, riss er das ganze Team zu seinem ersten Auswärtssieg nach drei Monaten mit.'

Ob das der Trainer meiner ersten Profi-Mannschaft jemals gelesen hat? – Wenn ja, können Sie sich sein Gesicht vorstellen, falls er diese Zeilen über den ,Motor des Teams' gelesen hat, den er wegen fehlendem Kampfgeist entlassen hatte?"

„Wie ging es nun weiter?"

„Zwei Jahre später spielte ich wieder in der Bundesliga und war bereits auf dem Sprung zur B-Nationalmannschaft. Ich befand mich echt auf der Siegerstraße. Doch das Schicksal wollte es anders."

Das endgültige Aus

„Bei einem Spiel krachte ich mit dem Torwart zusammen. Die Folgen waren katastrophal: doppelter Kreuzbandriss, abgerissener Meniskus, Gabelsprengung im Fußgelenk und so weiter. Am Schluss stand der Antrag auf Sportinvalidität.

Damals erschien mir dieser Unfall als die größte Tragödie meines Lebens. Heute halte ich ihn für eines der glücklichsten Ereignisse meines Lebens. Denn er wurde zum Startschuss für meine wichtigste und erfolgreichste Karriere."

„Sie meinen Ihre Karriere im Verkauf. Haben Sie gleich nach dem Unfall mit dem Verkauf begonnen?"

„Mit dem Verkaufen schon, aber nicht mit dem erfolgreichen!"

„Und warum nicht?"

„Weil ich genau wieder in dieselbe Falle tappte wie bei meiner ersten Profi-Stellung. Nur gab es diesmal keine Entlassung. Es gab einfach keinen Erfolg."

„Was hat Ihnen in dieser Situation so zu schaffen gemacht?"

„Ich hatte über einen guten Bekannten das Angebot bekommen, Finanzdienstleistungen zu verkaufen. Doch das machte mir am Anfang ungeheuer zu schaffen. Statt von andern hofiert zu werden, sollte ich jetzt auf andere zugehen, Klinken putzen, mich anbiedern – so empfand ich es jedenfalls. Hatte ich das nötig? Konnte ich stattdessen nicht studieren?

Und das Wichtigste war: Statt vom Klub umsorgt zu werden und mich nur auf das Fußballspielen zu konzentrieren, musste ich jetzt alles alleine tun! Mich selbst organisieren, selbst die Termine machen, mich selbst managen. Und so wie ich im ersten Profi-Jahr immer auf die Vorlagen der anderen gewartet habe, so wartete ich jetzt darauf, dass ein anderer mir den Weg frei machen würde: der Geschäftsführer, der Verkaufsleiter, mein direkter Teamleiter, mein guter Bekannter.

Ich begriff anfangs nicht, dass es so nicht funktionieren würde. **Stattdessen glitt ich immer mehr in einen Strudel von Selbstmitleid,** haderte mit meinem Schicksal, ärgerte mich über blöde (uneinsichtige) Kunden und fühlte mich gleichzeitig ebenso hilflos wie ohnmächtig."

„Was ging damals in Ihnen innerlich vor? Welche Gefühle belasteten Sie?"

„Die nächsten 12 Monate waren für mich die längsten und deprimierendsten meines ganzen Lebens. **Ich versagte total bei dem Versuch, meine Produkte an den Mann zu bringen,** und ich kam schließlich zu dem Schluss, dass ich nicht zum Verkäufer geboren sei und wohl nie ein guter Verkäufer werden würde.

Ich besorgte mir das Vorleseverzeichnis der Universität und wollte Betriebswirtschaft studieren – ohne zu erkennen, dass dieser Zug längst abgefahren war. Was sollte ich als 27-Jähriger auf der Schulbank? Erfolglose Akademiker gab es genügend!

Mir war nur eines klar: So ging es nicht mehr weiter! Es musste sich etwas ändern! Aber was?"

Der Wendepunkt

„Wollten Sie damals definitiv aufhören – oder was hat dann Ihr Leben total verändert?"

„Ich war nahe daran. Doch der Wendepunkt in meinem Leben kam von einer ganz anderen Seite. In der Zeitung las ich eines Tages vom 50. Todestag eines bekannten Volksschauspielers und Humoristen, der in meinem Heimatort geboren war. Sein Schicksal interessierte mich. Immerhin hatte er es vom unehelichen Kind – welche Schande am Ende des letzten Jahrhunderts! – zu einem sehr bekannten und vermögenden Volksschauspieler gebracht. Das war ja ein echter Aufsteiger gewesen! Am Ende des Artikels wies der Verfasser – selbst ein Komiker – auf seine Abendveranstaltung über diesen Volksschauspieler hin.

Ich ging hin, der Abend begeisterte mich und ich lud den Schauspieler an meinen Tisch ein. Zuerst unterhielten wir uns über seinen Abend, dann fragte ich ihn, wie lange er sich denn auf diese Rolle vorbereitet hätte. Seine Antwort werde ich nie vergessen. Er sagte:

,Einen Monat lang habe ich zusammen mit einem Regisseur acht Stunden am Tag dieses Stück eingeübt.'

Ich war perplex. Ich dachte, nur Sportler müssen intensiv trainieren. **Aber acht Stunden am Tag, und das vier Wochen lang, so lange hatte ich noch nie in meinem Leben trainiert.**

,Und was hat Sie die ganze Vorbereitung gekostet?', fragte ich nach.

,Mit den Bühnenrequisiten und dem Werbematerial rund 20.000 Mark.'

Mir blieb die Spucke weg. Da war ein Künstler, bestenfalls nur Eingeweihten bekannt, der ohne jedes feste Gehalt lebte – und der bereit war, vier Wochen lang jeden Tag acht Stunden zu trainieren und 20.000 Mark in diesen Erfolg zu investieren. Ich bekam dagegen als Profi nicht nur ein Supergehalt, sondern für gelegentliche Werbeauftritte, bei denen ich nur Autogramme schreiben und für Fotos zur Verfügung stehen musste, noch zusätzlich ein paar Tausender hingeblättert.

In dem Augenblick wurde mir klar: **Derselbe Fehler, der beinahe meine Fußballkarriere zerstört hätte, drohte auch jetzt wieder, meine Chance als Anlageberater zu vernichten.** Und von Stund an stand mein Entschluss fest: Mit dem gleichen Kampfgeist und der gleichen hundertprozentigen Einsatzbereitschaft, mit der ich in der zweiten Bundesliga begonnen hatte, wollte ich jetzt auch meinem neuen Beruf nachgehen!"

„Und was haben Sie als erstes geändert?"

Der Tag, der alles änderte

„Das war vor allem eines: meine innere Einstellung. Nie werde ich den nächsten Tag vergessen. Diesmal ging ich nicht ans Telefon, um ein paar lästige Telefonanrufe zu machen und möglicherweise zu einem Termin zu kommen. Nein, an diesem Tag nahm ich mir fest vor, so lange zu telefonieren, bis ich wenigstens drei Termine geschafft hatte. Und dem ersten Kunden wollte ich als der begeistertste Verkäufer gegenübertreten, den er je zu Gesicht bekommen hatte.

Ich erinnere mich noch genau. Es war der Inhaber einer Trockenbau-Firma. Ich sprudelte geradezu vor Begeisterung. Anfangs glaubte ich noch, er müsste jeden Augenblick meinen Redeschwall unterbrechen und mich zur Türe hinauskomplimentieren. Doch nichts dergleichen geschah. Wahrscheinlich war er selbst so erstaunt darüber, dass es heute noch Verkäufer mit einer solchen Begeisterung gibt, dass er mir weiter zuhörte und schließlich unterschrieb. Ich habe es diesem Kunden nie vergessen. **Ich habe ihn intensiv betreut und innerhalb der nächsten drei Jahre hat er das Abschlussvolumen von 50.000 auf 3,5 Millionen Mark erhöht.** Er wurde einer meiner besten Freunde und hat mir auch aus seinem Kundenkreis eine Menge Empfehlungen gegeben. Von diesem Tag an begann ich, erfolgreich zu verkaufen."

„Was war für Sie die wichtigste Erkenntnis aus diesem ersten Verkaufsgespräch?"

138

„Ich spürte, dass jetzt mein Kampfgeist, meine Einsatzbereitschaft und meine Begeisterung für mich arbeiteten – im Beruf genauso wie damals beim Sport.

Heute weiß ich, dass nichts so wichtig für einen Verkäufer ist wie die Fähigkeit, zuerst sich selbst und dann den Kunden zu begeistern. Und begeistern heißt für mich, ihm das Gefühl zu geben, dass ich selbst hundertprozentig von meinem Angebot überzeugt bin und dass ich auch felsenfest an den Nutzen meines Angebots für ihn glaube."

„Und was sagen Ihre Kollegen dazu?"

„Viele von ihnen jammern nur, dass die meisten Produkte – Versicherungen wie Investmentfonds – doch alle ähnlich seien! Dass es kaum einen Unterschied gäbe! Und dann fragen sie mich: ‚Wie kannst du da so felsenfest von deinem Angebot überzeugt sein, wenn es der Kunde überall kaufen kann?'

‚Genau das stimmt nicht!', sage ich dann diesen Kollegen. **Denn ich verkaufe meinen Kunden kein Produkt, sondern eine komplette Problemlösung** – und dazu gehört für mich meine Beratung, mein Service und meine Betreuung!"

„Welches ist nach Ihrer Erfahrung der häufigste Grund, warum Verkäufer heute scheitern?"

„Ganz einfach, weil sie keine Begeisterung für ihre Produkte verspüren und deshalb auch den Kunden nicht begeistern können!

Sie wissen nicht, dass Begeisterung im Verkauf unbezahlbar ist und dass, wenn sie sich nur einmal die Mühe gäben, begeistert zu handeln, sie auch bald selbst begeistert wären.

Stattdessen sagen sie immer zu mir: ‚Heinz, wenn ich deine Begeisterungsfähigkeit hätte, dann könnte ich auch meine Kunden begeistern.' **Sie wissen nicht, dass auch ich mich manchmal zur Begeisterung zwingen muss, bevor sie sich einstellt.** Doch wenn ich ihnen das sage, dann sagen sie zu mir: ‚Aber Heinz, wir sind doch keine Schauspieler!' Aber dem Kunden ihre griesgrämige und angespannte Miene zumuten, das wollen sie schon. Das halten sie für richtig. Irrtum! Sie haben noch nicht einmal das Wichtigste beim Verkauf erkannt: dass sich der Kunde bei ihnen wohl fühlen muss!"

Der Tag, an dem Sie aufgeben wollen, entscheidet über Ihren Erfolg

Bevor wir zu den 20 besten Methoden der Begeisterung kommen, sollten Sie noch eines wissen: Vielleicht haben Sie auch schon den Satz gehört: „Der Weg ist das Ziel!" Damit ist gemeint, dass nicht erst das Ziel Freude und Begeisterung auslösen sollte, sondern bereits der Weg dahin. Das ist alles schön und gut. Und ist doch nur eine dieser gefährlichen Halbwahrheiten.

Denn egal wie lustvoll und inspiriert Sie Ihren Weg beginnen, wird bei jedem großen Ziel der Tag kommen, an dem Ihnen nichts mehr Freude macht, weil alles nur noch knochenharte Arbeit ist, die Misserfolge so dicht wie Hagelschauer auf Sie herabprasseln und die Belastungen des Alltags so niederdrückend werden wie die Erdkugel für den Riesen Atlas.

Dann ist von der lauten Begeisterung nichts mehr zu spüren! **Dann entscheidet nur noch die „leise Begeisterung" über Ihren Erfolg.** Und die bedeutet nur eines: eiserne Selbstdisziplin, unerschütterliches Weitermachen und konsequentes Durchhalten, egal ob es Ihnen Freude macht oder nicht. Dann hilft Ihnen auch keine Motivationsmethode und kein Optimismus mehr. Dann heißt es nur noch: Weitermachen und sonst nichts!

Ich kann ein Lied davon singen. Bei diesem Buch machte ich vier Anläufe, schrieb 1.200 Seiten Konzept und hatte fast schon den Glauben verloren, jemals ans Ziel zu kommen. Doch auch hier gab es zuletzt nur noch eine Devise: Jeden Tag um 9 Uhr weiterzumachen – getreu dem Motto, das Thomas Buddenbrook in dem gleichnamigen Roman seiner Schwester Antonie mitgab, als sie ihre Jugendliebe aufgeben musste: **„Dergleichen muss durchgestanden werden!"**

Denn nur diese leise innere, unerschütterliche Begeisterung, die noch weitermacht, auch wenn sich Kopf und Verstand mit Händen und Füßen dagegen wehren, entscheidet letztlich über jeden großen Erfolg. Vergessen Sie es nicht! Nehmen Sie es als Rat und Trost, wenn Sie einmal glauben, am Ende zu sein, und aufgeben wollen. In solchen Situationen prüft Sie das Schicksal nur, ob Sie es wirklich, wirklich wollen. Und wenn ja, **„dann muss dergleichen durchgestanden werden!"**

Die 20 besten Methoden, um sich immer wieder neu zu begeistern

1. **Erwischen Sie sich bei Ihren Erfolgen.** Nehmen Sie sie nicht als selbstverständlich hin. Seien Sie stolz darauf. Erkennen Sie als Anfänger auch die kleinsten Erfolge, z. B. wenn Sie trotz mehrerer Misserfolge durchgehalten haben. So geben Sie sich die Chance zu neuen Erfolgen!
2. **Machen Sie aus Erfolgen Erfolgserlebnisse.** Feiern Sie den Erfolg! Und erinnern Sie sich in mutlosen Situationen immer wieder an Ihre früheren Erfolge.
3. **Planen Sie Ihre Aufgabe so gründlich wie möglich voraus.** Überlegen Sie so lange, bis Sie eine Idee für Ihre Kunden gefunden haben, die ihnen nicht gleichgültig sein kann. Schaffen Sie sich selbst eine Vorfreude, indem Sie dem Kunden etwas Verblüffendes versprechen können, z. B.: „Herr Kunde, ich kann heute etwas für Sie tun, was sonst niemand für Sie tun kann!" Um begeistert zu sein, brauchen Sie einen echten „Knaller" für Ihre Kunden.
4. **Tauschen Sie auch unter Ihren Kollegen Ihre Erfolge aus.** Regen Sie auch Ihre Kollegen an, von ihren Erfolgen zu berichten. Lassen Sie sich von ihnen inspirieren, aufmuntern und neue Chancen aufzeigen. Stoppen Sie dagegen Jammergeschichten! Und meiden Sie die typischen Negativdenker.
5. **Versuchen Sie, in einem Punkt perfekt zu sein.** Denn das Gefühl der Perfektion ist unwiderstehlich, z. B. das Gefühl, sein Angebot perfekt präsentieren zu können.
6. **Hören Sie sich nach Erfolgstipps um und probieren Sie sie sofort aus.** Denn jede neue Kompetenz motiviert und inspiriert Sie zum Ausprobieren.

141

7. **Üben Sie das Verkaufsgespräch mit einem Kollegen.** Üben Sie es so lange, bis Sie absolut sattelfest sind und von Ihrem neuen Können begeistert sind.
8. **Zwingen Sie sich 21 Tage lang zu einem begeisternden Handeln.** Stimmungen wie Gram oder Begeisterung funktionieren wie Muskeln: Je öfter man sie übt, umso stärker und schneller funktionieren sie.
9. **Überzeugen Sie den nächsten Kunden mit schierer Begeisterung.** Planen Sie, dem nächsten Kunden als der begeistertste Verkäufer gegenüberzutreten, den er je erlebt hat. Lernen Sie so die Macht der Begeisterung kennen.
10. **Mobilisieren Sie Ihre Wut – vor allem nach mehreren Misserfolgen.** Fragen Sie sich, ob Sie immer nur als lahme Ente oder als Sieger auftreten wollen. Zeigen Sie nach Misserfolgen eine Trotzreaktion! Merzen Sie bei den nächsten Kunden allein durch Ihre Begeisterung die Scharte wieder aus.
11. **Entwickeln Sie ein „einzigartiges" Angebot**, z. B. durch Ihre Beratung, Ihren Service und Ihre Betreuung. Feilen Sie so lange daran, bis Sie das Gefühl haben, dem Kunden ein Angebot zu präsentieren, das er nur von Ihnen allein bekommen kann.
12. **Erleben Sie Fortschritte bewusst.** Beobachten Sie Ihre Telefon- und Besuchsstatistik ganz genau, um den Einfluss Ihrer Begeisterung zu messen. Erkennen Sie Fortschritte und freuen Sie sich darüber. Streben Sie immer wieder nach weiteren Verbesserungen, also nach neuen Fortschritten.
13. **Suchen Sie Partner, mit denen Sie zusammenarbeiten oder sich vergleichen können.** Legen Sie dadurch Rechenschaft über Ihre Selbstdisziplin und Ihre Leistungen ab.
14. **Bauen Sie sich durch einen optimistischen Eigendialog auf**. Lassen Sie sich nach mehreren Misserfolgen auf keinen Fall gehen! Stoppen Sie sofort alle abwertenden Kommentare und Bemerkungen über sich. Sie sind Gift! Bauen Sie sich stattdessen mit optimistischen und positiven Selbstgesprächen wieder auf. Tun Sie alles, um sich selbst wieder neue Hoffnung zu geben!

15. **Analysieren Sie Ihre Erfolge.** Finden Sie genau die Ursachen für Ihre Erfolge heraus. Denn nur so haben Sie das Gefühl, dass sie kein Zufall waren und dass Sie sie jederzeit wiederholen können. Damit erreichen Sie das so wichtige Gefühl der Kontrolle über Ihr Handeln und das gibt Ihnen neues Selbstvertrauen.

16. **Programmieren Sie sich schon vorher auf die Begeisterung.** Nehmen Sie sich am Vorabend oder vor einem wichtigen Gespräch bewusst vor, voller Begeisterung zu handeln.

17. **Zwingen Sie sich, begeistert zu handeln.** Geben Sie sich einen Ruck, um aus einer negativen Stimmung von Gram, Groll, Angespanntheit, Desinteresse oder Enttäuschung herauszukommen. Manchmal braucht es nur einen energischen Kick, um diese negative Gefühlsmauer zu durchbrechen und begeisterter zu handeln.

18. **Seien Sie sich Ihrer Begeisterungsfähigkeit bewusst.** Sagen Sie zu sich: „Begeisterung ist etwas, was ich kann! Und das werde ich jetzt auch zeigen!" Sehen Sie die Begeisterung als Ihren wichtigsten Rettungsanker an: „Auch wenn mir noch die Kompetenz fehlt, aber Begeisterung kann ich immer zeigen!"

19. **Setzen Sie sich selbst unter Druck.** Gehen Sie zu dem nächsten Kunden und nehmen Sie sich vor, der lebhafteste Verkäufer zu sein, der ihm je begegnet ist. Und wenn Sie dann den Ruf haben, voller Begeisterung zu sein, dann ist das für Sie auch die beste Motivation (und Verpflichtung), weiter mit Begeisterung aufzutreten.

20. **Schließen Sie eine Wette ab.** Wetten Sie z. B., dass Sie in der nächsten Woche mindestens 10 neue Termine oder bis zum Monatsende einen Umsatz von X Mark erreichen werden. Tests haben ergeben, dass nur 15 Prozent der Raucher, die sich das Rauchen abgewöhnen wollten, Erfolg hatten. Wenn sie jedoch eine Wette darüber abgeschlossen hatten, dann schafften es 97 Prozent.

Gehen wir jetzt einen Schritt weiter:

Stecken Sie mit Ihrer Begeisterung auch die Kunden an!

Wir wissen heute, dass 66 Prozent aller Industrie- und 78 Prozent aller Privatkunden-Abschlüsse nur dann erfolgen, wenn der Verkäufer es versteht, den Kunden in einen Zustand der Begeisterung oder Faszination zu versetzen. Daher kommt dieser Fähigkeit eine absolut überragende Bedeutung zu. Voraussetzung ist jedoch, dass er sich selbst begeistern, also selbst Emotionen zeigen kann. Hier gilt:

> **Nur wer selbst starke Emotionen ausdrücken kann, kann auch bei seinen Kunden einen starken emotionalen Eindruck erreichen!**

Wie Sie den Kunden in den Zustand der Begeisterung und Faszination versetzen

1. **Zeigen Sie echtes Interesse am Kunden,** indem Sie nach seinen Problemen, Wünschen, Bedürfnissen und Vorstellungen fragen. So schaffen Sie am schnellsten und besten eine persönliche Beziehung.
2. **Hinterfragen Sie seine Aussagen,** bis Sie genau wissen, was er wirklich meint oder fühlt. Sprechen Sie gerade diese versteckten Gefühle an. (Etwa: „Wie fühlen Sie sich bei dieser Dollar-Anlage?")
3. **Zeigen Sie eine freundliche und entspannte Miene,** denn sie steckt den Kunden an und er fühlt sich dadurch bei Ihnen wohl.
4. **Betonen Sie Gemeinsamkeiten und Ähnlichkeiten** mit dem Kunden (z. B. Alter, Schule, Ausbildung ...).
5. **Beweisen Sie dem Kunden kurz Ihre Kompetenz,** also Ihre Fähigkeit, seine Probleme zu lösen. Begeistern Sie ihn durch kleine emotionale Erfolgsgeschichten über erfolgreiche Pro-

blemlösungen (z. B. Referenzgeschichten über erfolgreiche Problemlösungen).

6. **Stellen Sie sich als sein „Zukunftspartner" vor,** der ihn auch in schwierigen Situationen nicht im Stich lassen wird.

7. **Zeigen Sie ihm seine persönlichen Zukunftschancen** und seine Zukunftsvision auf (also das, wonach sich der Kunde in der Zukunft sehnt) und entscheiden Sie gemeinsam mit ihm die beste Lösung dafür.

8. **Sprechen Sie mit Begeisterung** auch über das, was den Kunden interessiert, z. B. sein Auto (Cabrio), seinen Sport (Golf), sein Hobby (Archäologie), seinen Garten (Rosen), seine Bilder (Porträts), seine Prestigesymbole (Uhr), seine Bücher (Bücherschrank) etc.

9. **Demonstrieren Sie geradezu Ihre innere Einstellung,** dass Sie dem Kunden vor allem helfen wollen, sein Problem zu lösen und eine zufrieden stellende Komplettlösung zu erreichen.

10. **Präsentieren Sie ihm verblüffende Vorteile,** die ihm nicht gleichgültig sein können, indem Sie z. B. als Autoverkäufer bereits mit „seinem" neuen Modell bei ihm vorbeifahren.

11. **Nehmen Sie die Gedanken und Ideen des Kunden auf,** loben Sie sie und spinnen Sie sie (mit Begeisterung) weiter aus.

12. **Beziehen Sie alle Produktvorteile nur auf seine Probleme,** damit er sieht, dass Sie sich wirklich um seine individuelle Problemlösung kümmern.

13. **Zeigen Sie Höflichkeitsgesten,** bieten Sie ihm z. B. eine Kaffee an.

14. **Muntern Sie ihn durch positive, aufbauende Aussagen auf.** („Mit Ihren Fähigkeiten werden Sie es noch weit bringen!")

15. **Danken Sie ihm,** anerkennen Sie ihn und machen Sie ihm Komplimente.

16. **Zeigen Sie ihm Ihre eigene Begeisterung** durch Miene und Gestik sowie starke emotionale Aussagen. („Was Sie da sagen, finde ich ungemein faszinierend!")

17. **Stellen Sie ihn in den Mittelpunkt des Gesprächs,** indem Sie z. B. genau seine sachlichen und emotionalen Bedürfnisse er-

fragen und darauf eingehen (also auf das, was er braucht und was er sich im Umgang mit Ihnen erwartet).

18. **Begeistern Sie ihn durch verblüffende Demonstrationen** und anschauliche Muster.
19. **Machen Sie ihm kleine Geschenke.**
20. **Zeigen Sie ihm durch Ihre Miene,** Ihre Haltung, Ihre Gesten und Ihre Sprache, dass Sie sich auf die Begegnung mit ihm freuen. (Denken Sie jedoch daran, dass nur ein wirklich „strahlendes" Gesicht emotionalen Eindruck macht.)

Bei all dieser Begeisterung ist jedoch Vorsicht geboten!

Sie müssen den Kunden bei der Stimmung abholen, in der er sich befindet. Sie dürfen ihn nicht mit einer tollen, optimistischen Begeisterung überfallen! Das würde ihn eher in die Defensive treiben. Sie müssen die Begeisterung Schritt für Schritt langsam hochschalten!

Die wahre Basis der Begeisterung

Diese Art von Begeisterung kommt natürlich nicht über Nacht. Sie muss erarbeitet werden, denn sie basiert auf drei ganz entscheidenden Gefühlen der Sieger:

1. dem Gefühl der **Kompetenz**. Es ist ihr Gefühl, ein Profi zu sein, hundertprozentig Bescheid zu wissen und die Probleme ihrer Kunden erfolgreich lösen zu können.
2. dem Gefühl der **Identifikation**. Es ist ihr Gefühl, ihren Beruf als Berufung zu sehen. Dann stehen sie auch hinter folgenden Aussagen: „Ich liebe es, meine Produkte zu verkaufen! Ich stehe hundertprozentig hinter meinem Angebot! Ich habe das weltbeste Produkt!"
3. dem Gefühl des **Glaubens**. Es ist ihr Gefühl, an sich selbst (an ihre Kompetenz!), an ihr Produkt (an ein „einzigartiges Produkt") und an den Nutzen ihres Angebots für ihre Kunden felsenfest zu glauben.

Entscheidend ist dabei, dass sie diesen Glauben auch beweisen. Zum Beispiel

- den Glauben an sich durch Seminarbesuche auf eigene Kosten,
- den Glauben an ihr Angebot durch die Entwicklung eines „einzigartigen Produkts"
- den Glauben an den Nutzen ihres Produkts für den Kunden durch die eigene Verwendung ihrer Produkte (so es geht) und durch die Fähigkeit, ihren Kunden zu Komplettlösungen zu verhelfen.

Das sind die wahren Voraussetzungen der Begeisterung. Der wahre Grad der Begeisterung wird jedoch durch eine ganz andere Eigenschaft bewiesen: durch die Ausdauer, mit der sie ihre Ziele verfolgen.

Was damit gemeint ist, zeigt die folgende Geschichte einer toperfolgreichen Kunsthändlerin.

Wahre Begeisterung findet immer einen Ausweg

Frau Reimann ist Inhaberin eines kleinen, aber sehr eleganten Geschäfts in der Innenstadt einer Großstadt, das sich auf moderne Kunst spezialisiert hat. Als sie eines Tages nach einem Arztbesuch in ihre Ausstellungsräume zurückkehrt, erfährt sie von ihrer Sekretärin eine Hiobsbotschaft. Frau Hobbenstedt, die sich die neue Kollektion ansehen wollte, hatte den Termin wegen eines Zahnarztbesuchs abgesagt.

„Haben Sie denn wenigstens einen anderen Termin mit ihr vereinbart?", fragt Frau Reimann leicht verärgert zurück. „Sie wissen doch, dass Frau Hobbenstedt eine unserer besten Kundinnen ist und dass ich sie auf gar keinen Fall verlieren möchte."

„Natürlich habe ich versucht, sie zu einem anderen Termin zu bewegen. Aber sie sagte mir ganz deutlich, dass sie im Augenblick keine Zeit dafür hätte." – „Aber so schnell gibt man doch nicht auf!", kontert Frau Reimann, leicht frustriert über diese unvorher-gesehene Absage. „Wer hat denn schon Zeit, sich eine neue Kol-lektion anzusehen? Bei allen Kunden kommt doch meistens was dazwischen. Da gibt man doch nicht so einfach auf. Ein Nein be-deutet doch nur, dass man es nochmal versuchen muss."

„Ich habe es zweimal versucht", antwortet die Sekretärin leicht gereizt, „aber ich hatte zuletzt das Gefühl, dass jedes weitere Drän-gen sie nur noch mehr verärgern würde, und das wollte ich nicht riskieren."

Frau Reimann überlegt einen Augenblick, dann greift sie zu ih-rer Adressenkartei und ruft die Kundin an. Nach ein paar einleiten-den Worten beginnt Frau Reimann über ihre eigene Angst vor Zahnarztbesuchen zu sprechen und erzählt, was sie alles schon ver-sucht hat, um sie zu überwinden. Dann gibt sie zu, dass sie genauso wie Frau Hobbenstedt einen solchen Termin nie platzen lassen würde, weil sie nur eines wollte: ihn möglichst rasch hinter sich zu bringen.

Frau Reimann fällt also keinesfalls gleich mit der Tür ins Haus, denn sie weiß, dass das die Kundin nur verärgert hätte. Stattdessen solidarisiert sie sich mit ihr in der gemeinsamen Angst vor dem Zahnarztbesuch und bestätigt sie sogar in der Entscheidung, den Termin auf keinen Fall platzen zu lassen. **Statt auf Konfrontation setzt sie auf Kooperation.**

Dennoch – und das zeichnet Frau Reimann aus, verliert sie sich nicht im Small Talk oder im gemeinsamen Jammern über die schlimmen Zahnarztbesuche. **Sie weiß, wann es Zeit ist, die „Ein-stimmung" zu beenden und das Gespräch auf den Verkauf zu lenken.**

Mit einem Mal kommt sie daher auf die Freude zu sprechen, die sie erlebt hat, als sie die neue Kollektion ausgepackt und aufge-hängt hat. „Warten Sie nur, bis Sie all die neuen Schätze sehen", sagt sie mit freudiger Erregung in der Stimme. „Ich bin sicher, dass Sie ebenso begeistert davon sein werden, wie wir es sind! Und so wie ich Ihren ausgezeichneten Geschmack kenne, bin ich mir schon jetzt sicher, dass Ihnen die Wahl sehr schwer fallen wird. Denn jedes Stück dieser neuen Kollektion ist genau das, was Sie suchen."

Nach dieser kurzen Einstimmung nimmt sie ihren Zeitplan zur Hand und sagt zu der Kundin: „Frau Hobbenstedt, warum werfen Sie nicht mal einen Blick in Ihren Terminkalender? Ich habe den meinen schon zur Hand und bin sicher, dass wir irgendwo zwei Stunden finden, wo wir uns treffen können."

Frau Hobbenstedt hat wirklich Feuer gefangen. Doch als sie ihren Terminkalender studiert, taucht eine Schwierigkeit nach der anderen auf: Die Nachmittage kommen auf keinen Fall infrage, denn da muss sie ihre Tochter Evelyn von der Schule abholen. Und an den Vormittagen geht es auch nicht, da muss sie im Büro ihres Mannes mithelfen. Wann dann also? An den Wochenenden? – Ganz unmöglich, da fährt die ganze Familie regelmäßig in ihr Bauernhaus am Chiemsee.

So geht es lustig weiter. Jedesmal wenn Frau Reimann einen Termin vorschlägt, nennt Frau Hobbenstedt einen Grund, warum es nicht geht. Und das Ärgerliche daran ist, dass Frau Reimann gegen keinen dieser Gründe etwas sagen kann. Sie klingen alle sehr stichhaltig.

Einen Augenblick spielt sie mit dem Gedanken, diesen Termin endgültig platzen zu lassen. Aber dann reißt sie sich zusammen und besinnt sich auf ihre alten Kämpfertugenden, die sie schon seit jeher auszeichneten: Doch statt die Kundin nun unter Druck zu setzen oder mit Gewalt zu einem Termin zu drängen, versucht sie, ihr zu helfen, dieses Zeitproblem auf irgendeine Weise zu lösen. **Und – was ganz wichtig ist – sie bewahrt trotz aller Kunden-Neins ihre Freundlichkeit und Liebenswürdigkeit.** Sie erlaubt sich auch jetzt nicht den geringsten Anflug von Verärgerung oder Gereiztheit.

Stattdessen zeigt sie sich vor allem hilfsbereit; sie will der Kundin helfen, diese Zeitprobleme zu lösen. So kommt sie schließlich auf die rettende Idee, dass die Tochter Evelyn auch von ihrer Sekretärin von der Schule abgeholt und zur Galerie gebracht werden könnte. Das ist die Lösung! Auf diese Weise kann sie Frau Hobbenstedt doch noch zu einem Termin überreden – den sie dann auch tatsächlich einhält. Und wie sie es der Kundin vorausgesagt hat, ist die von der neuen Kollektion hellauf begeistert. Sie erwirbt gleich mehrere Bilder daraus – und wird mit Sicherheit auch in ihrem Bekanntenkreis eine entsprechende Mundpropaganda in Gang setzen.[10]

Ende gut, alles gut?

Zwei Fragen möchte ich jetzt mit Ihnen besprechen. Erstens: Welche Nutzanwendung können wir aus den verkaufspsychologischen Tricks von Frau Reimann ziehen, um doch noch zu einem Termin zu kommen? Und zweitens: Wie stehen Sie zu der Hartnäckigkeit von Frau Reimann?

Zuerst einmal:

Was können Sie tun,
um trotz aller Kundeneinwände
noch zum Termin zu kommen?

1. **Rechnen Sie immer damit, dass ein wichtiger Termin plötzlich ausfällt.** Vermeiden Sie dabei jede Verärgerung, denn sie würde nur Ihre optimale Reaktionsfähigkeit belasten.

2. **Überfallen Sie den Kunden beim Nachfassen nie mit einer aufgesetzten Begeisterung.** Sprechen Sie den Kunden viel eher bei seiner augenblicklichen Stimmung an und schalten Sie dann erst die Stimmung langsam herauf.

3. **Zeigen Sie Verständnis für die Situation und die Gründe des Kunden.** Jeder leiseste Vorwurf würde ihn sofort in die Defensive bringen. Solidarisieren Sie sich mit dem Kunden – seinen Gefühlen, seinen Argumenten und seinen Reaktionen. Er darf Sie in dieser Situation auf keinen Fall als Bedrohung erleben.

4. **Identifizieren Sie sich mit dem Kunden und seinen Problemen.** Schaffen Sie durch Ihre Einstellung, Ihre Worte und Ihre Mit-Gefühle eine Atmosphäre, in der sich der Kunde wohl fühlt und auf keinen Fall in eine Verteidigungs- oder Abwehrhaltung gedrängt wird. Verweilen Sie aber auf keinen Fall zu lang beim

Small Talk. Der Kunde ist gerade in dieser Phase sehr zeitsensibel!

5. **Leiten Sie auf Ihr „Geschäft" über, indem Sie von einem positiven Erlebnis mit Ihrem Angebot sprechen.** (Frau Reimann erzählte z. B. von ihrer Freude beim Auspacken und Aufhängen der neuen Bilder.)

6. **Geben Sie dann dem Kunden ein suggestives Versprechen.** Z. B., dass er die Chance hat, genau das zu finden, was er sucht. (Frau Reimann sagte zu ihrer Kundin: „Warten Sie nur, bis Sie alle neuen Schätze sehen. Ich bin sicher, dass Sie ebenso begeistert davon sein werden, wie wir es sind!")

7. **Werten Sie den Kunden auf und geben Sie ihm gleichzeitig das Gefühl, dass er selbst eine bestimmte Wahl treffen kann.** Das gibt ihm einerseits ein Gefühl der Kontrolle und löst andererseits den Reiz aus, selbst auswählen und entscheiden zu können. (Frau Reimann: „So wie ich Ihren ausgezeichneten Geschmack kenne, bin ich mir jetzt schon sicher, dass Ihnen die Wahl sehr schwer fallen wird, denn jedes Stück dieser neuen Kollektion ist genau das, was Sie suchen.")

8. **Beschreiben Sie den Kaufvorgang immer aus dem Blickwinkel des Kunden.** („Sie mit Ihrem ausgezeichneten Geschmack ... Ihnen wird die Wahl schwer fallen ... Aber Sie werden genau das finden, was Sie suchen.") Lassen Sie also in Gedanken den Kunden selbst Ihr Angebot begutachten, prüfen, auswählen und für sich das Beste aussuchen. Mit dieser Darstellung aus der Sicht des Kunden beziehen Sie ihn in den Verkaufsvorgang mit ein, statt ihm von außen her etwas aufs Auge zu drücken.

9. **Sprechen Sie dabei die wichtigsten Motive des Kunden an.** (Frau Reimann sprach indirekt die Neugierde, die Sammelleidenschaft, den Wunsch nach Schönheit sowie das Streben nach Neuem bei ihrer Kundin an.)

10. **Ignorieren Sie nicht die Termineinwände des Kunden.** Versuchen Sie gemeinsam mit ihm die beste Terminlösung zu finden. Zeigen Sie dabei dem Kunden, dass Sie ihm unter allen

Umständen schon hier ganz bewusst helfen und ihn unterstützen wollen.

Kommen wir jetzt zur zweiten Frage:

Wie stehen Sie zur Hartnäckigkeit von Frau Reimann?

Nun, was sagen Sie zu der Geschichte? Was fällt Ihnen spontan ein? Wie beurteilen Sie die Vorgehensweise von Frau Reimann?

- Hätten Sie nach der Absage bei der Sekretärin auch einen neuen Versuch gestartet oder hätten Sie die Sache gleich aufgegeben?
- Hätten Sie auch Verständnis für den Zahnarztbesuch der Kundin gehabt oder hätten Sie sogleich (leicht frustriert) über einen neuen Termin gesprochen?
- Hätten Sie sich auch die Mühe gegeben, die Kundin trotz der entschiedenen Absage noch für die neue Kollektion zu begeistern, oder hätten Sie innerlich schon resigniert?
- Hätten Sie trotz der wiederholten Termineinwände auch die Ausdauer gehabt, weiter am Ball zu bleiben, oder hätten Sie in dieser Situation aufgegeben?

Vielleicht haben Sie sich während des Lesens aber schon längst gefragt: Warum soll ich mich der Kundin so anbiedern? Was habe ich für einen Grund, ihr so nachzulaufen? Warum soll ich jetzt alle Hebel der Welt in Bewegung setzen, um gerade diese Kundin zu einem Termin zu bewegen?

Liebe Leserin, lieber Leser, wir sind jetzt an einem ganz entscheidenden Punkt angelangt. Lassen wir einmal den kaufmännischen Aspekt, ob sich eine solch hartnäckige Terminvereinbarung lohnt, ganz beiseite. Wenn Sie wirklich im Spiel des Lebens Sieger werden wollen, müssen wir jetzt diesen Fragen auf den Grund gehen – und danach werden Sie eine Entscheidung treffen.

152

Die Macht Ihrer „inneren Überzeugungen"

Erstens: Ich habe „Ihre" Fragen bzw. Aussagen bewusst etwas überspitzt ausgedrückt. Warum? Weil hinter solchen emotionalen Aussagen immer eine ganz bestimmte innere Überzeugung steht. Und weil – und darauf möchte ich Sie jetzt aufmerksam machen – diese innere Überzeugung für Ihre Karriere und Ihren Erfolg zum größten Ansporn oder zum größten Bremsklotz werden kann.

Zweitens: Es geht nicht darum, wie viele Kontaktversuche Sie machen oder dass Sie möglichst viele machen. Nein! Profis fassen ihre Kontaktversuche immer in einer ganz klaren Statistik zusammen. Und wenn sie dabei erkennen, dass sie die meisten Abschlüsse bei den ersten beiden Terminen machen und alle weiteren Gespräche nur viel Zeit kosten, dann werden sie sich künftig jede weitere Nachfassaktion ganz genau überlegen.

Unser erstes Fazit daraus:

Es kommt nicht auf die Anzahl der Versuche, sondern darauf an, das angestrebte Ziel möglichst effizient zu erreichen!

Jetzt aber kommt das Entscheidende:

Um ein bestimmtes Ergebnis zu erzielen, sind ganz bestimmte innere Einstellungen notwendig!

Wie sieht es nun mit diesen Einstellungen aus, wenn Sie die Hartnäckigkeit von Frau Reimann ablehnen? Z.B., wenn Sie folgende Überzeugungen vertreten:

„Ich habe es nicht nötig, meinen Kunden nachzulaufen!"

Dahinter steckt die Einstellung: Ich bin nicht wirklich von der Einzigartigkeit meines Angebots überzeugt und ich sehe daher auch keinen Grund, meine Kunden in jedem Fall für mein (besseres) Angebot zu begeistern.

„Für mich sind solche hartnäckigen Nachfassaktionen reine Anbiederei!"

Dahinter steckt die Einstellung: Ich bin von dem Nutzen meines Angebots für den Kunden nicht wirklich überzeugt. Ich empfinde mich unbewusst als Störenfried, als Zeitdieb, ja manchmal sogar als Scharlatan, der dem Kunden wider besseren Wissens etwas aufschwätzen will, was er in Wirklichkeit gar nicht braucht.

„Wieso der ganze Einsatz? Wenn die eine Kundin nicht kauft, dann kauft eben eine andere Kundin!"

Dahinter steckt die Einstellung: Ich interessiere mich nicht wirklich für den Kunden. Für mich ist der Kunde jemand, der Geld in die Kasse bringt, und wenn er das nicht tut, dann ist er für mich uninteressant. Dem Kunden durch eine bessere Problemlösung zu einem besseren Leben zu verhelfen, ist weder mein Ziel noch meine Aufgabe.

„Warum soll ich mich bei einer ablehnenden Kundin so reinhängen und unbedingt einen Termin zustande bringen?"

Dahinter steckt die Einstellung: Wenn sich eine Chance ergibt, nehme ich sie wahr. Aber ich sehe keinen Sinn darin, mit so starkem Nachdruck und so großem Engagement meine Verkaufsziele zu verfolgen und eine ablehnende Kundin zu überzeugen. Ich will den Erfolg, aber ich will ihn nicht um jeden Preis.

Was signalisieren alle diese (negativen) Einstellungen?

Sie offenbaren mehr von uns, als wir glauben. Denn sie sind der beste Beweis dafür, wie es wirklich um unsere Begeisterung steht. Denn hier gilt seit jeher der Satz:

> **Sage mir, wie viele Neins du aushältst, und ich sage dir, wie stark deine Begeisterung ist!**

Wenn wir uns die Statements noch etwas genauer ansehen, dann erkennen wir:

Bei all diesen emotionalen Aussagen geht es in Wahrheit nur um die Angst vor dem Misserfolg, vor der Zurückweisung und damit vor der Verletzung des Selbstwertgefühls.

Die innere Einstellung dahinter lautet: Je mehr ich mich zuvor engagiere und um den Termin bzw. Auftrag kämpfe, umso größer ist hernach bei einer Absage die Enttäuschung und Demütigung.

Das also ist der entscheidende Knackpunkt!

Man will den Erfolg nicht um jeden Preis, weil man um jeden Preis sein Selbstwertgefühl schützen will!

Aber Entschlossenheit heißt ja immer, auch entschlossen die Konsequenzen einer Handlung zu akzeptieren. Und genau das möchte man nicht! Der tiefste Grund für diese Zurückhaltung ist also der Schutz des Ego, das unverletzt bleiben soll, das so sehr von äußerem Lob und fremder Anerkennung abhängig ist und das den Vorrang vor allen anderen Interessen und damit selbstverständlich auch vor denen des Kunden hat.

Anders, positiver gesagt:

Wenn wir unser Ego aus dem Spiel lassen könnten, wären wir Könige!

Dann würden wir 100 Mal mehr riskieren und unternehmen! Dann würden wir uns wirklich auf die beste Kundenlösung konzentrieren können, statt sofort und fast ununterbrochen auf die Auswirkungen auf unser Ego zu schielen.

Dann erst könnten wir die Eigenschaften und Verhaltensweisen einsetzen, die uns wirklich den Weg zum großen Erfolg, zur vollen Entfaltung unserer Talente und zur wahren Entdeckung unseres ganzen Potenzials freimachen würden.

Denn darum dreht sich das ganze Spiel des Erfolgs:

Wir können nur dann über uns hinauswachsen, wenn wir über unser kleines Ego hinauswachsen!

Oder um die Sache auf den Punkt zu bringen:

Mit unserer Hartnäckigkeit und unserer Ausdauer für den Kunden beantworten wir die entscheidende Frage: Geht es uns vor allem um den Schutz unseres Egos oder um die optimale Problemlösung für unsere Kunden? Oder noch schärfer:

Wollen wir selbst den meisten Gewinn oder geht es uns um den größten Gewinn für unsere Kunden? Das sind die alles entscheidenden Fragen! Und genau die entsprechenden Überzeugungen hört auch der Kunde heraus. Deshalb reagiert er auf die Hartnäckigkeit eines Egoisten immer anders als auf das engagierte Bemühen eines wahrhaft hilfreichen Verkäufers.

Kurzum:

Jede Form von Hartnäckigkeit und Ausdauer verrät sofort drei innere Einstellungen:

1. **Wie sehr wir den Erfolg wirklich wollen** und bereit sind, den Preis dafür zu bezahlen.
2. **Wie sehr wir tatsächlich an den Nutzen unseres Angebots für die Kunden glauben** und das auch tagtäglich beweisen wollen.
3. **Wie sehr wir unseren Kunden wirklich helfen wollen,** statt unser Ego zu schützen.

Diese Schlüsselfragen muss jeder für sich selbst beantworten!

Um richtig verstanden zu werden:

Natürlich gilt die Ausdauer als Maßstab der persönlichen Begeisterung nicht nur für die Neukundenakquise, sondern für alles, was wir im Leben anstreben. Z. B., wenn es darum geht, eine bessere Stellung zu erreichen, einen interessanten Partner für uns zu gewinnen, als Mitglied in einem exklusiven Club aufgenommen zu werden, ein wichtiges Examen zu schaffen, einen Berg zu besteigen ... oder ein Buch zu schreiben.

Sie finden gerade an diesen Beispielen wieder, was ich Ihnen anfangs sagte:

> **Sieger zu werden bedeutet immer,**
> **seine Persönlichkeit zu entwickeln!**

Oder anders gesagt: Die Grenzen unserer Persönlichkeit sind die Grenzen unseres Erfolgs.

Seien sie also einmal bereit, aufs Ganze zu gehen, alles zu geben, sich hundertprozentig einzusetzen und wirklich mit letzter Ausdauer um den Erfolg zu kämpfen. Gehen Sie einmal raus aus Ihrer bequemen Komfortzone und sprengen Sie die Grenzen Ihrer Persönlichkeit, um den Weg für neue, nie geahnte Erfolgschancen freizumachen.

Es lohnt sich! Selbst wenn Sie dadurch nur das Gefühl bekommen, Ihr Bestes gegeben zu haben, um der Beste zu werden, der Sie werden können.

*„Erfolg hat nur, wer etwas tut,
während er auf den Erfolg wartet!"*
Thomas Alpha Edison

10. Kapitel

Die richtige Strategie –
die Schnellstraße zum Erfolg

Nutzen Sie Ihre schöpferische Kreativität für bessere Strategien!

In einem früheren Kapitel sagte ich einmal ziemlich provozierend: „Ausdauer und Fleiß ohne die richtigen Strategien sind angewandte Dummheit!" Es nützt nichts, am Tag 10 Besuche zu machen, jeden Tag zwei Stunden Tennis zu spielen oder zum 10. Mal zu fasten, wenn man dabei nicht die richtigen Strategien anwendet.

Das größte Problem der Verlierer besteht darin, dass sie die einmal gelernte Strategie für immer und ewig anwenden, obwohl sich die Zeiten, die Zielgruppen und die Umstände total verändert haben. Sie haben einfach nicht die „schöpferische Kreativität", die Situation klar zu analysieren und dann neue Strategien zu entwickeln. Mit der inneren Einstellung „Das geht nicht! Das kann ich nicht! Da gibt es keine bessere Lösung!" haben sie ihre Denkfabrik geschlossen und jeden Ausweg blockiert.

Mein Rat: Benutzen Sie Ihre schöpferische Kreativität! Wenn Sie Ihren Beruf als Berufung ansehen, dann haben Sie in jedem Fall diese schöpferische Kreativität.

Aber bessere Strategien findet man nicht auf Anhieb! Da müssen Sie experimentieren und nochmals experimentieren!

Erst der permanente Wunsch nach Verbesserung und das ständige Experimentieren führen Sie schließlich zu besseren Strategien! Beherzigen Sie daher den Rat aller Sieger:

- Analysieren Sie
- experimentieren Sie
- korrigieren Sie

Ich garantiere Ihnen: Je häufiger Sie das machen, umso schneller werden Sie Erfolg haben! Gehen Sie dabei von der Überzeugung aus:

> **Jeder Mensch hat die schöpferische Kreativität, die er für seinen „Lebenserfolg" braucht!**

Das ist ein naturwissenschaftliches Prinzip. Denn jeder Strauch, der im Schatten steht, weiß, wie er besser ans Licht kommt, d. h., ob er in die Höhe oder in die Breite wachsen muss.

Gehen Sie außerdem davon aus, dass es „leicht" ist, neue, bessere Strategien zu finden, wenn Sie es wollen. Wenn Sie es wirklich wollen! Auf dieses unbedingte Wollen, auf dieses starke Gefühl (Sie erinnern sich!), kommt es an! Hier gilt:

Wenn Sie den Erfolg und damit bessere Strategien wollen, also wirklich wollen, dann werden Sie sie auch finden!

Die folgenden beiden Geschichten beweisen es Ihnen. Und wenn Sie es nicht alleine schaffen, was hält Sie davon ab, jemand anders um Rat zu fragen? Niemand. Hier gilt nur:

> **Wenn Sie es wirklich wollen, gibt es immer einen Weg!**

Und nun zur ersten Geschichte. Sie zeigt, mit welchem Einfühlungsvermögen, welchem Engagement und welchen Strategien es ein Pharmareferent verstand, die Nr. 1 unter 150 Kollegen zu werden:

„Er hat gemerkt,
dass er sonst mit meiner Freundschaft spielt"

Bernd Täubers Firma gehört in Europa im Bereich der Herz-Kreislauf-Medizin zu den absoluten Spitzenfirmen und hat einen weltweiten Ruf. Dennoch ist seine Aufgabe alles andere als leicht! Er besucht vor allem die erfolgreichen Ärzte. Das hat den Vorteil, dass sie seine Präparate gut verschreiben, hat aber den Nachteil, dass die Wartezimmer proppenvoll und die Mediziner in hohem Maße gestresst und kurz angebunden sind.

Wenn er dann zum Gespräch kommt, muss er in ein oder zwei Minuten den Arzt über sein Produkt aufklären, muss ihn informieren und überzeugen und muss ihn vor allem zum Handeln, also zum Verschreiben, bewegen. Und das alles, während der Arzt schon auf dem Sprung ist, den nächsten Patienten zu behandeln, und das Gespräch am liebsten abbrechen möchte.

In drei Sekunden ist oft alles entschieden!

Wie ungeheuer schnell hier über eine Gesprächschance entschieden wird, erzählte mir einmal der Chefarzt einer großen Klinik. Da er in der Regel das letzte Wort darüber hat, ob ein Präparat in seinem Haus eingesetzt wird, wollen natürlich alle Pharmareferenten gerade den Chefarzt sprechen. Und der will genau das Gegenteil: mit möglichst wenig Pharmareferenten sprechen – genau gesagt, nur mit den wirklich kompetenten. Also habe ich einen solchen Gott in Weiß einmal gefragt, nach welchen Kriterien er seine Gesprächspartner auswählt. Seine Antwort: „An der Art, wie ein Pharmareferent in der Türe steht, weiß ich sofort, ob er heute etwas Neues hat!" – „Wie das?", fragte ich zurück. „Ganz einfach", antwortete er. „Die Referenten, die ein neues Produkt dabeihaben, stehen voller Selbstbewusstsein da. Ihre Augen leuchten, sie schauen mich direkt an und sie strahlen Energie und Kontaktfreude aus. Man sieht, dass sie geradezu darauf brennen, mit mir ins Gespräch zu kommen. Also gebe ich ihnen eine Chance. Denn über neue Produkte lasse ich mich immer gerne informieren. Das gehört zu meinen Pflichten."

„Und wie sieht der andere Pharmareferent aus, der nichts Neues hat?"

„Der strahlt genau das Gegenteil aus. Der steht in der Türe und denkt: ‚Was soll ich jetzt dem Arzt noch Neues erzählen? Der weiß doch schon alles. Und wahrscheinlich weiß er über die Indikation und die Nebenwirkungen sogar noch besser Bescheid als ich. Da habe ich keine Chance.' Dann steht er mit leicht hängenden Schultern da, den Blick verlegen auf den Boden gesenkt, und von Energie und Begeisterung ist weit und breit nichts zu sehen."

„Wie gehen Sie mit diesem Pharmareferenten um?"

„Sehr einfach. Ich sage zu ihm: ‚Ich kenne Ihre Präparate ja bereits. Bitte gehen Sie zur Sprechstundenhilfe, geben Sie dort Ihre Muster ab und lassen Sie sich den Stempel geben. Wir sehen uns dann in sechs Wochen wieder.'"

In fünf Sekunden ist also der ganze Auftritt vorbei, ist die Gesprächschance vertan, ist das scharfe Henkerbeil des Chefarztes auf den armen Pharmarefernten herabgesaust. Auch hier gilt das harte Prinzip von now or never!

Wer seinen Eintritt nicht zum Auftritt macht, hat schon verloren

„Wie schaffen Sie den schwierigen Einstieg in das Gespräch?", fragte ich Bernd Täuber.

„Dafür brauchst du unbedingt intelligente Fragen, sonst bist du verloren. Aber", fährt er fort, „diese intelligenten Fragen für den Gesprächseinstieg genügen nicht."

„Warum nicht?"

„Weil der erfolgreiche Arzt, der mit der vollen Praxis, immer auf dem Sprung ist und das Gespräch schnellstmöglich abbrechen und sich dem nächsten Patienten zuwenden will. Also brauchst du auch im Verlauf des Gesprächs weitere gute Fragen, um den Arzt wieder ins Gespräch zurückzuholen."

„Sie haben ja früher auch in der Industrie verkauft. Welches ist für Sie der größte Unterschied?"

„Die Gespräche mit dem Arzt sind so individuell wie keine anderen Verkaufsgespräche. Es sind fast immer schwierige Gratwanderungen: Du musst einerseits dein Präparat positiv herausstellen, aber du darfst andererseits auf keinen Fall zum Marktschreier werden. Du musst einerseits durch gute pharmakologische Aussagen deine Kompetenz beweisen, aber du sollst andererseits dem Arzt genauso eindrucksvoll die besten Therapiemöglichkeiten aufzeigen. Und drittens: Du darfst einerseits nicht zu lange auf den Vorteilen herumklopfen, aber du musst es andererseits schaffen, dass sich der Arzt sekundenschnell wieder an dein Präparat erinnert."

„Wie schaffen Sie diesen schwierigen Spagat?", frage ich interessiert nach.

„Das kann ich nicht mit einem Satz erklären", erwidert Täuber.

„Zum Beispiel?"

„Durch eine gute **Rhetorik**. Ich bereite mich sehr gründlich vor, um in der Kürze der Zeit – oft bleiben mir nur zwei bis drei Minuten – mein Präparat so klar, so logisch und so eindrucksvoll wie möglich darzustellen. Dazu gehört auch, dass ich so schnell und sensibel wie möglich sofort auf die individuellen Reaktionen des Arztes eingehen kann. **Ich provoziere also geradezu die Fragen des Arztes. Ich suche den Dialog, nicht den Monolog. Denn Monologe sind tödlich. Da weißt du sofort, er hat kein Interesse!**"

„Lernen Sie Ihre Präsentation auswendig?", frage ich zurück.

„Natürlich, aber nur ganz bestimmte Bausteine, die ich dann jederzeit abrufen kann. Darin liegt ja das Problem vieler Kollegen: Sie lernen ihre Präsentation auswendig und rattern sie dann zehn Mal am Tag wie eine ‚Schallplatte mit Sprung' herunter – ohne auf die individuellen Belange des Arztes Rücksicht zu nehmen."

„Und wie schaffen Sie es, dass sich der Arzt bei der Verschreibung an Ihre Präparate erinnert?"

„Zu einer überzeugenden Rhetorik gehört auch, dass ich den Arzt nicht nur über alle pharmakologischen Hintergründe wie die Indikation, die Wirkweise und die Dosierung aufkläre, **sondern genauso schnell auf die Umgangssprache umschalte.** Dann gehe ich auf dieselben Fragen ein, die auch die Patienten stellen, und zeige ihm auch, wie er seine Patienten am besten über meine Präparate aufklären kann. Nur so erreiche ich, dass sich der Arzt im ‚Augenblick der Wahrheit' – wenn ihm also ein entsprechender Patient gegenübersitzt – wieder an meine Präparate erinnert und sie verschreibt."

Emotionale Argumente sind oft viel wichtiger

„Warum ist diese praxisnahe Situationsbeschreibung so wichtig? Kann sich denn der Arzt die fachlichen Informationen nicht merken und sie dann auf den Praxisfall übertragen?"

„Gute Frage. Auf meinem Gebiet – den Herz-Kreislauf-Erkrankungen – gibt es z. B. allein beim Bluthochdruck über 500 verschiedene Präparate. Wie soll die der Arzt noch auseinanderhalten können? Wie soll er da noch wissen, welches Präparat in welcher Situation für welchen Patienten das richtige ist? Auch Ärzte sind nur Menschen und haben keinen Computer als Gedächtnis. Um Ihnen zu zeigen, wie entscheidend diese emotionale Ansprache ist, will ich Ihnen ein Beispiel schildern, das ich erst letzte Woche erlebt habe. Da habe ich bei der zweiten Besprechung eines neuen Medikaments den Arzt gefragt: ‚Herr Doktor, haben Sie denn unser Mittel XY in der Zwischenzeit schon einmal eingesetzt?' Da sagte der Arzt wortwörtlich: **‚Nein, ich habe es noch nicht im Bauch!'** Eine fantastische Antwort, die nur eines besagt: Ich habe dein Medikament zwar vom Verstand her kapiert, aber ich habe noch nicht das richtige Gefühl dafür. Ich bin noch nicht voll überzeugt davon, es auch in der Praxis einzusetzen."

„Heißt das, dass auch in Ihrem Bereich die emotionale Ansprache des Kunden, also des Arztes, immer wichtiger wird?"

„Eindeutig. Die rationalen, rein fachlichen Argumente allein genügen heute nicht mehr. Der Arzt ist damit bei diesem irrsinnigen
Überangebot einfach überfordert. Daher muss ich sie dem Arzt
auch emotional – also durch direkte Anwendungsbeispiele, durch
Erfolgsgeschichten oder durch persönliche Referenzen von Ärzten,
auf die er steht (das ist ganz wichtig!) – nahe bringen. Ohne diesen
emotionalen Kick klappt es immer weniger!"

„Sie sprachen vorhin von mehreren Fähigkeiten, die Ihren Erfolg ausmachen. Wie sehen die aus?"

„Eine weitere, ganz wichtige Fähigkeit ist das **Einfühlungsvermögen.** Hier geht es nicht nur darum, genau zuzuhören, was der
Arzt sagt, sondern auch das herauszuhören, was er damit wirklich
meint bzw. was er nicht sagt. Denn Ärzte sind oft zu höflich, um
Ablehnungen oder Zweifel klar zu formulieren. Hier muss man
wissen, ob er durch seine versteckten körpersprachlichen Signale
wirklich zustimmt oder noch im Zweifel ist. Wenn man diese geheimen Signale übersieht, dann fährt man auf dem falschen Gleis
ins Niemandsland. Und plötzlich ist die ‚Sprechzeit‘ zu Ende und
du hast in Wirklichkeit nichts erreicht. Du musst also unbedingt
seine (ehrliche) persönliche Einstellung erfahren."

Ohne Vertrauen und Sympathie
gibt es keine Akzeptanz

„Dazu gehört aber mit Sicherheit ein starkes Vertrauensverhältnis.
Wie erreichen Sie das?"

„Es ist wahrscheinlich der entscheidendste Punkt. Denn ich bin
mir vollkommen bewusst, dass alle meine Aussagen nur dann auf
fruchtbaren Boden fallen und, was noch wichtiger ist, später auch
zu Verschreibungen führen, wenn der Arzt mir ein bestimmtes Maß
an Vertrauen und an Sympathie entgegenbringt. Ohne das bin ich
verloren. Wenn er mir nicht glaubt oder mich nicht mag, hört er mir
vielleicht höflich zu, aber dann speist er mich mit ein paar belang-
losen Zusicherungen ab und das war‘s dann. Erst letzte Woche
sagten mir drei Ärzte aus einer Gemeinschaftspraxis: ‚**Wir machen**

es, weil wir Sie mögen, weil wir Sie gerne haben.' Aber diesen Bonus muss man sich zuvor durch hohe Kompetenz und echte, gute Dienstleistungen für den Arzt verdienen. Der entsteht nicht über Nacht."

„Dennoch – Sympathie und Vertrauen machen einen nicht zur Nr. 1 unter 150 Kollegen. Da muss noch etwas anderes im Spiel sein. Was ist es?", bohre ich neugierig weiter nach.

„Ich arbeite nach klaren, herausfordernden Zielen. Dazu braucht man natürlich auch ein bestimmtes Selbstvertrauen. Vor allem, um sich von dem hohen Status der ‚Götter in Weiß' oder ihrer manchmal doch recht brüsken Ablehnung nicht einschüchtern zu lassen."

„Wie schaffen Sie das?"

„Erstens: weil ich von meinen Präparaten hundertprozentig überzeugt bin, zweitens: weil ich mich gründlich vorbereite, und drittens: weil ich natürlich auch schon viele Erfolge erreicht habe."

„Aber hinter all dem muss ja noch etwas anderes stehen, was Sie antreibt, alles zu geben, um wirklich der Beste zu werden. Was ist das?"

„Das hängt wohl mit meinem **Willen zum Erfolg** zusammen. Ich nehme mir immer ein klares Ziel vor und das versuche ich dann mit ausdauernder Hartnäckigkeit zu verfolgen. Im Gespräch mit dem Arzt bedeutet das: **Ich lasse es mir einfach nicht gefallen, dass er mich so kurz abspeist!** Oder dass er – so mir nichts dir nichts – einfach das Gespräch abbrechen will. Ja, ich fühle mich einfach nicht wohl, wenn ich nach der Vorstellung eines neuen Präparates ohne die feste Zusicherung einer Verordnung rausgehe. Deshalb kämpfe ich um seine Zustimmung und das spürt der Arzt."

„Wie reagieren die schwächeren Kollegen auf diese Abwehrhaltung des Arztes?"

„Die fühlen sich schon gut, wenn sie von kritischen Ärzten nicht hinausgeschmissen werden."

„Und wenn es trotz allem nicht funktioniert, was machen Sie dann?"

„Dann versuche ich alles, um mein Verkaufskonzept zu verändern."

„Was heißt das?"

Misserfolge erfordern neue Strategien

„Dann frage ich andere Kollegen, wie sie ihre Ärzte ansprechen, welche Fragen sie gebrauchen, welche Beweise sie einsetzen, welche Erfolge sie damit erreicht haben. Ja, dann setze ich mich manchmal sogar mit ein oder zwei Kollegen zusammen und dann wir gehen drei Stunden lang jeden einzelnen Arzt durch und überlegen, wie wir ihn individuell am besten ansprechen können. Oder ich spreche mit einem guten Freund, meistens einem Arzt, und frage ihn um Rat. **Wenn alles nichts hilft, dann tausche ich mit bestimmten Kollegen notfalls sogar die Ärzte aus.** Dann übernehme ich von meinem Kollegen einige Ärzte, mit denen er nicht zurechtkommt, und gebe ihm dafür meine Ärzte, mit denen ich nicht zurechtgekommen bin. Das gilt allerdings nur für bestimmte Einzelfälle."

„Sie versuchen also alles, um genau die richtige Strategie herauszufinden, die zum Erfolg führt. Was gehört noch dazu?"

„Genauso intensiv beobachte ich auch meine Konkurrenten: Welche Präparate sie gerade anbieten. Welche Therapien sie verfolgen. Wie die Ärzte auf sie reagieren. Mir ist doch sonnenklar, dass der Arzt meine Präparate und meine Ausführungen sofort mit den entsprechenden Präparaten und den Aussagen meiner Konkurrenten vergleicht. Und nur wenn ich deren Aussagen kenne, kann ich auch gezielt darauf eingehen. **Aus diesem Grund tausche ich mich öfters sogar mit den Konkurrenten aus, um ihre Erfahrungen kennen zu lernen.** Da habe ich keine Probleme, denn ich weiß, ich kann alle Ärzte überzeugen. Aber über diesen Erfahrungsaustausch kann ich ihre Denkweisen besser erkennen. Und das hilft mir bei anderen Präparaten."

Die Geheimwaffe –
die Konzentration auf die 20 besten Ärzte

„Sie sprachen vorhin von Ihrer ‚Geheimwaffe', die für Ihre großen Erfolge verantwortlich ist. Wie sieht es damit aus?"

„Ja, das ist die Konzentration auf bestimmte Stützpunktärzte."

„Was ist darunter zu verstehen?"

„Sehen Sie, wenn Sie 400 Ärzte zu betreuen haben, dann können Sie unmöglich jeden mit der gleichen Intensität und Servicebereitschaft betreuen. Und Sie schaffen auch nicht zu jedem einen optimalen Draht. Also müssen Sie, wie in der Industrie auch, ihre Ärzte in A-, B- oder C-Kunden unterteilen, was die Besuchsfrequenz und die Intensität der Betreuung betrifft.

Meine Auswahl beruht auf der Konzentration von 20 Stützpunktärzten. Das sind Ärzte, die einerseits sehr erfolgreich sind und zu denen ich andererseits einen sehr guten Draht habe. Wenn diese Ärzte meine Präparate verordnen, dann bedeutet das für mich nicht nur einen erheblichen Umsatzschub, sondern auch eine hervorragende Mundpropaganda. Beides ist für meinen Erfolg ganz entscheidend."

„Wie gehen Sie bei solchen Stützpunktärzten vor?"

„Hier ist natürlich mein Ton viel direkter. Oft bin ich auch per du mit solchen guten Ärzten. **Dann gehe ich mit echter Hartnäckigkeit aufs Ganze.** Denn hier entscheidet sich mein Erfolg."

„Wie sieht diese Hartnäckigkeit aus? Können Sie mir ein Beispiel dafür geben?"

„Gerne. Wenn ich einem solchen Arzt unser neues Präparat vorgestellt habe, dann sage ich zu ihm: „Du musst dich sowieso für einen AT-1-Blocker entscheiden, und wenn schon, dann bitte für den unseren! Und dann füge ich gleich hinzu: ‚Wie viele Umstellungen hast du denn für mich?'"

„Was heißt Umstellungen?", frage ich nach.

„Umstellung heißt, dass der Arzt bestimmten Patienten statt dem alten Präparat künftig ein neues, in diesem Fall mein Präparat, verschreibt. Außerdem sage ich zu dem Arzt:

‚Ich brauche dich hier als Stützpunktpraxis. Ja, ich möchte, dass du hier meine Stützpunktpraxis bist. Und das heißt: ‚**Ich brauche 20 Verordnungen (also 20 Umstellungen) von dir!**‘"

„Wie reagiert der Arzt in der Regel auf diese doch sehr direkte Aufforderung?"

„Er versucht meistens, gleich abzuwiegeln, und sagt dann: ‚Das ist aber eine ganze Menge!‘ Und ich: ‚Wenn einer das überhaupt schafft, dann schaffst du das! Du wirst übrigens als Stützpunktpraxis auch belohnt – mit einer wunderschönen Uhr!‘

Wenn er dann sinnend zum Fenster hinausschaut, füge ich noch hinzu:

‚Und bitte, stell die Patienten nicht nur ein, sondern stell sie gleich auf N2 (also die große Packung) ein.‘

Am liebsten wäre es mir dann, der Arzt würde mich gleich in die nächste Apotheke schicken, um dem Apotheker auszurichten, mein Präparat schon mal auf Lager zu legen."

„Befürchten Sie nicht, dass der Arzt diesen harten Ton als zu aggressiv empfindet?", frage ich zurück.

„Sie kennen die Vorgeschichte nicht. Ich kann diesen Arzt ja nur deshalb so in die Verpflichtung nehmen, weil ich zuvor jahrelang für ihn sehr, sehr viel getan habe. Ich habe mir auch seine Freundschaft redlich verdient – durch wirklich gute, also außerordentliche Leistungen. Und wenn er jetzt, wo ich ihn wirklich brauche, kneift, dann muss er wissen, dass er mit unserer Freundschaft spielt. Manchmal musst du eben voll aus dir herausgehen und fordern, statt immer nur zu bitten, wenn du etwas erreichen willst."

„Wie reagieren Ihre Kollegen in diesem Punkt?"

„Das ist ja ihr größtes Problem. Viele meiner Kollegen wollen überall gerne gesehen und beliebt sein. Sie haben daher eine panische Angst davor, vom Arzt auch einmal etwas zu fordern und dadurch möglicherweise in Ungnade zu fallen. Dieses Risiko aber musst du eingehen, wenn du wirklich erfolgreich sein willst, denn **mit Nettigkeit allein wird man kein Sieger!**"

Zusammenfassung:

168

10 Tipps,
wie Sie Ihren Erfolg bewusster steuern können

Jeder, der mit seiner Karriere, seinem Beruf, seinen Verkaufsergebnissen, seinen Motivationsbemühungen oder seiner Lebensplanung nicht so recht zufrieden ist, sollte sich diese 10 Tipps genau durchlesen und zu Herzen nehmen.

1. **Glauben Sie an Ihre „schöpferische Kreativität".** Vertrauen Sie darauf, dass es immer eine bessere Lösung (Strategie) gibt, wenn Sie sie wirklich wollen.
2. **Erkennen Sie als Erstes die Knackpunkte.** Das sind die Schlüsselpunkte, auf die es bei Ihrer Angelegenheit ankommt und die den weiteren Erfolg blockieren (z. B. die fehlende Selbstdisziplin oder die mangelhafte Fachkompetenz).
3. **Schaffen Sie als Erstes immer eine „persönliche Beziehung" zu Ihren Kunden.** Z. B., indem Sie den Gesprächspartner zuerst nach seinen individuellen Problemen, Wünschen und Vorstellungen fragen. Das betrifft nicht nur den Kunden, sondern genauso auch den Ehepartner.
4. **Erspüren Sie, was Ihrem Gesprächspartner am Herzen liegt.** Oder was er wirklich am notwendigsten braucht (z. B. nicht nur gute Fachargumente, sondern auch gute Abverkaufsargumente).
5. **Überzeugen Sie sachlich und emotional.** Bringen Sie neben den fachlichen Erklärungen vor allem emotionale Aussagen in Form von Bildern, Geschichten, Referenzerlebnissen und Vergleichen. Nur so bleiben Ihre Worte in Erinnerung.
6. **Verdienen Sie sich das Vertrauen und die Sympathie Ihrer Gesprächspartner.** Z. B., indem Sie ihnen Ihre Kompetenz und Zuverlässigkeit beweisen.
7. **Definieren Sie vor jedem Gespräch eine klare Willensdeklaration.** Formulieren Sie in einem Satz, was Sie genau erreichen wollen.

8. **Suchen Sie permanent nach neuen Verbesserungen.** Fragen Sie immer wieder Ihre Kunden, Kollegen und Wettbewerber nach neuen, besseren Argumenten und Strategien, wenn Sie mit Ihren Ergebnissen unzufrieden sind.
9. **Konzentrieren Sie sich auf wenige Partner.** Vor allem auf Leute, die zuverlässig und kompetent sind, die Ihnen nützen können und denen Sie nützen können.
10. **Haben Sie den Mut, Beziehungen auch zu belasten.** Stellen Sie Forderungen – vorausgesetzt, Sie haben zuvor gegeben. Nur die Beziehung, die das aushält, ist auch eine gute Beziehung.

Sehen wir uns jetzt die zweite Geschichte an.

Hier war eine junge Verkäuferin ziemlich deprimiert über ihre ersten Verkaufsergebnisse. Sie selbst wusste keinen Rat. Sie wusste nur, dass sie unbedingt bessere Strategien brauchte. Also fragte sie jemanden – und hatte Erfolg!

Ohne die Überwindung der Knackpunkte kommt man nicht weiter

Angenommen, Sie gehen zum Zahnarzt, der findet ein kleines Loch mit Karies und setzt den Bohrer an. Welches Gefühl beschleicht Sie in diesem Augenblick? Nur Masochisten antworten jetzt: ein fröhliches!

Zweite Annahme: Ihr Zahnarzt macht sich wegen möglicher Parodontosegefahr an die Reinigung und kratzt nun mit einem spitzen Ding an Ihren Zähnen und vor allem an den Zahnhälsen herum. Wie fühlen Sie sich dabei?

Dritte Annahme: Der Zahnarzt würde auf den Bohrer verzichten und nur mit einem durch Druckluft beschleunigten Pulverstrahl Ihrer Karies zu Leibe rücken. Beinahe schmerzfrei und ohne eine Spritze zur Betäubung. Wäre das was? Würden Sie dieser Spezialbehandlung, die die Kassen noch nicht zahlen, die aber in den USA bereits von 80 Prozent aller Zahnärzte eingesetzt wird, zustimmen? Und wenn er Ihre Zähne mit einem Spezialgerät von allen Tabak-,

Tee- und Kaffeeresten sowie sonstigen Belägen reinigen würde, absolut angenehm und komfortabel und gleichzeitig wesentlich intensiver und wirkungsvoller, würde Ihnen das auch gefallen? Und wären Sie bereit, dafür auch ein paar Mark selbst zu investieren, weil die Kassen sich da noch zurückhalten?

Nichts verkauft sich heute von alleine

Wahrscheinlich werden Sie ja sagen. Und wenn ich Sie jetzt frage: Angenommen, da gibt es eine junge Zahnarzthelferin, 35 Jahre alt, ein Kind, geschieden, die sich selbstständig gemacht hat und nun auf Provisionsbasis diese beiden Geräte an Zahnärzte verkauft, wie würden Sie ihre Erfolgschancen einschätzen? Gut? Ja? – Die beste Antwort lautet frei nach Radio Eriwan: „Im Prinzip ja, in der Praxis nein!" In dem folgenden Beispiel will ich Ihnen nun zeigen, dass sich selbst sehr nützliche Geräte keinesfalls von selbst verkaufen, wenn man nicht ganz genau die „Knackpunkte" erkennt, die dem Geschäft im Weg stehen und die optimalen Strategien dafür findet.

Nachdem wir bisher sehr viel über die Bedeutung der Gefühle für den Verkaufserfolg gehört haben, **geht es jetzt darum, dass man genauso stark auch seinen Verstand einsetzen muss,** um die tödlichen Fallstricke zu erkennen, die das Geschäft total vermiesen können. Begleiten wir unsere junge Verkäuferin, Renate Bauer, bei dem Besuch der Zahnarztpraxen. Schon der falsche Eröffnungssatz kann zum totalen Flop, zur Einbahnstraße „of no return" werden.

Falsche Eröffnung ist verkäuferischer Selbstmord

Genau das passierte Renate Bauer. Sie verließ sich voll auf den Nutzen ihrer Geräte und begrüßte die Zahnarzthelferin mit dem hoffnungsvollen Satz:

„Guten Tag, mein Name ist Renate Bauer, ich komme von der Firma Dental. Wir verkaufen spezielle Zahnreinigungsgeräte und ein neues Gerät für die ‚kinetische Kavitätenpräparation'.“ (So nennt man die Behandlung durch Pulverstrahl statt durch Bohren.) Was passiert jetzt? Überlegen Sie mal ganz realistisch mit. Die Zahnarzthelferin wird wohl zu ihrem Chef gehen und ihm sagen: „Da ist jemand von einer Firma da, die will Ihnen was verkaufen ... für Zahnreinigungen und so ...“

Und wie wird der Zahnarzt auf diese Killereröffnung reagieren? – Natürlich mit der Killerantwort:

„Das brauchen wir nicht!“ Oder bestenfalls: „Ich habe jetzt keine Zeit dafür, die soll sich vorher anmelden!“

Das ist dann das Ende dieses Versuchs.

Angenommen, Renate Bauer gelingt es sogar, weil der Zahnarzt gerade mal eine kurze Verschnaufpause einlegen möchte, mit ihm direkt ins Gespräch zu kommen, was wird er dann auf ihre Eröffnung sagen? Fast genau dasselbe. Z. B.:

„Ich habe schon so ein Gerät!“ (Obwohl das seine mit diesem neuen überhaupt nicht zu vergleichen ist!) Oder:

„Lassen Sie mir Informationsmaterial da, dann sehen wir weiter!“ (Was nichts anderes heißt, dass ihn ihr Angebot genauso wenig interessiert wie die täglichen Werbezuschriften.) Oder:

„Ich mache das auf meine herkömmliche Art!“ (Was bedeutet, dass er nicht den geringsten Anlass bzw. Vorteil sieht, seine bisherigen Methoden umzustellen.)

Vielleicht lässt er sich für einen Augenblick sogar zu einem Fachgespräch herab und tönt dann:

„Diese Geräte verstopfen so oft und sind auch sehr unhandlich!“ (Wobei er natürlich nur seine Uraltgeräte meint.)

Nehmen wir jetzt einmal sogar den allergünstigsten Fall an, dass Renate Bauer noch weiterreden darf und zu ihm sagt: „Da die Kassen diese Behandlung nicht übernehmen, haben Sie so die Möglichkeit, mehr privat abzurechnen!“ Dann ist doch, wie aus der Pistole geschossen, mit folgender Antwort zu rechnen:

„Ich habe keine Patienten, die das zahlen!“

Den wahren Grund verschweigt er dagegen vornehm, denn der lautet:

„Ich habe bei meiner Arbeitsbelastung nicht die geringste Lust, vor jeder Behandlung jetzt auch noch ein Verkaufsgespräch zu beginnen, damit der Patient den neuen Geräten und der Privatabrechnung zustimmt."

Ihr Job schien wahrhaftig aussichtslos zu sein und so sahen auch die ersten Zahlen ihrer Verkaufstour aus:

Wo liegt der Schlüssel zum Erfolg?

100 Zahnärzte sprach sie an. Daraus ergaben sich

- 20 Gespräche,
- von denen fünf zum Ausprobieren eines Testgerätes führten
- und vier schließlich auch gekauft wurden.

Der erste Eindruck:

- Die Gesprächsquote von 5:1 ist sehr schlecht.
- Die Quote bei den Testgeräten von 5:1 ist relativ schlecht.
- Nur die Quote zwischen den Tests und den Abschlüssen ist mit fast 1:1 hervorragend.

Das heißt: **Wer die Geräte nicht kennt, lehnt sie meistens von vornherein ab! Wer die Geräte kennen gelernt hat, kauft sie!**

In diesen Zahlen liegt also der Erfolgsschlüssel.

Renate Bauer muss den Ärzten die neuen Geräte so attraktiv vorstellen, dass sie bereit sind, ein Testgerät auszuprobieren. Das heißt: Nur wenn es Renate Bauer gelingt, den Arzt beim ersten Gespräch die neuen Geräte als echte Vorteile zu verkaufen, hat sie auch eine echte Chance!

Doch zuvor gilt es zwei schwierige Knackpunkte zu überwinden:

1. Die Ansprache der Zahnarzthelferin. Sie darf dem Arzt auf keinen Fall sagen, dass da jemand draußen ist, der ihm etwas verkaufen will. Das ist eine absolute Killereröffnung.
2. Die Ansprache des Zahnarztes. Ihm darf sie auf keinen Fall sofort sagen, dass sie neue Spezialgeräte anzubieten hat, denn das würde seinerseits sofortige Killereinwände auslösen. Genau das sind fast in allen Branchen die **zwei klassischen Selbstmorderöffnungen:**

- Man sagt der Dame am Empfang oder der Sekretärin, dass man Vertreter der Firma XY ist, die die Geräte A, B oder C herstellt, und dass man deswegen mit dem Herrn X (Chef, Einkäufer etc.) sprechen möchte. Daraufhin schrillen bei ihr sofort die Alarmglocken, dass hier jemand Zeit und Geld ihres Chefs will.
- Man sagt dem Chef bzw. dem Einkäufer, dass man ihm gerne neue Spezialgeräte vorstellen möchte, weil sie so ungeheuer nützlich sind. Daraufhin wird man sofort als Vertreter/Verkäufer enttarnt, der dem anderen was verkaufen bzw. aufs Auge drücken will.

Das alles sind Selbstmorderöffnungen – auch wenn die Produkte noch so gut und nützlich sind.

Die größte Erfolgschance

Die Lösung besteht in drei völlig anderen Denkansätzen:

1. Egal was Sie verkaufen, versetzen Sie sich als Erstes in die Lage des Kunden und überlegen Sie, welche „**Idee**" (nicht welches Produkt!) für ihn am interessantesten sein könnte.
2. Stellen Sie gleichzeitig einen **persönlichen Kontakt** her, indem Sie – auf der Basis von Freundlichkeit und Höflichkeit – wenigstens eine Gemeinsamkeit erwähnen. Zum Beispiel im Fall von Renate Bauer, dass alle Zahnärzte heute vor dem Problem der Rentabilität ihrer Praxis stehen und dass sie ihm zeigen will, wie die Ärzte A und B diese Probleme mit Erfolg gelöst haben.

3. Fragen Sie, bevor Sie auch nur ein Wort über Ihre Zukunftsidee verlieren, den Arzt nach seiner **augenblicklichen Problemsituation** und damit nach seinen speziellen Bedürfnissen. Denn ohne ein Problembewusstsein bei ihm geweckt zu haben hat er null Interesse an Ihrer Problemlösung! Wenn er mundfaul oder schweigsam ist, dann formulieren Sie dieses Problem notfalls selbst.

Das bedeutet für jeden Verkäufer, der neue Kunden mit seinem (neuen) Angebot erfolgreich ansprechen will, die Beachtung von drei Basisregeln:

1. **Verkaufen Sie immer nur Ideen.** Denn an neuen Produkten ist kaum jemand interessiert, an neuen Ideen fast jeder. Vor allem wenn er damit „seine" Probleme lösen kann.
2. **Stellen Sie zu dem Kunden eine persönliche Beziehung her!** Dazu gehört, dass Sie vor jeder Präsentation Ihres Angebots den Kunden nach seinen speziellen Problemen (Wünschen und Bedürfnissen) sowie seinen Vorstellungen fragen.
3. **Beweisen Sie dem Kunden, dass Sie seine Probleme lösen können.** Bieten Sie ihm entweder Expertisen oder, noch besser, Referenzen von Kunden an, die von Ihren Ideen bereits erfolgreich profitiert haben. Denn hier gilt:

> **Schwache Verkäufer verkaufen Produkte!**
> **Gute Verkäufer verkaufen Problemlösungen!**

Diese drei Denkansätze helfen Ihnen auch, den vielleicht schlimmsten Auftragskiller zu überwinden: den Stress des Kunden und damit sein Unbehaglichkeitsgefühl und seine spontane Abwehrhaltung. Die tritt immer dann auf, wenn er von einem Verkäufer hört, der ohne jede Empfehlung kommt und ihm sofort etwas verkaufen will.

In diesem Fall sind sowohl der Verkäufer als auch der Kunde meilenweit von dem Gefühlszustand entfernt, der für 66 Prozent aller Industrie- und 78 Prozent aller Privatkunden-Abschlüsse verantwortlich ist: der Begeisterung!

Wie also könnte die erfolgreiche Vorgehensweise von Renate Bauer aussehen?

1. Die erfolgreiche Ansprache der Zahnarzthelferin

„Guten Tag, mein Name ist Renate Bauer von der Firma Dental. Ich komme auf Empfehlung von Herrn Dr. Ehrwald. Er ist von unserer Idee sehr begeistert und meint, dass sie auch für Herrn Dr. Abele interessant sein könnte. Kann ich den Doktor einen Augenblick sprechen?"

Auf die Frage der Sprechstundenhilfe „Worum geht es denn?" könnte sie sagen:

„Es geht um eine neue Idee, wie Zahnärzte ihre Patienten noch stärker an sich binden und gleichzeitig die Rentabilität ihrer Praxis deutlich erhöhen können! Kann ich Herrn Dr. Abele jetzt einen Augenblick sprechen?"

Optimal wäre es jetzt, wenn Renate Bauer auch noch ihre (spezielle) Visitenkarte abgeben könnte, auf deren Rückseite sie stehen hat:

Dr. Ehrwald
(handgeschrieben)
empfiehlt
Renate Bauer

Was wird die Zahnarzthelferin wohl jetzt ihrem Chef sagen? Wahrscheinlich, dass da jemand aufgrund einer Empfehlung von Herrn Dr. Ehrwald da ist und ihm eine neue Idee vorstellen möchte.

2. Die erfolgreiche Ansprache des Zahnarztes

„Guten Tag, Herr Dr. Abele, mein Name ist Renate Bauer von der Firma Dental. Ich komme auf Empfehlung von Herrn Dr. Ehrwald, der von unserer Idee sehr begeistert ist. Er meinte, dass das vielleicht auch für Sie interessant sein könnte."

Dr. Abele: „Worum geht es denn?"

Bauer: „Es geht um eine Idee, wie Sie Ihre Patienten durch einen besseren Service stärker an sich binden und gleichzeitig die Rentabilität Ihrer Praxis erhöhen können."

Dr. Abele: „Was heißt das genau?"

Bauer: „Herr Dr. Abele, bevor ich Ihnen diese neue Idee vorstelle, darf ich kurz ein paar Fragen an Sie richten? So weiß ich am schnellsten, inwieweit wir auch Ihnen helfen können."

Dr. Abele: „Einverstanden!"

Bauer: „Wie behandeln Sie bisher Kariesschäden? Vor allem Schäden bei ... Wie oft müssen Sie die Stellen lokal betäuben? ... Wäre es für Sie einmal interessant zu hören, wie 80 Prozent der Zahnärzte in den USA – auch ohne Bohrer und lokale Betäubung – arbeiten?"

Dr. Abele: „Also ich behandle meine Patienten folgendermaßen ..."

Bauer: „Und noch eine zweite Frage: Mit welchem Gerät reinigen Sie die Zähne Ihrer Patienten von den Tabak-, Alkohol- und Kaffeeresten sowie den Belägen? Wie zufrieden sind Sie mit den Problemen der Verstopfung, der Handlichkeit und der Wirksamkeit?"

Dr. Abele: „Das machen wir hier so: ..."

Bauer: „Ich kann Ihnen zwei neue Methoden vorstellen, die eine sehr patientenfreundliche und wirksame Behandlung ermöglichen. Das ist auch der Grund der Empfehlung von Herrn Dr. Ehrwald, der diese Geräte selbst getestet hat und von ihrem Ergebnis sehr angetan war."

Test der möglichen Verkaufschancen

Abschließend könnte Renate Bauer auch noch eine **Vorqualifizierung** durchführen, um die möglichen Verkaufschancen zu testen und ihren Zeitaufwand richtig abzuschätzen.

Bauer: „Herr Dr. Abele, wie viele Patienten haben Sie denn pro Tag, die eine schmerzfreie Behandlung bevorzugen würden? ... Wie viele parodontosegefährdete Patienten haben Sie in etwa pro Monat?"

Dr. Abele: „Aber die Behandlung durch diese Geräte zahlt die Kasse nicht. Die müssen doch die Patienten selbst bezahlen. Wie soll das funktionieren?"

Bauer: „Herr Dr. Abele, die Ärzte, die diese Geräte bisher getestet haben, haben genau das als Vorteil gesehen, um die Rentabilität ihrer Praxis zu erhöhen. Mein Ziel ist, Sie sowohl bei der optimalen Behandlung als auch bei der Privatabrechnung tatkräftig zu unterstützen. Dann werden Sie auch die gleichen Ergebnisse erzielen, wie Herr Dr. Ehrwald und eine Reihe anderer Ärzte. Interessieren Sie deren Erfolge? Wollen Sie gerne mehr darüber hören?"

Dr. Abele: „Ich weiß nicht recht. Das klingt alles recht schön, aber ..."

Bauer: „Herr Dr. Abele, darf ich Ihnen den Erfolg dieser Idee anhand eines kleinen **Rechenbeispiels** aufzeigen?"

Diese Berechnung sollte auf ein bis zwei Seiten folgende Punkte enthalten:

1. Wie der Arzt am besten Schritt für Schritt vorgehen sollte: mit dem Ausprobieren eines kostenlosen Testgerätes, der Schulung der Helferinnen und der „Verkaufsargumentation" für die Privatabrechnung.
2. Wie schnell und sicher er mit der Amortisation seiner Investition rechnen kann.

Hat damit Renate Bauer ihr Ziel – die Aufstellung eines Testgerätes – schon erreicht?
Nein.

Denn jetzt kommt die zweite und kritische Phase: die Behandlung aller offenen und versteckten Einwände des Arztes. Zum Beispiel: Warum soll ich meine alten Geräte auf den Müll werfen? Ist es mit meinem Status überhaupt vereinbar, mit den Patienten „Verkaufsgespräche" zu führen? Habe ich genügend Patienten, die zu dieser Privatbehandlung bereit sind? Amortisiert sich die Anschaffung dieser neuen Geräte? Wie viel Zeit und Geld kostet mich die Umschulung meiner Helferinnen?

Diese Einwände müssen alle erkannt und absolut zufrieden stellend beantwortet werden.

Genügt das jetzt?

Wiederum nein! Warum nicht?

Jede Veränderunglöst Unbehagen aus!

Sowohl die „Umstellung der Behandlungsmethoden" als auch die Ansprache der Privatabrechnung lösen beim Arzt mit Sicherheit starke emotionale Abwehrkräfte aus. Sie können das Geschäft trotz aller Rechenbeispiele zum Platzen bringen. Warum?

Jede Veränderung muss dem Arzt (also dem Kunden) so leicht, so einfach und so erfolgversprechend wie möglich gemacht werden, – sonst wird sie zum unüberwindlichen Hindernis.

Doch für alle diese Einwände gibt es eine fantastische Methode: **Fragen Sie Ihre bisherigen guten Kunden, wie sie diese Probleme gelöst haben!** Gehen Sie davon aus, dass die besten Argumente (einschließlich der Einwandantworten) nie aus Seminaren oder Büchern, sondern immer von Ihren besten Kunden kommen!

Neben ihrer Erfolgsrechnung könnte Renate Bauer die Einfachheit der Umstellung bzw. Veränderung durch folgende Idee verstärken:

Bauer: „Herr Dr. Abele, bei allen meinen bisherigen Kunden ist die Umstellung auf die Privatbehandlung ganz einfach gewesen, denn sie wurde von der besten Helferin des Arztes vorgenommen, nachdem wir sie darin geschult haben."

Ist der Kauf jetzt endlich perfekt?

Noch nicht ganz.

Der Kunde soll sich selbst überzeugen!

Als letzten Anstoß könnte Renate Bauer dem Arzt jetzt die kosten-lose Benutzung eines Testgerätes vorschlagen.

Bauer: „Herr Dr. Abele, ich verstehe Sie. Sie wollen sich erst dann endgültig entscheiden, wenn Sie von dem Erfolg überzeugt sind. Nachdem 90 Prozent aller Ärzte, die unsere Geräte getestet haben, sie auch gekauft haben, ist das bestimmt der beste Weg, um sich ein Urteil zu machen. Sind Sie einverstanden?"

Und wenn der Arzt noch zögert ...

Bauer: „Herr Dr. Abele, was verlieren Sie schon dabei? Entweder Sie entscheiden sich wirklich für einen lukrativen Zusatzverdienst oder Sie haben stichhaltige Gründe für Ihre Zurückhaltung. Und Sie wissen doch: Das Bessere ist immer der Feind des Guten! Wenn Sie einverstanden sind, steht Ihnen bereits in der nächsten Woche ein Gerät zur Verfügung und dann werde ich auch sofort Ihre Helferinnen schulen. Einverstanden?"

Zwei Dinge könnte jetzt Renate Bauer noch tun, um künftige Er-folgschancen noch besser zu nutzen.

Zwei zusätzliche Erfolgschancen

Erste Möglichkeit: Sie könnte schon bei der Begrüßung der Sprechstundenhilfe bzw. Zahnarzthelferin diese fragen: „Was ha-ben Sie für ein Gerät bei der Zahnreinigung? Wie zufrieden sind Sie damit? Welche Probleme sind dabei aufgetaucht? ... Wäre für Sie nicht ein Gerät von Vorteil, das folgende Vorteile ... bietet? Ist das etwas, was für Herrn Dr. Abele interessant sein könnte?"

Und die zweite Möglichkeit lautet: Sie könnte den Arzt ganz zum Schluss direkt auf sein Zögern bzw. die Ablehnung anspre-chen, um einerseits die wahren Gründe zu erfahren und andererseits eine letzte Chance zu wahren.

Bauer: „Herr Doktor, ich respektiere Ihre Entscheidung und werde mich auch gleich verabschieden. Darf ich Sie zuvor noch etwas fragen?"

Dr. Abele: „Ja, wenn es schnell geht!"

Bauer: „Ich bin eine junge Mutter, geschieden, mit einem Kind, und baue mir gerade eine neue Existenz auf. Sagen Sie mir bitte, warum ich Sie nicht überzeugen konnte. Lag es am Produkt, an der Firma oder an mir? Sie würden mir damit einen großen Gefallen tun."

Dr. Abele: „Das hat nichts mit Ihnen zu tun, sondern es liegt daran, dass ..."

Bauer: „Und die letzte Frage: Unter welchen Voraussetzungen würden Sie sagen: Ja, ich bin zu einem Test bereit?"

Leitfaden für das richtige Verkaufskonzept

Haben Sie gesehen, wie Renate Bauer die wichtigsten Knackpunkte überwunden hat? Ihre Vorgehensweise bietet geradezu einen Leitfaden für jedes schwierige Verkaufsgespräch.

1. **Sagen Sie der Sekretärin bei der Anmeldung, dass Sie ihrem Chef eine Idee vorstellen wollen.** Z. B., wie damit die Kundenbindung oder die Rentabilität seiner Firma erhöht werden kann. Sprechen Sie anfangs auf keinen Fall über Ihre Produkte. Achten Sie darauf, dass die Sekretärin möglichst positive Begriffe wie Empfehlung und Idee hört und weitergibt.
2. **Erwähnen Sie bei Ihrer ersten Vorstellung nach Möglichkeit eine Empfehlung.** Am besten auf einer Visitenkarte. Das verschafft Ihnen in jedem Fall mehr Vertrauen als ein Auftauchen aus dem Nichts.
3. **Wiederholen Sie auch vor dem Chef Ihre Empfehlung und die Vorstellung einer Idee.** Setzen Sie dabei emotionale „Schlüsselreize" wie z. B. „höhere Rentabilität", „stärkere Kundenbindung" oder ein „lukratives Zusatzgeschäft" ein.
4. **Bitten Sie danach den Kunden um Erlaubnis, einige Fragen an ihn richten zu dürfen.** Denn nur durch das Gespräch über **seine** Probleme oder Wünsche entsteht eine persönliche Be-

181

ziehung. Begründen Sie Ihre Fragen damit, dass Sie so am schnellsten feststellen können, ob Sie ihm helfen können.

5. **Fragen Sie ihn, wie er bisher die Probleme A und B behandelt hat.** Wie zufrieden er damit ist? Und ob er Interesse hat, sich eine Lösung anzuhören, die von anderen Kunden (Referenzkunden) bereits mit großem Erfolg eingesetzt wurde.

6. **Begeistern Sie den Kunden, indem Sie eine mögliche Präsentation so unterhaltsam wie möglich machen.** Alles mit dem Ziel, den Kunden zuerst emotional, also über sinnliche Eindrücke, zu gewinnen, und ihn später durch rationale Produktvorteile zu überzeugen.

7. **Sprechen Sie dabei auch die „sechs wichtigsten immateriellen Vorteile" an.** Sie sind das eigentliche Geheimnis eines Top-Verkäufers. Denn neben den offensichtlichen Produktvorteilen bietet er seinen Kunden aufgrund seiner Kompetenz und Zuverlässigkeit noch sechs viel wichtigere, zusätzliche Vorteile an:

- Einen **Kostengewinn**, denn der Kunde kann ihm vertrauen und braucht daher keine weiteren kostspieligen Angebotsvergleiche mehr durchführen.

- Einen **Zeitgewinn**, denn der Kunde kann sich an seine Empfehlung halten und sofort bestellen, statt weitere Recherchen durchführen zu müssen.

- Einen **Energiegewinn**, denn der Kunde weiß, dass das Angebot seinen Preis wert ist, und kann sich jedes weitere Feilschen ersparen.

- Einen **Stimmungsgewinn**, denn der Kunde verhandelt gerne mit einem kompetenten, erfolgreichen Verkäufer, der ihn inspiriert und positiv stimmt.

- Eine **Erfolgschance**, denn der Kunde weiß, dass ein erfolgreicher Verkäufer nur erfolgreiche Produkte verkauft, die ihm neue Zukunfts- und Gewinnchancen eröffnen.

- Eine **bessere Lebensqualität**, denn jeder Kunde weiß, dass ihm ein guter Verkäufer Arbeit und Sorgen abnimmt, wodurch sein Leben leichter wird.

Hier gilt:

> **Für viele Kunden sind heute die immateriellen Vorteile viel wichtiger als die materiellen. Denn die bekommt er überall, die immateriellen aber nur von den Top-Verkäufern.**

Gehen Sie also gezielt alle Vorteile Ihres Angebots durch und fragen Sie sich, inwieweit Sie Ihren Kunden auch diese sechs „immateriellen" Vorteile versprechen können.

8. **Bereiten Sie sich schon vorher auf alle offenen oder versteckten Einwände vor.** Denn nur mit guten Antworten und schlagkräftigen Beweisen können Sie unschlüssige Kunden überzeugen.
9. **Bereiten Sie mit Hilfe Ihrer Referenzkunden eine Beispielrechnung vor.** Sie soll nicht länger als ein bis zwei Seiten sein und folgende Punkte enthalten:
   * wie der Kunde Schritt für Schritt vorgehen soll und
   * in welchem Zeitraum sich seine Investition amortisieren wird. Beweisen Sie diese Erfolgschancen mit Fakten und Zahlen!
10. **Minimieren Sie für den Kunden das Risiko des Kaufs oder der Umstellung.** Bieten Sie dem Kunden zuerst einmal eine **Probelieferung** oder ein Testgerät an. Machen Sie die Sache für ihn so einfach wie möglich. Sagen Sie ihm, dass die Belastungen und Risiken für ihn minimal sind, dass er bei dem Test nur gewinnen kann und dass Sie ihn bei der Umstellung tatkräftig unterstützen werden.

Die letzte Geschichte zeigt, welche Fehler gerade im ersten Gespräch mit einem neuen Kunden immer wieder gemacht werden und wie eine geringe Änderung des Konzepts die Erfolgschancen schlagartig um 50 Prozent verbessern kann.

183

Die richtige Ansprache von neuen Kunden

Frau Seidel wirkt nicht gerade glücklich, als sie mir gegenübersitzt. Sie verkauft Leasing-Angebote für Firmenfahrzeuge. Vor allem an kleine und mittlere Firmen, die ihren eigenen Fuhrpark haben. Die Aufgabe ist nicht leicht, denn auf dem Markt tummeln sich viele Wettbewerber.

Und damit sie nicht leichter wird, hat sie sich vorgenommen, vor allem neue Kunden zu akquirieren. Das bedeutet: Sie muss sie entweder von der Konkurrenz loseisen oder auf Leasing umstellen. Obendrein hat sie sich auch noch die schwerste Methode der Neukundenakquise vorgenommen, die Kaltakquise ohne vorherige Terminvereinbarung.

Diese Strategie ist heute mit Sicherheit gerade bei Klein- und Mittelbetrieben besser geeignet als die Telefonakquise. Doch hier kommt es auf jedes Wort an. **Ein falscher Satz und das Interesse des Kunden erlischt so schnell wie ein Feuer aus Zeitungspapier.**

Verfolgen Sie nun selbst, was an ihrer bisherigen Eröffnung nicht stimmt und warum sie nur sehr wenig Chancen bekommt, ein Angebot abzugeben.

Wenn sie es schafft, an der Sekretärin vorbeizukommen und den Chef zu sprechen, begrüßt sie ihn mit den Worten:

„Grüß Gott, Herr Kunde, mein Name ist Gisela Seidel. Ich bin Vertriebsleiterin der Firma Auto-Leasing. Unser Ziel ist es, kleinen und mittelständischen Firmen zu helfen, ihren Fuhrpark optimal und effizient zu gestalten. Und dabei bieten wir Ihnen folgende exklusive Vorteile an:

- eine faire Beratung aufgrund unserer Herstellerunabhängigkeit
- Top-Einkaufskonditionen durch unsere Flottenrabatte mit sämtlichen KFZ-Herstellern
- Top-Versicherungskonditionen durch unser Großabnehmerabkommen mit der Bayern-Versicherung.

Das ist für Sie ein echtes „Sorgenfrei-Paket", da wir Ihnen „alles aus einer Hand" anbieten und dadurch auch Kosteneinsparungen von bis zu 20 Prozent erreichen können.

Nun bietet Frau Seidel zwar ein „Sorgenfrei-Paket" an, aber aufgrund dieser Kundenansprache war sie – mit Blick auf ihre Abschlüsse – selbst ganz bestimmt nicht von Sorgen frei.

Haben Sie die wichtigsten Fehler erkannt?

Wenn nicht, dann lesen Sie sich jetzt die zweite, wesentlich verbesserte Fassung durch, die ihre Angebotsquote schlagartig um 50 Prozent verbesserte:

„Grüß Gott, Herr Kunde, mein Name ist Gisela Seidel. Ich bin Vertriebsleiterin der Firma Auto-Leasing. Wir sind Spezialisten auf dem Gebiet des Fuhrpark-Managements – vor allem für kleine und mittelständische Firmen – und betreuen rund 3.000 Kunden.

Herr Kunde, der Zweck meines Besuchs ist nicht, Ihnen heute etwas zu verkaufen, sondern Ihnen eine Alternative mit attraktiven Preisen und Leistungen vorzustellen.

Und eine gute Alternative zu kennen, wenn man eines Tages mit dem alten Lieferanten nicht mehr so zufrieden ist, gibt einem doch immer ein gutes Gefühl, nicht wahr, Herr Kunde? Klingt das interessant für Sie? ...

Ich brauche nur drei Minuten Zeit. Dann entscheiden Sie selbst, ob Sie mehr darüber hören wollen. Einverstanden?

Herr Kunde, darf ich Ihnen zuvor noch zwei, drei Fragen stellen, damit ich weiß, ob und in welcher Form wir Ihnen am besten helfen können? ... Wie viele Fahrzeuge haben Sie in Ihrem Fuhrpark? ... Haben Sie sie in eigenem Besitz oder geleast? ... Wie zufrieden sind Sie bisher mit dem Fuhrpark-Management? ..."

Auch auf die häufigsten Einwände ist sie schon vorbereitet.

Sagt der Kunde z. B.: „Wir sind schon in besten Händen!", lautet ihre Antwort:

„Herr Kunde, genau diesen Satz hören wir immer wieder, wenn wir uns das erste Mal bei einem neuen Kunden vorstellen. Und das ist auch ganz in Ordnung so. Wenn uns dann jedoch der Kunde die Möglichkeit gibt, einen kurzen Preis-Leistungs-Vergleich durchzuführen, dann hat sich in 90 Prozent aller Fälle herausgestellt, dass wir ihm im Durchschnitt eine Kostenersparnis von rund 15 Prozent anbieten können. Und das macht bei einem Fuhrpark von 10 Fahr-zeugen schnell 10.0000 Mark pro Jahr aus.

Das ist doch ein schöner Stundenlohn, Herr Kunde, nicht wahr? **Und – Hand aufs Herz – was verlieren Sie dabei? Sie können doch nur gewinnen.** Entweder kann ich Ihnen als Profi bestätigen, dass Sie wirklich in besten Händen sind, oder ich kann Ihnen mög-licherweise eine fünfstellige Kostenersparnis oder ein zusätzliches Leistungspaket anbieten. Das ist doch etwas. Alles, was ich dazu brauche, ist Ihr Fuhrparkleiter und ein paar Zahlen, den Rest ma-chen wir zu Hause."

Natürlich rasselt sie das Ganze nicht als Monolog herunter. Bei jeder Textstelle mit den drei Punkten macht sie eine kurze Pause, beobachtet den Kunden und lädt ihn so zu Fragen, also zum Dialog, ein.

Fassen wir die wichtigsten Punkte bei der erfolgreichen Kaltan-sprache noch einmal kurz zusammen:

10 Tipps für erfolgreiche Kaltakquise

1. **Stellen Sie sich so klar und deutlich vor, dass der Kunde Sie mit Namen anspricht.** Sprechen Sie natürlich auch den Kun-den korrekt mit Namen (und Titel) an.
2. **Machen Sie gerade bei der Eröffnung nur ganz kurze Sätze.** Jeder Satz sollte nur eine Aussage enthalten. Machen Sie nach jedem Satz eine winzige Pause, damit Ihnen der Kunde auch „folgen" kann. Lassen Sie jedoch keinesfalls längere Pausen entstehen.
3. **Stellen Sie sich bzw. Ihre Firma als Spezialisten vor.** Das schafft einen Vertrauensvorschuss.
4. **Bringen Sie zumindest eine allgemeine Referenz als Nach-weis Ihrer Erfolge.** Z. B. die Anzahl Ihrer bisherigen Kunden (3.000). Oder bestimmte Referenzkunden bzw. Refernzbetrie-be. Je mehr Ähnlichkeit der Referenzbetrieb mit dem neuen Betrieb hat, umso erfolgversprechender ist Ihre Referenz.

186

5. **Sprechen Sie anfangs nur von einer neuen Idee oder einer besseren Alternative, die Sie vorstellen wollen.** Zählen Sie jedoch keinesfalls sofort die einzelnen Vorteile auf.

6. **Fragen Sie in jedem Fall den Kunden auch kurz nach seiner persönlichen Situation bzw. seinen persönlichen Vorstellungen.** Dadurch erreichen Sie am schnellsten eine persönliche Beziehung.

7. **Bereiten Sie sich schon zu Hause auf die wichtigsten und häufigsten Einwände vor.** Z. B. auf Aussagen wie „Ich habe keine Zeit! ... Wir haben schon einen Lieferanten! ... Wir haben im Augenblick kein Budget dafür ...".

8. **Denken Sie bei der Einwandbehandlung immer daran, dass es in diesem Augenblick nur um eine neue Idee oder eine mögliche Alternative geht und nicht um einen Verkauf.** Das entlastet sowohl Sie selbst als auch den Kunden.

9. **Nennen Sie einen fiktiven Kostenvorteil oder Gewinn, um den Kunden neugierig zu machen.** Versuchen Sie, dem Kunden diese Vorteile schwarz auf weiß zu beweisen.

10. **Verkaufen Sie das Gespräch, indem Sie dem Kunden sagen, dass er dabei nur gewinnen und nichts verlieren kann.** Machen Sie ihm die Fortsetzung des Gesprächs bzw. eine mögliche Umstellung so leicht wie möglich.

Word

„Um Erfolg zu haben,
muss man den Standpunkt des anderen einnehmen
und die Dinge mit seinen Augen betrachten. "
Henry Ford

11. Kapitel

Fantastische Verkaufschancen durch exzellente Kundenbeziehungen

Der geheime Zusatznutzen der Spitzenverkäufer

Jeder spricht heute von Kundenbeziehungen und Kundenbindungs-
programmen und, wenn er Englisch kann, sogar vom „Customer-
Relationship-Management". So als wäre der optimale Kontakt zum
Kunden eine rein wissenschaftliche Sache, wo man nur ein paar
Knöpfe zu drücken hat und die Sache funktioniert von allein.

Von der Persönlichkeit, der inneren Einstellung, der Begeisterungsfähigkeit, dem von Herzen kommenden Interesse, dem Kunden vor allem helfen zu wollen, ist kaum die Rede. Genau das führt
viele Verkäufer in die absolute Sackgasse. Hier gilt wirklich der
Satz: **Je wissenschaftlicher der Begriff, umso leerer der Inhalt!**

Gerade bei der Kundenbeziehung merken wir ganz schnell, dass
sie vor allem eine Sache der Persönlichkeit ist, des Einfühlungsvermögens, der Beobachtungsgabe, des menschlichen Interesses,
der Anpassungsfähigkeit, sowie der Fähigkeit, eine ganz bestimmte
Rolle zu spielen und sich trotzdem treu zu bleiben, und nicht ir-
gendwelcher Techniken oder Marketingstrategien.

Optimale Kundenbeziehung bedeutet als Erstes, dass sich der Kunde vom ersten bis zum letzten Augenblick wohl fühlt. Die Sieger haben hier einen unschätzbaren Vorteil, denn sie verkaufen nicht! Sie lassen den Kunden, wie Petra Wille, die Sie gleich kennen lernen werden, Shopping gehen, selbst auswählen, selbst die Entscheidung treffen und vermitteln ihm nebenbei das, was ihm noch viel wichtiger ist als jedes Produkt, nämlich Spaß, Freude, Unterhaltung, Entspannung und damit eine zusätzliche Prise Lebensqualität.

Genau das ist das Geheimnis der Top-Verkäufer: **Sie verkaufen den Kunden in Wahrheit ein Lebensgefühl!** Sie sagen ihren Kunden nicht, dass sie mit ihren Produkten in Zukunft mehr Spaß und Freude erleben werden, sondern sie bieten ihnen dieses Lebensglück sofort, hier und jetzt! „Hic Rhodus, hic salta" – „Hier ist Rhodus, jetzt spring!" So lautete die Erfolgsformel der Römer.

Aber Sieger würden keine Top-Umsätze erzielen, wenn sie sich nur in Small Talk, Showmanship und Entertainment verlieren würden. Nein. Im entscheidenden Augenblick sind sie in der Lage, den größtmöglichen Umsatz anzusprechen, hart darum zu kämpfen und die Beziehung auch zu belasten. **Sie wissen, dass gute Beziehungen allein noch keine guten Umsätze bringen,** dass dazu auch gute Ideen, wirkunsvolle Anstöße, klare Vorschläge und viel versprechende Zukunftsperspektiven gehören.

Eine Frau, die auf diesem Gebiet geradezu eine Künstlerin ist, ist Petra Wille. Trotz bedrückendster Verhältnisse – Scheidung, Kind, Abbruch des Studiums und 700.000 Mark Schulden – stieg sie zur Top-Verkäuferin auf. Warum? Weil sie ein Paradebeispiel für die Herstellung ebenso begeisternder wie nützlicher Kundenbeziehungen ist. Und genau diese Fähigkeit löst oft erst den Kick zum Supererfolg aus.

„Ich kaufe Petra Wille und nicht ihr Zeug!"

Petra Wille, Mitte 30, geschieden, verkauft Werbeartikel. Angefangen von einfachen Kugelschreibern bis hin zu teuren Gläsern. In ihrem Beruf ist sie absolute Spitze. Während die durchschnittlichen Verkäufer pro Jahr zwischen 50.000 und 60.000 Mark verdienen, kommt sie im Jahr locker auf 250.000 bis 300.000 Mark. Ja, in ihren besten Jahren durchbrach sie sogar die Schallmauer von einer halben Million Mark und mehr.

„Im letzten Monat", verkündet sie stolz, „machte ich mit 225.000 Mark mehr Umsatz, als unsere Firma von den durchschnittlichen Verkäufern im ganzen Jahr fordert."

„Was ist Ihr Geheimnis?", frage ich sie auf der Begleittour.

„Alles begann damit, dass ich das Verkaufskonzept meiner Firma auf die Seite legte und selbst über die besten Verkaufsmethoden nachdachte. Ich habe einfach ganz schnell gemerkt, dass ich damit nicht weiterkam!"

„Warum nicht?", frage ich sie, obwohl ich mir die Antwort bereits denken kann, **denn Sieger kommen nie mit vorgefertigten Verkaufskonzepten zurecht.**

„Ich solle mich an drei Regeln halten, sagten sie zu mir.

Erstens: Du darfst den Musterkoffer erst dann aufmachen, wenn du zuvor genau den Bedarf des Kunden erfragt hast. Zweitens: Stelle jeden Artikel bis zum Ende ausführlich vor. Und drittens: Der (richtige) Verkauf beginnt erst, wenn der Kunde nein gesagt hat. Aber genau das funktionierte bei mir nicht!"

Die Frage nach dem Warum schenke ich mir. Sieger wollen immer „anders als alle anderen sein". Das ist ihr Prinzip. Also frage ich sie: „Wie gehen Sie heute vor?"

„Ich habe ganz schnell gemerkt, dass ich umso erfolgreicher verkaufe, je besser die Beziehung zum Kunden ist. Also mache ich als Erstes alles, um den Kunden in eine gute Laune zu versetzen. Ich rede mit ihm über alles, was ihn interessiert oder was ihm am Herzen liegt. Dabei unterhalte ich mich ganz natürlich mit ihm. Denn ich sehe das Ganze nicht als Stress, sondern als Spaß an! Und ich möchte, dass sich der Kunde wohl fühlt.

Wenn ich mich mit ihm so heiter und zwanglos unterhalte, merke ich, wie er sich öffnet. Und dann kann ich auch die Knackpunkte finden, die ihm am Herzen liegen."

„Wie lange dauert das in der Regel?"

„Oft geht 50 Prozent der Zeit allein für den Small Talk drauf, der Rest ist für das Geschäft. Dabei gibt es bei mir diesen Small Talk sowohl am Anfang als auch am Ende. Doch die Zeit ist nicht verloren. Ich habe es immer wieder erfahren: **Wenn die Beziehung gut ist, dann ist der Abschluss Nebensache!**"

„Und wie leiten Sie zum Verkaufsgespräch über?"

„Es gibt keine geplante Überleitung. Ich gehe nach meinem Gefühl vor. Plötzlich mache ich meinen Musterkoffer auf und stelle dem Kunden ein Stück nach dem anderen vor.

Dabei vermeide ich jeden Druck, denn ich will, dass er das Gefühl hat, dass er bei mir „Shopping" geht. Deshalb sage ich auch nur ein paar Ideen zu jedem Artikel und fordere dann den Kunden auf, selbst die Stücke zur Seite zu legen, die ihn interessieren. Er soll selbst die Auswahl treffen, damit er das Gefühl der Entscheidungsfreiheit behält. So weiß ich andererseits auch ganz schnell, welches der Geschmack des Kunden ist und was ihn (heute) besonders anspricht."

„Geben Sie denn keine Erklärung zu den einzelnen Artikeln ab?"

„Natürlich, du brauchst für jeden guten Umsatzbringer eine kleine Geschichte, die gut ankommt! Du musst dem Kunden eine Idee liefern, warum gerade dieser Artikel bei seinen Kunden ganz hervorragend einschlagen könnte."

„Können Sie mir ein Beispiel dafür nennen?"

„Gerne. Erst kürzlich sagte ein Kunde zu mir: ‚Ich brauche keine Kulis!' Daraufhin fragt ich ihn: ‚Weil Sie so viele haben oder weil sie Ihnen nicht gefallen?'

Da sagte der Kunde: ‚Ich will heuer lieber etwas anderes machen.'

Ich: ‚Da habe ich eine ganz neue Idee! Sie haben doch viel mit Leuten auf dem Bau zu tun. Gerade Männer mögen so dicke Kulis mit Gummi wie diesen hier!' und zeige ihm meinen neuesten Kuli. Er nimmt ihn in die Hand und sagt dann: ‚Ja, da haben Sie Recht.' Als auch der Preis stimmte, waren wir im Geschäft. Als gute Beraterin muss ich dem Kunden helfen, sofort zu einer Entscheidung zu kommen. Das bedeutet auch, dass ich z. B. auf spontane Preisfra-

gen gleich mit ‚Dazwischen-Preisen' reagieren muss. Den Preis auf
später zu verschieben funktioniert nicht. Dann ist das Interesse des
Kunden längst erloschen! In meinem Geschäft musst du das win-
zigste Interesse sofort ausnutzen – oder es ist vorbei!"
Damit bestätigt sie die alte Erkenntnis:

> **Man muss die Einwände der Kunden nachfragen**
> **und eine neue Idee bereithalten, sonst geht man**
> **ohne Auftrag raus!**

„Was machen Sie, wenn der Kunde Ihre Artikel ablehnt?"
„Dann präsentiere ich trotz der bisherigen Ablehnungen jeden
neuen Artikel weiter mit einer positiven Miene. Dabei lasse ich mir
nicht die geringste Enttäuschung anmerken. Genauso streite ich
niemals mit dem Kunden über den Wert oder den Geschmack eines
Artikels. Entweder gebe ich ihm Recht oder ich übergehe das Problem kommentarlos und stelle einfach den nächsten Artikel vor."
„Worauf kommt es in Ihrem Geschäft vor allem an?"
„Ich muss dem Kunden eine neue Idee mitbringen – vor allem, wenn es um Neukunden geht. Da konzentriere ich mich
manchmal ganz gezielt auf eine bestimmte Branche, wenn wir für
die etwas besonders Gutes haben.
So habe ich in letzter Zeit verstärkt den Heizungs- und Sanitär-
handel angesprochen. Wenn du da reingehst und fragst, ob sie
Werbeartikel brauchen, dann kannst du genauso gut fragen, ob sie
höhere Steuern zahlen wollen. Ich sage daher zu dem Kunden: Ich
habe heute etwas ganz Besonderes für Sie und Ihre Kunden. Einen
tollen Service. Einen kleinen Heizkörper mit einem Entlüftungs-
schlüssel. Er ist klein, handlich, sieht gut aus und erinnert den
Kunden daran, dass er auch die Heizungsanlage durch Sie warten
lassen kann! Jetzt fehlt nur noch Ihr Name. ‚O ja', sagen dann die
Kunden, ‚zeigen Sie mal her!' und damit bin ich im Gespräch."
Hier gilt die alte Erfahrung:

„Sie haben mir vorhin erzählt, dass die schwächeren Verkäufer entweder gleich abgewimmelt werden oder nur die kleinen Aufträge erhalten. Warum bekommen Sie die Riesenaufträge?"

„Es hängt wohl mit meiner Beziehung zu den Kunden zusammen. **Ich sehe mich als Freund des Kunden!** Ich möchte mit ihm auf einer freundschaftlichen Basis verkehren. Und ich sehe mich auch mehr als Helfer und weniger als Berater. Ich spreche mit ihm auf eine natürliche und lockere Art und mache nicht auf seriös, wie die vielen Typen, die mit Anzug, Schlips und Koffer durch die Gegend ziehen. Wenn ich so einen sehe, denke ich jedes Mal: Armer Vertreter!"

„Wie weit geht diese ‚Einstimmung'? Erzählen Sie auch lustige Witze?", frage ich provozierend nach – und kann mir die Antwort schon denken.

„Ich mache zwar keine Witze, aber ich gebrauche doch gelegentlich lockere Sprüche. Aber vor allem suche ich das gute Gespräch. Dadurch tauen die Kunden am schnellsten auf. Ich lasse mich auch nie – wie so viele Kollegen – durch eine anfänglich negative oder abwehrende Haltung des Kunden einschüchtern. Es gelingt mir stattdessen, ihn sehr schnell in eine gute, positive Stimmung zu bringen. Und oft sind dann gerade die, die am Anfang am ablehnendsten waren, später die Freundlichsten."

„Aber das allein bringt doch noch nicht die Riesenaufträge?"

„Nein. Aber es ist die absolute Voraussetzung dafür. Es kommt noch etwas hinzu. Die meisten Verkäufer gehen zum Kunden mit der Angst, dass er nein sagt. Das wollen sie auf jeden Fall vermeiden und versuchen deshalb, wenigstens einen Minimumauftrag zu erreichen. Doch die Angst, überhaupt keinen Auftrag zu schreiben, blockiert sie, ihre echten Verkaufschancen zu erkennen und auch darum zu kämpfen. **Ich ziele dagegen immer auf den maximalen Auftrag!**"

„Können Sie das an einem Beispiel deutlich machen?"

„Viele Kollegen fragen z. B. den Kunden: ‚Wie viele Kulis brauchen Sie?' und bekommen dann eine Mindestmenge genannt. Ich frage den Kunden zuerst: ‚Wie viele Kunden haben Sie?' Und wenn er dann sagt 700, dann fange ich schon mal mit 5.000 Stück an und gehe notfalls auf 4.000 oder 3.000 herunter. Auf jeden Fall gehe ich dann nicht mit einem Auftrag über 300 Stück heraus. Das hat auch noch einen weiteren Vorteil: Je mehr Kulis der Kunde auf Lager hat, umso schneller verteilt er sie.

In einem solchen Moment muss man schon um den Auftrag kämpfen, also Flagge zeigen. So habe ich bei diesem Kunden gekämpft, dass er zumindest 2.000 nehmen soll. Da bin ich dann sehr hart geworden. Aber – und das ist der Unterschied – bei mir ist das immer noch mehr ein Spiel als ein Kampf."

Damit bewahrheitet Petra Wille die alte Erfolgsregel:

> **Gute Bergsteiger lächeln selbst in den Situationen noch, wenn den schwächeren schon der Schweiß auf der Stirne steht!**

„Warum kommen die schwächeren Verkäufer nicht so zum Zug?", komme ich nochmals auf unser Ausgangsthema zurück.

„Sie haben Angst, den Kunden selbst auswählen zu lassen, und möchten ihm daher gleich etwas aufschwätzen. Dadurch entsteht beim Kunden automatisch eine Abwehrhaltung. Ich lasse dagegen den Kunden selbst auswählen. Und ich habe die Erfahrung gemacht, dass er – selbst wenn er sich vorher noch nicht hundertprozentig im Klaren darüber war – die beiseite gelegten Artikel immer wieder gerne in die Hand nimmt und begutachtet. Das gibt ihm das Gefühl, selbst zu entscheiden, und dabei fühlt er sich wohl."

„Welche Rolle spielt bei Ihrer Präsentation die Begeisterung?"

„Eine absolut entscheidende! Es fängt jedoch damit an, dass ich nicht jedes Wort der Kunden auf die Goldwaage legen darf. Oft sagen sie anfangs, sie haben keine zwei Minuten Zeit – und wenn sie dann aufgetaut sind, wird manchmal ganz schnell eine Stunde daraus. Die echte Begeisterung entsteht jedoch, wenn ich dem

Kunden zu den verschiedenen Artikeln auch gute Ideen geben kann, z. B.: wie er sie einsetzen kann, wie er seine Kunden damit am besten überraschen oder wie er ihnen sonst eine Freude damit machen kann. Unsere Produkte sind keine Hightech-Produkte und sie bieten auch keine tollen Leistungen. **Umso mehr muss ich den Kunden durch gute Ideen und Geschichten dafür begeistern.**"

Immer wieder fällt mir bei den Begleitbesuchen auf, dass sie im Gespräch mit den Kunden plötzlich lacht, eine witzige Bemerkung macht und dabei Heiterkeit und gute Laune verströmt. Dabei wird mir klar, was sie den Kunden in Wirklichkeit verkauft: keine Produkte, sondern gute Laune, ein Wohlgefühl, eine Entspannung vom Alltag und damit eine bessere Lebensqualität! Ja, manchem Kunden verhilft sie sogar zu einer Extraprise Motivation, wenn sie zu ihm sagt: „Ihr Geschäft ist super! Ich möchte gerne mit Ihnen wachsen!" Welcher Kunde hört das nicht gern?

Ganz konkret hat der Direktor einer größeren Filialbank das Geheimnis von Petra Wille formuliert. Knochentrocken, wie Banker oft so sind, sagte er:

„Ich kaufe Petra Wille und nicht das Zeugs, das sie mitbringt!"

Und er fuhr fort: „Frau Wille hat Charisma, Ausstrahlung, Sympathie und Kompetenz." Eine bessere Charakterisierung von Siegereigenschaften gibt es nicht!

Aus diesem Grund hat sie auch keine Hemmungen, diesem Kunden nach dem Small Talk zu sagen: „Darf ich Ihnen jetzt mal unseren Gruscht zeigen?" Für Petra Wille hat das gleich noch einen weiteren Vorteil. Dieser Kunde hat überhaupt nichts dagegen, dass sie nach dem Öffnen des Musterkoffers auch ihr Auftragsbuch aufschlägt und gleich mitschreibt. Ja, sie schreibt schon Artikel auf (allerdings ohne die endgültige Stückzahl), noch bevor der Kunde den Auftrag vergeben hat. Dadurch spart sie bei Großaufträgen bis zu einer Stunde Zeit, als wenn sie zuerst alles präsentiert und bei der Auftragsvergabe dann nochmals alles durchkauen muss.

„Fällt es Ihnen leicht, mit jedem Kunden so gute Beziehungen herzustellen?", frage ich interessiert nach, denn ich kenne nicht viele Verkäufer, die über acht Stunden und zwölf Besuche so positiv und heiter gestimmt bleiben und denen es so mühelos gelingt, in einen guten Kontakt mit ihren Kunden zu kommen.

„Ich glaube, das ist der springende Punkt! Ich hatte mal eine Mitarbeiterin, die ich einweisen sollte. Die trug immer nur Jeans und Pulli. Und sie hat immer nur bei den Handwerkern verkauft. Da wurde sie anscheinend voll akzeptiert. Doch das reicht einfach nicht. Sie verkaufte vier Jahre lang nur am unteren Soll. Sie schaffte es nicht – und das ist in unserem Beruf absolut entscheidend –, mit allen Kunden in einen guten Kontakt zu kommen. **Du musst aber mit den unterschiedlichsten Kunden mühelos ins Gespräch kommen, sonst bist du verloren.** Und das muss oft in Sekundenschnelle geschehen."

„Was sind die Voraussetzungen dafür?"

„Dafür braucht man eine hohe Toleranz gegenüber den unterschiedlichsten Kundentypen, eine starke Anpassungsfähigkeit und ein bestimmtes Allgemeinwissen."

„Was meinen Sie damit konkret?", forsche ich weiter nach.

„Kehren wir zu der jungen Kolleginnen zurück. Sie war nett, aber nicht überzeugend! Denn es fehlte ihr an Allgemeinbildung und an Einfühlungsvermögen. Ihr schlimmster Fehler war jedoch: Sie konnte mit den Kunden nicht richtig reden. Entweder redete sie zu viel oder zu wenig. Oder sie hat sich im Gespräch mit den Kunden nicht zurückgenommen, wenn es darauf ankam. So hat sie z. B. ausgiebig über Hunde geredet, ohne zu merken, dass der Kunde gar kein Interesse daran hatte."

„Wie erreichen Ihre Top-Kollegen diesen starken Kontakt zum Kunden?"

„Ein Kollege von mir macht es z. B. durch seine Show, durch seine extravagante Kleidung, seine Witze, seine Blödeleien und seine dummen Sprüche. Wenn der Kunde sagt: ‚Ich muss noch mal darüber schlafen!', antwortet er: ‚Sollten wir darüber nicht zusammen schlafen?' Aber er kommt mit seiner Methode super an."

„Abgesehen von der fehlenden Anpassungsfähigkeit, woran scheitern Ihrer Meinung nach die schwächeren Verkäufer?"

„Sie sind meistens nur in einem einzigen Bereich wirklich fit, z. B. bei den Produktkenntnissen. Die guten Verkäufer sind dagegen auf allen Gebieten gut, von der Zeit- und Arbeitsplanung bis hin zur optimalen Kundenbetreuung.

Was jedoch am schlimmsten ist: Die schwächeren Verkäufer begreifen ihre Fehler nicht! Sie lernen nicht aus ihnen. Wenn sie sich plötzlich vornehmen, mit dem Kunden in Kontakt zu kommen und Small Talk zu machen, dann übertreiben sie es und achten nicht mehr auf den Abschluss und die Zeit! Dann sagt der Kunde plötzlich: ,Das war ja ein wunderschönes Gespräch, aber jetzt habe ich leider keine Zeit mehr!' Und das war's dann."

„**Was hat Sie eigentlich motiviert, so überdurchschnittlich erfolgreich zu werden?**"

„Das hängt mit meiner Lebensgeschichte zusammen. Ich studierte Chemie und fuhr am Wochenende immer nach Hause. Ich mag meine Heimatstadt mit ihren netten Kneipen und da war es kein Wunder, dass ich eines Tages Charlie kennen lernte und mich in ihn verliebte."

„Was war Charlie für ein Typ?"

„Charlie war Inhaber und bester Kunde seines Lokals. Er war fröhlich und witzig, aber er konnte schon damals nicht mit Geld umgehen. Er hatte Schulden. Und dann kam, was kommen musste: Ich erwartete ein Kind und wir heirateten. Charlie lernte meinen gut situierten Vater kennen und schnupperte trotz der Gütertrennung finanzielle Morgenluft. Er richtete ein zweites Weinlokal ein, bei dem nur das Beste vom Besten Verwendung fand. Prompt hatte das Lokal vom Start weg einen tollen Erfolg.

Doch ebenso toll waren auch die Schulden: 800.000 Mark, wobei meine Eltern für 200.000 Mark die Bürgschaft übernommen hatten. Charlie hatte richtig gewittert. Da man 800.000 Mark nicht allein durch fröhliches Bechern abzahlen kann, suchte sich Charlie noch eine zusätzliche Stellung, wechselte sie jedoch alle drei Monate und ließ meinen Vater in Sachen Bürgschaft knallhart im Stich. Als ihm der Boden zu heiß oder mein Vater zu arm wurde, zog er – wie immer voller Hoffnungen und Illusionen – nach Hamburg, ohne dort ein Bein auf die Erde zu bringen. Charlie wollte, dass ich ebenfalls nach Hamburg kam, doch ich wollte nicht! Wer sollte sich dann um die Schulden und das Geschäft kümmern?

Schließlich hing ich jetzt in dem Schuldenschlamassel voll mit drin. Und je mehr sich abzeichnete, dass Charlie nie mehr auf einen grünen Zweig kommen würde, umso mehr drückte die ganze Schuldenlast auf mir. Als uns außer den Schulden nichts mehr verband, reichte ich die Scheidung ein. Ich war damals 24 Jahre alt und hatte eine zweijährige Tochter."

„Das ist alles andere als erfreulich. Aber wie kamen Sie als Studentin zum Verkauf und wie schafften Sie die Wende?"

„Angesichts der Schuldenlast musste ich natürlich mein Studium abbrechen und mir selbst einen Job suchen. Wir fingen – Ironie der Geschichte – beide bei der gleichen Firma mit den Werbeartikeln an. Charlie gab nach zwei Monaten entnervt auf, ich legte einen Top-Start hin."

„War der hohe Schuldenstand das treibende Motiv für Ihren Ehrgeiz?"

„Nein. Weder die großen Verdienstchancen noch die hohen Schulden waren das ausschlaggebende Motiv für den Erfolg. **Mir war wirklich von Anfang an der Kontakt mit den Kunden wichtig.** Ich wollte – gerade nach der unerfreulichen Ehe – gute, harmonische Beziehungen zu meinen Kunden."

„Und Ihr Schicksal – gescheiterte Ehe und Schuldenlast –, machte Ihnen das nicht zu schaffen?"

„Nein, an sich nicht. Vor allem dann nicht, als ich in Gesprächen mit den Kunden von Schicksalen erfuhr, gegenüber denen meine Probleme relativ klein waren.

Bei diesen Gesprächen merkte ich, dass es mir Spaß machte, den Leuten zuzuhören, ihnen zu helfen und ihnen Mut und Hoffnung zu machen. Daher waren für mich die Beziehungen zu den Kunden – also der Kontakt, das Helfen, für andere da zu sein – sehr, sehr wichtig. Und diese Beziehungen sollten auf der Basis von Harmonie und gegenseitiger Wertschätzung aufbauen."

„Hat es einmal eine Situation gegeben, in der Sie selbst Ermutigung brauchten?"

„Ja, natürlich. Bei der Ausbildung hatte ich anfangs echt Schiss, genauer gesagt, eine starke Schwellenangst, fremde Kunden anzusprechen. Ja, ich hatte schon Bauchweh und schweißnasse Hände, wenn ich neue Kunden nur anrufen und einen Termin ausmachen sollte. Schließlich war ich so geknickt, dass ich aufhören und wieder heimfahren wollte. Doch dann geschah plötzlich ein Wunder. Mein Ausbilder sagte zu mir:

‚Wenn es einer aus diesem Haufen schafft, dann sind Sie es! Vorausgesetzt, dass Sie so natürlich bleiben, wie Sie sind, und sich nicht irgendwie aufstylen. **Bleiben Sie also so, wie Sie sind, und Sie werden Erfolg haben!**‘ Das waren für mich die wichtigsten Worte meines Lebens. Damit begann mein Erfolg."

Zusammenfassung:

18 Tipps, wie Sie durch exzellente Kundenbeziehungen überdurchschnittliche Verkaufserfolge erreichen

Wie können Sie von dieser exzellenten Spitzenverkäuferin profitieren, um Top-Kontakte, überdurchschnittliche Umsätze und neue Einkommenshöhen zu erreichen?

1. **Verkaufskonzept:** Bauen Sie sich ein neues Verkaufskonzept auf, wenn Sie sich mit dem bisherigen nicht hundertprozentig identifizieren können oder wenn Ihre Umsätze bzw. Quoten weit unter denen der Spitzenverkäufer liegen.
2. **Atmosphäre:** Unternehmen Sie alles, um zu Beginn Ihrer Gespräche eine entspannte, heitere, lockere und positive Atmosphäre zu schaffen, damit sich der Kunde wohl fühlt.
3. **Emotionen:** Zwingen Sie sich am Anfang, Ihre Kunden mit einem fröhlichen Lächeln zu begrüßen. Zeigen Sie, dass Sie Freude an Ihrer Arbeit, Freude an diesem Kontakt haben und dass Sie ihnen gerne helfen wollen. Lassen Sie Ihre Kunden in einer fröhlicheren Stimmung zurück, als Sie sie angetroffen haben!

4. **Unterscheidung**: Präsentieren Sie sich hinsichtlich Kleidung, Auftreten, Sprache, Humor, Unterhaltungswert dem Kunden so, wie es Ihnen am besten liegt. Seien Sie anders als andere, aber bleiben Sie sich selbst treu.

5. **Anpassungsfähigkeit**: Fühlen Sie sich ganz schnell in die augenblickliche Stimmung des Kunden ein. Erkennen Sie, was ihm am Herzen liegt und welcher Typ er ist (Resultats-, Fun-, Beziehungs- oder Zahlen-Typ).

6. **Zeitgefühl**: „Unterhalten" Sie den Kunden, bringen Sie ihn zum Reden, aber finden Sie auch rechtzeitig wieder die Kurve zum Geschäft bzw. zum Abschluss.

7. **Motivation**: Loben, anerkennen und ermutigen Sie den Kunden. So bringen Sie ihn in eine bessere Stimmung und ermutigen ihn, in Ihr Angebot zu investieren.

8. **Motiv**: Interessieren Sie sich für Ihre Kunden. Versuchen Sie, ihnen wirklich zu helfen, und zeigen Sie ihnen, dass Ihnen der Kontakt mit ihnen Spaß macht.

9. **Kundennutzen**: Bieten Sie Ihren Kunden neben Ihrem Angebot das an, was sie noch viel mehr interessiert: Heiterkeit, gute Laune und Unterhaltung, also eine bessere Lebensqualität.

10. **Auswahl**: Lassen Sie nach Möglichkeit den Kunden selbst auswählen, damit er das Gefühl der Entscheidungsfreiheit behält. So erkennen Sie auch am schnellsten seine momentanen Vorlieben und Abneigungen.

11. **Ideen**: Überlegen Sie sich zu jedem wichtigen Umsatzbringer eine gute Idee (Geschichte), die dem Kunden spontan seine Gewinn- und Erfolgschancen aufzeigt.

12. **Gleichmut**: Präsentieren Sie auch nach der Ablehnung bestimmter Artikel jeden neuen unvermindert weiter mit positiver Miene. Lassen Sie sich auf kein Streitgespräch über den Geschmack ein, sondern gehen Sie notfalls kommentarlos zum nächsten Artikel über.

13. **Groß denken**: Verzichten Sie auf die Miniaufträge! Stoppen Sie die Angst vor Fehlversuchen. Gehen Sie immer von dem maximalen Bedarf aus, den ein (ähnlicher) Kunde haben könnte.

14. **Kampfgeist**: Bereiten Sie sich schon im Voraus darauf vor, dass Sie um die größeren Aufträge mit guten Argumenten kämpfen müssen.

15. **Auftragsbuch**: Schlagen Sie bei guten Kunden sofort das Auftragsbuch auf. Sie sparen sich Zeit, indem Sie Artikel, die dem Kunden bei der Präsentation gefallen, ohne Stückzahlen aufschreiben. Tun Sie aber gleichzeitig alles, um dem Kunden zu einer sofortigen Entscheidung zu verhelfen.

16. **Druck**: Verzichten Sie auf alle gekünstelten Verkaufstechniken, um auf die Kunden Druck auszuüben. Damit stellen Sie für sie nur eine Bedrohung dar. Helfen Sie ihnen und überzeugen Sie sie, als wenn Sie ihr Teilhaber wären.

17. **Lernfähigkeit**: Lernen Sie – solange Sie nicht die Quote der Spitzenverkäufer erreicht haben – immer wieder aus Ihren Erfolgen und Misserfolgen, um die Ursachen zu erkennen und daraus zu profitieren.

18. **Kontakte**: Üben Sie auch in Ihrer Freizeit, mit den unterschiedlichsten Menschen ganz mühelos und schnell über den richtigen Small Talk in einen guten Kontakt zu kommen.

Die nächste Geschichte bietet uns die Gelegenheit, das Verhalten eines Siegers gleich aus zwei Perspektiven zu beobachten: einmal aus der Perspektive des Verkaufsleiters und zum anderen aus der Perspektive seines besten Verkäufers.

Es geht um ein Produkt, das wir alle kennen und das im Direktvertrieb, also dem Königsweg, verkauft wird: um Türen und Fenster.

Spitzenerfolge und Lebensglück

Diesmal können Sie hautnah miterleben, mit welchem Einfühlungsvermögen, welcher Anpassungsfähigkeit, welcher Beobachtungsgabe, welchem Selbstvertrauen und welchem Geschick für dramatische Inszenierungen ein Top-Verkäufer vorgeht, um die Nr.

1 unter 300 Kollegen zu werden, und trotzdem sieben Mal pro Jahr Urlaub in seinem Haus auf Ibiza machen kann.

Wieder finden wir die Bestätigung dafür, dass Sieger „anders als alle anderen denken und handeln" und dass sie selbst dort noch einen Weg zum Erfolg finden, wo die durchschnittlichen Kollegen schon längst abwinken.

Wenn auch Sie die Lust verspüren, die Nummer 1 zu werden und sieben Mal im Jahr Urlaub zu machen, dann sollten Sie jetzt diese beiden Geschichten sehr aufmerksam lesen. Denn sie zeigen Ihnen, wie man seinem Leben den entscheidenden Drive geben kann, um auf die Siegerstraße zu gelangen.

Die Krise findet im Kopf statt!

Als ich den Verkaufsleiter, Herrn Becker, frage, was seinen besten Verkäufer von den durchschnittlichen Verkäufern unterscheidet, meint er:

„Als ich einmal einen unserer durchschnittlichen Verkäufer fragte: ‚Warum verkaufen Sie statt der 130 Türen wie bisher nicht einmal 180?', da sah er mich ganz erstaunt an und fragte: ‚Ja ist das denn überhaupt möglich?' – ‚Natürlich', sagte ich da zu ihm, ‚unser Bester verkauft 400 Stück!' – ‚Ja', meinte da dieser Durchschnittskopf ganz verdutzt, ‚da müsste ich ja meine ganze Zeit- und Arbeitsplanung verändern!' Und dabei schaute er mich so entgeistert an, als hätte ich ihm soeben befohlen, die Kunden nur noch auf einem Bein zu besuchen."

„Welche Schlussfolgerung ziehen Sie daraus?", fragte ich zurück.

„Ganz einfach: **Die Grenzen des Erfolgs sind im Kopf!** Die meisten Durchschnittsverkäufer können sich nicht einmal größere Verkaufserfolge vorstellen!"

„Sie verkaufen ja auch selbst, wie sind Ihre eigenen Verkaufserfahrungen?"

„Vor einigen Jahren hatten wir eine echte Krise. Zumindest sagten das die meisten Verkäufer. Aber ich machte mir meine eigene Konjunktur und erreichte ein Umsatzplus von 48 Prozent. Denn wenn du glaubst, es gibt eine Krise, dann hast du auch eine Krise!"

Die Zeiten haben sich geändert

„Welches sind Ihrer Meinung nach die wichtigsten Gründe für die doch recht unterschiedlichen Verkaufsergebnisse Ihrer Verkäufer?"

„**Erfolgreiche Verkäufer kennen ihre Zielgruppe ganz genau.** In unserem Fall sind das die 40- bis 60-Jährigen. Und sie sind natürlich auch in der Lage, sie richtig zu qualifizieren, also zu prüfen, ob sie den entsprechenden Bedarf, das nötige Kleingeld und die Entscheidungsbefugnis dafür haben. Und genau da tritt bei den Routine-Verkäufern schon ein Problem auf: Sie können heute nicht mehr richtig mit den kritischen und anspruchsvollen Kunden umgehen. Sie sind gewohnt, dass die Kunden zu ihnen in die Studios kommen, und sind nicht darauf vorbereitet, dass sie zu den Kunden gehen, ja, sogar neue Kunden suchen müssen."

„Und das zweite Problem?"

„Das sind ihre begrenzten Vorstellungen! Dabei weiß ich: **Es gibt immer genügend Kunden! Du musst sie nur suchen.** Mit unserem Programm – Haustüren, Wohnungsabschlusstüren, Vordächern und Fenstern – können wir doch fast jeden ansprechen. Die Hausbesitzer genauso wie die Eigentümer von Wohnungen. Aber sie tun es nicht, weil sie glauben, dass ‚es nicht geht!'."

„Wie kommen Ihre Verkäufer zu den Kundenadressen?"

„Die kriegen sie durch die Rückläufe auf unsere bundesweite Werbung. Aber daneben sollen sie auch über die gelben Seiten, durch Immobilienanzeigen in großen Zeitungen, am Tag der offenen Tür in unseren Studios oder durch die persönliche Besichtigung spezieller Straßen neue Interessenten aufspüren."

„Warum ist das für Ihre Verkäufer so schwer? Sie haben doch einen hervorragenden Namen in der Branche und sind außerdem die Nr. 1?"

„Das ist richtig, unser Name ist unser Kapital. Er ist so gut, dass 50 Prozent unserer Kunden ohne ein Fremdangebot kaufen. Doch der Bekanntheitsgrad hat auch seine Nachteile. Man kennt uns nur als Türenhersteller und so vergessen viele Verkäufer, auch unsere anderen Angebote anzusprechen, wie z. B. unsere Einbruchsicherung oder unser Fenster mit Sicherheitsglas. Oder sie fragen nur kurz danach und geben sich dann mit dem lapidaren Satz des Kunden zufrieden: ‚Das brauchen wir nicht!‘“

Acht Mal mehr Termine

„Am meisten macht sich die unterschiedliche Qualität der Verkäufer jedoch bei der Terminierung bemerkbar, z. B. wenn die Kunden aufgrund unserer bundesweiten Werbung in einem der Studios anrufen, um Prospekte anzufordern. Die versenden wir natürlich gerne, aber wir wollen auch gleich einen Termin ausmachen. Doch da kommen die durchschnittlichen Verkäufer nur auf eine Quote von 7,5 Prozent, während wir in Stuttgart eine **Trefferquote von 60 Prozent** erreicht haben.“

„Woher kommt dieser enorme Unterschied?“

„Das Wichtigste ist: Gute Verkäufer wissen, dass sie zwei Termine pro Tag brauchen. Also telefonieren sie so lange und so intensiv, bis sie diese beiden Termine auch erreicht haben. Und da gute Verkäufer bei zwei Terminen einen Abschluss erreichen, haben sie also jeden Tag einen Erfolg. Dadurch bleiben sie nicht nur in Übung, sonden haben auch regelmäßige Erfolge. **Und diese Erfolgsgefühle übertragen sie unbewusst auf ihre Kunden.** Das macht den Erfolg aus! Im Gegensatz dazu glauben die schwächeren Verkäufer, dass sie die Neukundenakquisition wie einen Salzstreuer einsetzen können, also nur dann, wenn gerade Not am Mann ist. Aber das funktioniert nicht!“

Der persönliche Kontakt entscheidet alles

„Was sehen Sie als den entscheidenden Knackpunkt für den Erfolg Ihrer Verkäufer an?"

„Das ist ganz eindeutig der persönliche Kontakt! Und das kann ich Ihnen auch anhand unserer Abschlussquoten beweisen:

- Bei Adressen aus Empfehlungen beträgt sie 60 Prozent.
- Bei Adressen aus Zeitungswerbung beträgt sie 20 Prozent.
- Bei Adressen aus der Direktwerbung beträgt sie 10 Prozent.
- Und bei Adressen aus einem vorhergehenden Studiobesuch beträgt sie nur 5 Prozent."

„Was tun die Top-Verkäufer, um einen guten persönlichen Kontakt und damit eine höhere Abschlussquote zu erreichen?"

„Genau in diesem Punkt trennt sich die Spreu vom Weizen. Gute Fachberater schnappen sich die Kundenadressen und fahren schon vor dem Termin zu dem Haus des Kunden, um Informationen für den eigentlichen Besuch zu sammeln: Wie sieht das Haus aus? Was könnte ersetzt werden? Wie sehen die Häuser in der Nachbarschaft aus? Gibt es Referenzhäuser? **Diese Vorabinformationen geben den guten Verkäufern die besten Chancen, ihr Verkaufsgespräch genau auf die individuellen Kundenwünsche und -probleme auszurichten.**"

„Gute Vorabinformationen sind also der erste wichtige Punkt für größere Umsätze. Und der zweite?"

„**Die guten Verkäufer machen einfach mehr Termine pro Tag.** Und zwar fünf, während die durchschnittlichen nur zwei, maximal drei machen. Sie erreichen dadurch also um fast 150 Prozent mehr verkaufsaktive Zeit. Und die kann man durch nichts anderes mehr hereinholen. Dazu kommt noch ihr Fleiß, also ihr kontinuierliches Arbeiten. **Von nichts kommt nichts.**"

„Was machen Sie im Einzelnen?"

- „Sie machen zusätzliche Mailings in den Studios.
- Sie machen bei der Montage der neuen Türe auch Nachbarschaftsbesuche, um z. B. neue Chancen auszuloten.

- Sie machen regelmäßige Referenzbesuche bei zufriedenen Kunden. Das zahlt sich aus, denn unsere Statistik besagt, dass auf vier Referenzbesuche ein guter, neuer Interessent kommt.
- Sie sprechen ihre jetzigen und früheren Kunden gezielt auf Zusatzverkäufe (z. B. Vordächer) an.
- Sie fragen bei den Referenzkunden gezielt nach weiteren Kontakten (z. B. nach Verwandten, Bekannten, Geschäftsfreunden oder Arbeitskollegen).
- Sie organisieren selbst einen ‚Tag der offenen Tür‘ bei ihrem Studio.
- Und sie kämmen schon mal ganze Straßenzüge auf mögliche Kunden durch.“

„Gehen wir nochmals zum Stichwort ‚mehr verkaufsaktive Zeit‘ zurück. Was machen die Top-Verkäufer anders? Warum sind sie da so viel erfolgreicher?“

„Der Grund dafür ist die **unterschiedliche Zeitplanung**. Der gute Verkäufer ist ab 10 Uhr im Außendienst und macht seine Termine bis 16 Uhr. Danach ist er im Studio, um neue Besucher zu betreuen oder Interessenten zu empfangen, mit denen er einen Termin ausgemacht hat. Der schwächere Verkäufer sitzt dagegen tagsüber im Studio und besucht erst Abends seine Kunden. So vertrödelt er seine Zeit und kann in dieser optimalen Zeit weder zufällige Interessenten betreuen noch neue Termine ausmachen und seine morgigen Aktivitäten planen.

Top-Verkäufer brechen darüber hinaus ihre Jahresziele immer ganz genau auf Monats-, Wochen- und Tagesaktivitäten herunter, die sie dann auch konsequent durchführen. Man kann im April nicht nachholen, was man im März versäumt hat.“

Sieger vertrauen auf ihre Intuition

„Und wie unterscheiden Sie sich im unmittelbaren Gespräch mit dem Kunden? Was machen da die Sieger anders? Warum ist auch da ihre Erfolgsquote so viel besser als bei den durchschnittlichen Kollegen?“

„Ich vermute, der Grund dafür ist ihre außergewöhnliche Intuition. Egal was der Kunde sagt, ob er von vornherein einen Kauf ablehnt oder sich überaus interessiert zeigt, **sie haben ein fantastische Witterung dafür, wie der Hase läuft.** Sie merken nach 20 Minuten instinktiv, ob der Kunde heute kauft oder nicht, ob sich das Kämpfen heute lohnt oder nicht. Schwächere Verkäufer reagieren gerade umgekehrt. Bei den hoffnungslosen Fällen bleiben sie drei Stunden sitzen und verausgaben sich und bei den echten Interessenten, die anfangs sehr abwehrend sind, resignieren sie schon nach 20 Minuten und geben auf. Sie erkennen einfach nicht die „geheimen Signale" der Kunden! Sie sind mit den Gedanken bei dem Produkt oder bei dem Auftrag oder sonstwo, aber nicht hundertprozentig bei den Kunden. Einem Top-Verkäufer entgeht dagegen nicht eine einzige Bewegung, weder das Mienenspiel noch eine Geste. All das speichert er bewusst wie unbewusst ab und dann gibt ihm seine Intuition ein ganz bestimmtes Gefühl: Da hast du eine Chance oder der da ist eine hohle Nuss!"

„Wie erreicht man diese Intuition?"

„**Sieger sind unheimlich wachsam!** Sie konzentrieren sich hundertprozentig auf den Kunden, also auf alles, was er sagt und tut. Sie nehmen – und das ist ihr Geheimnis – mit unglaublich geschärften Sinnen alle Signale auf, die sie vom Kunden bekommen. Und sie vergleichen sie unbewusst mit den bisher gespeicherten Erfahrungen. Und was dann herauskommt, dieses Gefühl, das ist ihre Intuition."

Top-Verkäufer machen aus Fremden aktive Freunde

„Die Spreu vom Weizen zu trennen ist schon eine fantastische Fähigkeit. Gibt es noch ein weiteres Merkmal für diese Intuition?"

„Top-Verkäufer haben die ungemein wertvolle Gabe, Kunden zu Freunden, ja sogar zu ,aktiven Freunden' zu machen. Sie schaffen es durch ihre Ausstrahlung, ihre Begeisterung und ihre Glaubwürdigkeit, dass sich der Kunde bei ihnen wirklich wohl fühlt.

Und dann brauchen sie zu diesem Kunden nur zu sagen: ‚Besuchen Sie mich doch einmal mit einem guten Bekannten, der ebenfalls Interesse an unseren Türen hat, in unserem Studio.' Und was geschieht? Dieser ‚Freund' verkauft dann für sie bis zu 15 Türen. Im Gegensatz dazu bleiben die Kunden der durchschnittlichen Verkäufer kalt. Sie bleiben in misstrauischer Abwehrhaltung und verfolgen selbst die Montage eher mit Skepsis als mit Begeisterung. So wird der Kauf kein Erlebnis – weder für den Kunden noch für den Verkäufer."

Der Erfolg des Superstars

„Letzte Frage: Warum ist Ihr Top-Verkäufer, Herr Rink, so erfolgreich?"

„Das Erste, was einem an ihm auffällt, ist sein dynamisches Erscheinungsbild. Er hat Ausstrahlung. Und er achtet auf sein Aussehen. **Er tritt gegenüber dem Kunden so auf, wie der selbst gern sein möchte:** braun gebrannt, gut gelaunt, hoch motiviert und erfolgreich."

„Sie sagten, er macht bis zu sieben Mal im Jahr Urlaub in seinem Haus in Ibiza. Hat das damit zu tun?"

„Natürlich. Dadurch erholt er sich nicht nur blendend, sondern tankt auch wieder neue Kraft auf. Und vor allem: Er tut etwas für seine Lebensqualität! Und das wiederum stärkt seine Motivation, denn so weiß er, warum er sich hundertprozentig reinhängen soll."

„Und diese starke Motivation ist wohl eines seiner Geheimnisse?"

„Natürlich, denn er macht nicht zwei Termine pro Tag, sondern bis zu acht! Und die vor allem zwischen 10 und 16 Uhr, obwohl die anderen Verkäufer Stein und Bein darauf schwören, dass das nicht geht!"

„Was zeichnet ihn sonst noch aus?"

Anpassungsvermögen hoch drei

„Er ist im Umgang mit den Kunden sehr charmant. Aber vor allem erreicht er sehr schnell eine gute Beziehung. Und das schafft er, **weil er im Kontakt mit dem Kunden fast jede Rolle spielt,** die sich der Kunde unbewusst wünscht: den Berater, den Helfer, den Partner, den Motivator, den Seelentröster, den verständnisvollen Freund ... und wenn es sein muss, auch den Lausbub oder das Kind, dem man helfen muss. Ja, früher ging er so weit, dass er sich für jeden Kunden zuvor ganz individuell umgezogen hat."

„Eine bemerkenswerte Anpassungsfähigkeit. Wie zeigt sich sein Einfühlungsvermögen sonst noch?"

„Er weiß z. B. ganz genau, dass die Kunden heute eine neue Tür nicht so sehr wegen der Gefahr von Einbruch und Diebstahl, sondern vor allem wegen der Optik kaufen. Sie wollen damit Eindruck machen gegenüber ihren Nachbarn. Sie wollen ihren Erfolg zeigen. Und genau das fühlt er sofort."

Mut zu großen Abschlüssen

Aber das genügt doch wohl noch nicht, um weitaus größere Aufträge zu bekommen als seine Kollegen?

„Es ist eine Voraussetzung. Die andere ist sein Mut. Er schaut sich, wenn es geht, das Haus und die Nachbarschaft schon vorher sehr genau an. Und wenn der Kunde dann Interesse an einer Eingangstür zeigte, schaut er auch, wie es mit dem Vordach, den Fenstern und der Sicherheit steht. **Und dann hat er den Mut, dem Kunden nicht nur wirklich teure Türen anzubieten,** ohne gleich in die Knie zu gehen, sondern auf den hohen Auftrag auch noch einen hohen Zusatzverkauf draufzusatteln."

„Können Sie mir dafür ein Beispiel nennen?"

„Ein Kunde hat sich vor kurzem für eine Haustüranlage interessiert. Also hat er sie ihm für 18.000 Mark verkauft. Doch dann hat er sich im Beisein des Kunden auch noch die Fenster angeschaut und dem Kunden nur eine Frage gestellt: ‚Herr Kunde, Ihre Tür ist jetzt bombensicher. Aber was machen Sie, wenn die Einbrecher unglücklicherweise durchs Fenster einsteigen?' Daraufhin hat er dem Kunden für weitere 50.000 Mark Fenster mit Sicherheitsglas verkauft. Und um den Kauf zu bestätigen, hat er vom Kunden als Anzahlung gleich 30.000 Mark in Cash bekommen, die er aus seinem Safe geholt hat. **Sein Erfolg beruht also darauf, dass er dem Kunden immer zu einer ‚kompletten Problemlösung' verhelfen will,** sei es auf dem Gebiet der Optik oder der Sicherheit. Er verkauft keine Türen, er verkauft Komplettlösungen. Und mit diesem Anspruch tritt er auch auf!"

„Und woher kommt dieses Selbstvertrauen, diese Selbstsicherheit, wenn es um die großen Summen geht?"

Das Wissen um die Wettbewerber

„Ein Punkt ist seine Fähigkeit, sich schlau zu machen, also sich schon vorher umfassend zu informieren. Und das beste Beispiel, das ich Ihnen dafür geben kann, lautet: Er kennt alle Wettbewerber in- und auswendig! Niemals kann ihn ein Kunde mit irgendeinem Wettbewerber austricksen. Ja, nicht genug damit, **er hört sich sogar die Verkaufsgespräche seiner direkten Wettbewerber an.**"

„Wie das?"

„Er bittet einen guten Kunden, den Wettbewerbsverkäufer zu einem Gespräch bei sich zu Hause einzuladen. Am besten in ein Haus mit einer offenen Bauweise. Zuvor gibt er ihm jedoch eine Liste mit allen möglichen Fragen, die er dem Verkäufer stellen soll. Danach setzt er sich auf die Treppe im ersten Stock und hört das ganze Gespräch mit an. Dabei interessiert ihn nicht nur, wie sein Konkurrent mit Preis- und Produkteinwänden umgeht, sondern vor allem, was er über ‚seine' Produkte sagt."

„Haben Sie noch ein Beispiel für solch außergewöhnliche Verkaufsmethoden?"

„Früher hat er sich noch eine andere Methode ausgedacht, um den Kunden an sich zu binden. Während er den Auftrag ausfüllte und den genauen Preis berechnete, bat er den Kunden, in sein ‚Poesiealbum' reinzuschreiben, wie er die Beratung und die neue Tür empfunden hätte. Auf die andere Seite hat er später dann ein Foto des Hauses mit der neuen Tür geklebt. Jetzt sagen Sie selbst: Welcher Kunde ist da nicht zu neuen Empfehlungen bereit?"

„Wenn Sie sich jetzt auf ein Erfolgsmerkmal bei Ihrem Spitzenmann festlegen müssten, welches wäre das?"

„In meinen Augen ist es seine Fähigkeit, Misserfolge wie ein nasser Hund abzuschütteln. Er ist ein ‚Stehaufmännchen‘ wie es lebt und leibt."

Das nächste Gespräch führte ich direkt mit dem Supermann – mit Michael Rink.

Die Nr. 1 und trotzdem
sieben Mal im Jahr Urlaub

„Das größte Problem der durchschnittlichen Verkäufer ist, dass sie immer nach einem Geheimtrick suchen!", beginnt Michael Rink unser Gespräch und fährt fort: „Aber wenn dann z. B. ein mörderisch heißer Sommertag aufzieht, dann sagen sie sofort: ‚An einem solchen Mördertag kann man nicht verkaufen!‘ Anders gesagt, sie wissen immer einen Grund, warum man heute nicht verkaufen kann!"

„Oder", sprudelt er weiter, „ich gehe um 9 Uhr los und mache sechs Termine, die mir nicht selten über 50.000 Mark Umsatz bringen. Die anderen gehen auch los, aber sie machen entweder von vornherein nur ein bis zwei Termine aus oder sie hören nach ein oder zwei guten Geschäften wieder auf! Ja, in der Regel stehen sie schon ohne Lust auf und genauso lustlos läuft dann auch ihr ganzer Tag ab. Ich freue mich dagegen auf jeden Tag. **Für mich ist selbst so ein Mördertag noch eine positive Herausforderung!**"

„Sie meinen also, dass die Stimmung umittelbar die Verkaufsergebnisse beeinflusst?"

„Klar. Angenommen der Betreffende steht morgens schon träge auf und hat um 9 Uhr einen Termin bei einem Interessenten, der ihn gleich mit den Worten empfängt: ‚Also das Gespräch ist ja

ganz unverbindlich ... denn kaufen tun wir heute sowieso nichts!'
Dann klappt der mit seiner Antriebslosigkeit doch innerlich sofort
zusammen."

„Ist Ihnen das auch schon mal passiert?"

„Das Zusammenklappen nicht, aber diese Form der Begrüßung.
Und das nicht einmal, sondern immer wieder! Aber das ist ganz
normal! Erst vorige Woche bin ich von einem Kunden so empfangen worden. Es war genau 9.15 Uhr und um 12 Uhr bin ich dann
rausgegangen, nachdem ich ihm für 15.000 Mark zwei Türen verkauft habe."

„Wie haben Sie das geschafft?"

„Man muss sich über eines im Klaren sein. **Am Anfang geht es
nie um Türen.** Da geht es immer nur um die Person, um sein Vertrauen und um seine Sympathie. Da fahre ich voll meine Antennen
aus, um zu spüren, was den Kunden innerlich bewegt. Doch das
genügt nicht! Ich wappne mich gegen Überraschungsschläge, indem ich mich mental genau auf das ganze Verkaufsgespräch vorbereite. Ich besuche z. B. schon vorher sein Haus. Dabei mache ich
mir ein Bild von seinem Hauses und Nachbarschaft und halte mögliche Referenzkunden in seiner Umgebung fest. Aber die nenne ich
nur dann, wenn ich genau weiß, was ihm gefällt! **Wahllos Referenzen zu nennen ist verkäuferischer Selbstmord!** Denn zum
einen kannst du so völlig danebenliegen und zum andern spürt der
Kunde sofort, dass du gar nicht auf seine individuellen Wünsche
und Vorstellungen eingehst! So kann auch kein Vertrauen entstehen."

„Wie machen Sie Ihr Entree beim Kunden?"

„Ich komme grundsätzlich ein paar Minuten zu spät. Aber ich
rufe ihn vorher an und sage ihm: Sobald ich hier fertig bin, komme
ich! Und dann erzähle ich ihm, dass bei diesem Kunden gerade
eingebrochen worden ist – mit all den dramatischen Folgen, die
dabei auftreten. Natürlich hat sich die Geschichte nicht bei diesem
Kunden zugetragen, aber ansonsten ist sie echt. Alles mit dem Ziel:
Der Kunde soll auf mich neugierig sein! Dann ist er auch gegenüber mir und meinem Angebot sehr viel positiver gestimmt!

Aber auch sonst ist der vorherige ‚Kontrollanruf' wichtig. Ich will keine Zeit vertrödeln! Wenn die Frau z. B. sagt: ‚Mein Mann ist leider noch im Büro!', dann plane ich eben den Besuch so ein, dass ich erst nach seiner Rückkehr erscheine."

„Nochmals zurück zu der mentalen Vorbereitung. Wie gehen Sie dabei vor?"

„**Ich will als Erstes alles über den Kunden wissen!** Also sein Alter, seinen Beruf, seine Sprache, seinen Namen ... Meier mit ei oder ai? Kurzum: Ich bereite mich hundertprozentig vor!"

„Warum ist das für Sie so wichtig?"

„Weil gerade diese kleinen persönlichen Informationen, wenn ich sie später anspreche, oft die entscheidenden Auslöser sind. Plötzlich vertraut er mir und plötzlich ist er auch bereit zu unterschreiben. **Ich muss daher herausbekommen, was für ihn am wichtigsten ist!** Z. B. die Dichtigkeit der Türen, weil seine alte, undichte Tür beim letzten Regen für einen hässlichen Wasserfleck sorgte, oder die Sicherheit, weil gerade vor einer Woche in seiner Nachbarschaft eingebrochen wurde. Nur dann kann ich auch genau die Probleme ansprechen, die ihn abschlussreif machen. Alles andere ist doch mit der Stange im Nebel herumstochern. Ich will und muss ganz genau wissen, welches der eigentliche Grund für den Austausch der Türe bei ihm ist. Das ist für mich wie der richtige Wurm am Angelhaken. Aber! Und jetzt machen die schwächeren Verkäufer gleich wieder einen Fehler: Ich gehe auf keinen Fall sofort auf dieses Problem ein! Ich höre weiter zu ... Ich frage weiter."

„Warum?"

„**Weil ich nur dann eine Tür präsentiere, wenn ich genau weiß, welchen Geschmack der Kunde hat!** Da hat z. B. auf der anderen Straßenseite eine Nachbarin eine neue Tür von unserem Wettbewerber einbauen lassen. Also frage ich ihn danach. Und wenn er dann sagt: ‚So ein Dreck von XY. Also so was kommt für mich nicht in Frage!', dann weiß ich doch, wie ich dran bin. Die Gefahr ist, wenn man den Kunden zu schnell auf etwas festlegt, dann blockiert man ihn, dann spricht er unter Umständen gar nicht mehr über das, was ihm wirklich am Herzen liegt."

„Haben Sie ein Beispiel dafür?"

„Nehmen wir an, der Kunde sagt: ‚Wir lassen gerade die Heizung neu installieren. Und wenn dann noch Geld übrig bleibt, dann wollen wir das in eine neue Tür investieren. ... Was kostet denn sowas?‘ Diese Frage kriegst du nur, wenn du vorher den Kunden durch Fragen und Zuhören geöffnet hast. An der Art der Fragestellung erkenne ich aber noch die große Skepsis und Zurückhaltung. **Jetzt Druck zu machen ist tödlich.** Also sage ich: ‚Das trifft sich sehr gut. Wir haben gerade eine Sonderwoche. Und daher kann ich Ihnen einen Nachlass von 5,8 Prozent einräumen.‘ – ‚Ja‘, sagen da die Kunden, ‚aber die Tür können wir erst nach der Heizungsumstellung gebrauchen.‘

‚Das ist kein Problem‘, antworte ich, ‚den Preis der Sonderwoche kann ich Ihnen bis zum 31.12. dieses Jahres garantieren und Sie brauchen diese Tür auch erst nach sechs Monaten abrufen. Und wenn Sie sagen, die Tür gefällt mir, dann schenke ich Ihnen auch noch den Messinggriff. Sieht doch gut aus, nicht wahr?‘

In diesem Fall siehst du direkt, wie die Kunden durchatmen. Sie brauchen dieses Gefühl der Freiheit. Denn diese Freiheit ist die Brücke zum Abschluss. Die Kunden brauchen das Gefühl, dass der Verkäufer Verständnis für sie hat. Sie wollen nicht, dass irgendjemand auf sie Druck ausübt.“

„Aber das Gefühl der Freiheit allein genügt doch wohl nicht für große Abschlüsse?“

„Natürlich nicht. Viele Verkäufer meinen, sie müssten heute nur noch die emotionale Schiene reiten. **Sie machen sich nicht klar, dass ein Kunde, der 7.500 Mark für eine Tür ausgeben soll, auch gute Argumente dafür braucht.** Er muss den Kauf vor sich und seinen Bekannten rechtfertigen können. Hier ist echte Kompetenz gefragt! Denn wenn es um den Preis geht, dann höre ich fast immer die Frage: ‚Herr Rink, sagen Sie mir doch einmal, welches sind eigentlich die wesentlichsten Unterschiede zwischen Ihrer Tür und der des Wettbewerbers? Warum kostet die bei Ihnen um 1.000 Mark mehr?‘ **Da musst du nicht nur über deine Türen, sondern auch haargenau über die Türen des Wettbewerbers Bescheid wissen.**

Und du musst auch wissen, was die Wettbewerber über deine Türen sagen."

„Wie schaffen Sie das?"

„Ich höre meine Konkurrenten ab! Ich bitte einen guten Bekannten, den Kunden zu spielen und setze mich dann auf die Treppe, um zuzuhören: Wie macht er das? Wie reagiert er auf unsere Produkte? Wo sind die Unterschiede? Wie stellt er seine Produkte vor? Wie zeigt er seine Kompetenz? Und wenn dann mein Kunde im Gespräch z. B. eine Wettbewerbertür anspricht, dann frage ich ihn: ‚Welche Tür von der Firma A meinen Sie denn?' und ziehe dann den Katalog dieser Firma aus der Tasche! **Ich habe sämtliche Kataloge meiner Wettbewerber bei mir oder im Auto!** Mindestens ein Dutzend! Dem Kunden verschlägt es dann meistens den Atem. Und dann mache ich ihm Punkt für Punkt klar, was unsere Tür von der des Wettbewerbers unterscheidet.

Wenn der Kunde dann sagt: ‚Aber diese Tür von der Firma B kostet doch wesentlich weniger!', dann zeige ich ihm unsere Tür und sage: Wir verschweißen unsere Nähte jedoch mit Aluminium. Oder wollen Sie eine Tür, die nach kurzer Zeit auslabbert und undicht ist? Und das geht ganz schnell, wenn Sie nur daran denken, wie oft Kinder so eine Tür zuschlagen. Die muss schon etwas aushalten können. Und Sie wollen doch etwas Besseres? Nicht wahr?'

Und dann frage ich weiter:

‚**Was ist Ihnen denn unsere Qualitätstür wert?** Sie ist nicht nur alumuniumverschweißt, sondern sie sieht doch auch besser aus!'

Hier geht es darum, dass ich dem Kunden gute Produktinformationen biete. Ohne jedes Fachchinesisch! Für den Kunden muss alles nachvollziehbar sein! Am besten durch Bilder oder Demonstrationen. Und das muss so verblüffend klar sein, dass der Kunde sagt: ‚Ja, jetzt erkenne ich den Unterschied! Jetzt weiß ich, was mir wirklich gefällt!'"

„Und wie verkaufen Sie die wirklich teuren Türen für 20.000 Mark und mehr?"

„Wenn es um teure Türen geht, haben die meisten Kollegen schon vorher die Hosen voll! Das ist unnötig. Sie haben die Sache einfach nur nicht durchdacht. Um solche Türen zu verkaufen, braucht man Zeit! Das muss man solide aufbauen! Da muss unheimlich viel erklärt werden. Und das heißt: Der Kunde muss es kapieren, er muss es nachvollziehen können. **Der Kunde muss es sogar schwarz auf weiß sehen, was er hier für sein Geld kriegt.** Da muss wirklich eine perfekte Sicherheit in der fachlichen Aussage sein! Und du brauchst Vertrauen. Das geschieht am besten durch sehr viele Fragen. Z. B. muss ich wissen, ob der Kunde eine Tresortür braucht oder ob er froh ist, wenn er sich die 2.000 bis 3000 Mark sparen kann."

„Und wann springt der Funke über, dass der Kunde sagt: ‚Ja diese Tür ist mir 20.000 Mark wert!'?"

„Voraussetzung ist, dass ich mich ganz genau in die Bedürfnisse des Kunden einfühle. Dass ich herausbekomme, was ihm auf den Nägeln brennt, was er sich am meisten wünscht. Das geschieht z. B., wenn ich ihn auf Dinge und Probleme aufmerksam mache, die für ihn von Vorteil sind, auf die er jedoch ohne mich nie gekommen wäre."

„Löst das denn schon den Aha-Effekt, die Überzeugung, aus?"

„Nein. Selbst dann erlebe ich es immer wieder, dass der Kunde über sein eigenes Vorpreschen erschrickt und sich plötzlich versteift: ‚So viel Geld gebe ich trotzdem nicht für eine Tür aus!' Meist fügt er dann noch trotzig hinzu: ‚Das Gespräch ist ja heute unverbindlich, nicht wahr?' Doch wenn ich höflich und freundlich bleibe, erklärt er kurz danach fast schon etwas schuldbewusst: ‚Sie sind uns doch nicht böse, wenn wir heute nicht bestellen?'

Meine einzige Antwort darauf lautet: ‚Ich bin hier, weil ich Ihnen helfen will, Ihre Tür optimal zu planen.' Und dann geschieht plötzlich das Wunder. Kurz nachdem er sich seine Negativgefühle von der Seele geredet und seinen Freiheitsanspruch dokumentiert hat, ruft der Kunde plötzlich ganz begeistert aus: ‚Ja, das ist genau die Tür, die wir brauchen!' und unterschreibt. Das muss man verstehen!"

„Sie bauen also den Abschluss ganz gezielt – Stufe für Stufe – auf?"

„Ja. **Zuerst muss ich die widersprüchlichen Gefühle des Kunden erkennen und verstehen.** Dann muss ich durch Geduld und Freundlichkeit sein Vertrauen gewinnen und ihm zuletzt – wie eine Befreiung – die optimale Problemlösung anbieten! Das löst den Funken der Begeisterung aus und versetzt ihn in die richtige Kauflaune! Doch dann muss ich die Sache sofort bis zum Ende durchziehen. Da darf ich keinen neuen Termin mehr machen, denn sonst ist diese Superstimmung verflogen – und ich kann wieder von Neuem anfangen."

„Wie lange dauern diese Gespräche?"

„Das kann oft drei Stunden dauern! Denn hier gilt: **Ich kann den Erfolg – das Gewinnen von Vertrauen, Sympathie und Begeisterung – nicht abkürzen!**"

„Und was machen Sie, wenn es Einwände gibt und nicht alles so glatt abläuft?"

„Wenn es einmal nicht sofort klappt, dann sorge ich immer für eine frohe Verabschiedung und einen guten, neuen Kontakt! Dazu gehört auch, dass ich dann wieder neue Informationen und Besprechungspunkte habe. Man kann heute nicht so einfach wiederkommen – ohne dass man etwas Neues hat. Das funktioniert nicht. Da ist keine Spannung mehr da.

Ich sage daher meinen Kunden beim ersten Gespräch nie sofort alles! Vor allem nicht die genauen Preise! Ich mache sie da nur auf die Unterschiede aufmerksam! Ich zeige ihnen, wie das bei uns gemacht wird, und ich gebe ihnen dann ein paar kleine Tipps, damit sie vergleichen können. Die Kunden sind mir für diese Tipps sehr dankbar."

„Letzte Frage: Stimmt das mit den sieben Urlauben pro Jahr auf Ibiza?"

„Ja, in der Regel mache ich sogar jeden Monat drei bis sieben Tage Urlaub!"

„Warum?"

Seine Antwort ist es wert, eingerahmt zu werden.

**Was nützt dir der ganze Erfolg,
wenn du ihn nicht genießen kannst?**

„Menschen verkehren am liebsten mit Menschen,
die ihnen ähnlich sind. "
Paul Getty, Milliardär

12. Kapitel

Im Einklang mit den ganz großen Zielen

Was Sie über „big deals" wissen sollten

Jeder Verkäufer träumt wohl davon, einmal mit den großen und ganz großen Kunden ins Geschäft zu kommen. Doch bei den meisten bleibt es beim Traum, denn sie stolpern schon über das erste Gesetz, das für ganz große Erfolge gilt. – Es lautet:

> **Man muss im Einklang sein mit dem, was man erreichen will!**

Was ist darunter zu verstehen? Da wir noch ausführlicher darauf eingehen werden, hier nur so viel:

Wenn Sie z. B. mit Millionären Geschäfte machen wollen, dann sollten Sie über Millionäre mehr wissen als nur den höchsten Steuersatz. Dann sollten Sie wissen, wie Millionäre denken, welche Werte sie haben, wie sie Entscheidungen treffen, was sie mögen und was sie nicht mögen.

Aber vor allem sollten Sie irgendetwas haben, das Sie auch für die Millionäre interessant macht!

Ist es Ihre Kleidung? Ihr Auto? Ihr Sport? Ihre Kontakte? Ihr Spezialwissen? Ihr großes Denken? ... Irgendetwas Außergewöhnliches brauchen Sie, um im Einklang mit der Welt der Millionäre zu sein.

Denn eher geht ein Kamel durch ein Nadelöhr, als dass eine Erfolgspersönlichkeit Interesse an einem Durchschnittskopf hat.

Sehr unfair, aber wahr! Wer außergewöhnliche Geschäfte machen will, muss selbst außergewöhnlich sein!

Freuen Sie sich daher auf die folgenden drei Geschichten! Sie haben es in sich:

- Peter Härtel, Anlageberater, sagt Ihnen, warum er bei einem 5-Millionen-Deal gescheitert ist, aber dennoch kein Geschäft anrührt, das ihm nicht mindestens 10.000 Mark pro Woche einbringt.
- Jerry Weintraub zeigt Ihnen, was er machte, um der Konzertveranstalter für den Megastar dieses Jahrhunderts – für Elvis Presley – zu werden. Und
- Elmar Leterman demonstriert Ihnen, wie verblüffend einfach es für ihn war, am ersten Abend seiner Versicherungslaufbahn Abschlüsse im Wert von 8 Millionen Mark in die Wege zu leiten.

Interessiert? – Dann steigen Sie ein bei Peter Härtel und seinen Visionen vom ganz großen Geld.

„Ich muss mindestens 10.000 Mark pro Woche verdienen!"

Peter Härtel, smarter Endvierziger in elegantem Boss-Anzug und Anlagenberater, verfolgt hohe Ziele. Trotzdem unterliegt er nicht den üblichen Illusionen, denen so viele durchschnittliche Verkäufer zum Opfer fallen. Schon seine ersten Sätze verraten den nüchternen Blick, der notwendig ist, wenn man um ganz große Summen mitspielen will. „Kein großes Geschäft", sagt er, „läuft planmäßig ab. Es gibt immer irgendwo ein Problem, das das ganze Geschäft scheitern lassen kann. Z. B., wenn die Ehefrau oder der Wirtschaftsprüfer Einspruch erheben. Mit solchen Querschlägern muss man rechnen. Und dann muss man von Neuem beginnen! Doch das

Wichtigste dabei ist, trotzdem den Fuß in der Tür zu lassen. Auch wenn nach 10 Tagen schon wieder alles infrage gestellt ist."

Ein Verkaufsgespräch ist wie ein Tennis-Match

„Das erfordert aber einen erheblichen Kampfgeist!", werfe ich ein.

„Ja, aber es macht auch Spaß, um den Auftrag zu kämpfen. Ich sehe solche Verhandlungen geradezu als Wettkampf an. Das ist wie beim Tennis. Wenn der andere im zweiten Satz 4:1 führt, dann hat er schon verloren. Dann fange ich erst richtig zu kämpfen an. So wie bei meinem letzten Turnier, wo ich 6:0, 5:0 zurücklag und dennoch gewonnen habe."

„Was heißt das auf den Verkauf bezogen?"

„Man muss auch im Verkauf die Verhandlung wieder drehen können. **Und man muss mit diesem Bungee-Jumping der Gefühle, diesem ewigen Auf und Ab, zurechtkommen.** Dazu gehört, dass man auch damit fertig wird, dass fast alle Großaufträge einmal an den Punkt ankommen, wo sie total scheitern können."

„Setzt man sich dabei nicht zu sehr unter Druck?"

„Wenn man weiß, dass man ein guter Verkäufer ist, kann man immer locker auftreten!", lächelt Härtel entspannt und fährt fort: „Dann kann man sogar den Gegner provozieren und einschüchtern, wie beim Tennis. Als mein letzter Gegner im zweiten Satz 5:0 führte, sagte ich zu ihm: Du musst jetzt das nächste Spiel unbedingt gewinnen, denn sonst hast du das Match verloren – und so war es auch!"

Peter Härtel beweist damit schon die alte Erfolgsregel:

> **Take it easy! Erwarte immer das Beste!**
> **Aber rechne auch stets mit dem Schlimmsten!**

Mit einer Riesenpleite fing alles an

„Was war eigentlich der Anlass, bei den ganz großen Summen mitzuspielen? Eitelkeit? Geldgier?"

„Es begann alles mit einer Riesenpleite. Und schon früh lernte ich den Satz: **Wenn du kein Glück hast, dann kommt auch noch Pech dazu!** Eines Tages bekam ich von einer großen Versicherung ein tolles Angebot für den Vertrieb im Großen. Also warb ich Leute an, bildete sie aus und bezahlte Raum und Verpflegung, bis mein Geld zu Ende war. Doch alles war umsonst. 14 Tage später kippte die Versicherung dieses Angebot aus ihrem Programm und ich stand mit leeren Händen da. Ich fühlte mich wirklich aufs Kreuz gelegt."

„Was für ein Gefühl haben Sie, wenn Sie heute daran zurückdenken?"

„Gefühl? Ich weiß nur, dass die Idee genial, einfach grandios war. Ich wäre im Geld geschwommen!"

Einen kurzen Augenblick zögert er, dann schiebt er das eigentliche Motiv nach:

„Ich wäre gigantisch gewesen!"

„Worum ging es bei diesem Mega-Deal?"

„Der Kunde musste nur 10 Jahre lang jeden Monat 100 Mark einzahlen. Also insgesamt 12.000 Mark. Nach 30 bis 40 Jahren hätte er dann rund 200.000 Mark herausbekommen. Das wäre das Denkmal für die Oma gewesen, die diese Beiträge noch gezahlt hätte. Und der Verkäufer hätte bei diesem Abschluss sofort 2.000 Mark verdient."

Zwei äußerst wichtige Entscheidungen

„Was für eine Erkenntnis haben Sie daraus gezogen?"

„Im Nachhinein bin ich dem Schicksal dankbar dafür. Denn erst heute weiß ich, was mich da erwartet hätte: Sechs Mal 16 Stunden Arbeit und am siebten Tag zehn Stunden Arbeit. Ich hätte wahnsinnig viel Geld verdient, aber ich hätte auch keine Zeit mehr für meinen Sohn und meine Frau gehabt. **Ich hätte im Geld geschwommen, aber meine Familie verloren.** Und die ist mir am wichtigsten. Das merkte ich in der Zeit nach dieser Pleite: Da hatten wir kein Geld, aber wir gingen trotzdem auf die Schliersbergalm, genossen die Sonne und hatten Zeit füreinander."

„Gab es noch eine andere Erkenntnis?"

„Ich habe erkannt, dass ich die größten Fähigkeiten habe, wenn ich mit dem Rücken zur Wand stehe. Eineinhalb Jahre nach dieser Pleite funktionierte nichts mehr! Doch dann machte ich eine neue Erfahrung: Erst wenn das Geld total weg ist, dann kommt eine neue Sache, die echt Geld bringt."

„Hat sich auch Ihre Einstellung zu Ihrem Beruf, zu Ihrem Erfolg verändert?"

„Teilweise. Trotz der Pleite habe ich mir gesagt: **Ich packe nur noch Sachen an, die mir sicher 10.000 Mark pro Woche bringen.** Ich möchte meine Energie nicht für Kleingeld verschwenden. Da fehlt mir der Antrieb, der Kick! Und diese Überzeugung kam mir, als ich so wenig Geld hatte, dass ich mir jede Wurstsemmel und jeden Cappuccino überlegen musste. Und die zweite Idee war: Ich möchte mit möglichst wenigen Kunden möglichst viel Geld verdienen, also mich auf Großkunden konzentrieren."

„Kehren wir noch einmal zu der Pleite zurück. Was war Ihrer Meinung nach das Motiv, plötzlich im Spiel um das ganz große Geld mitzumischen?"

„Das erste Motiv war: Ich hatte früher immer Angst, dass mein ganzes Leben zu bieder und zu langweilig wird. Ich wollte mein Leben interessanter machen. **Ehrlich gesagt, ich wollte mir beweisen, was für ein toller ich Kerl bin!** Doch das ist ein sehr gefährliches Motiv: Denn erst im Nachhinein kam mir zu Bewusstsein, was ich da für eine riesige Organisation hätte aufbauen müssen. Mit der Folge: Ich hätte mich nur noch wie ein Hamster im Laufrad vorwärtsbewegt. Ich hätte keine Zeit mehr für meinen Sohn, für meine Familie gehabt und meine Lebensqualität wäre vollends den Bach hinuntergegangen. Doch mein Schicksal hat mich davor bewahrt!"

> **Hören Sie auf Ihre innere Stimme!**
> **Denn nur wenn Sie im Einklang mit ihr handeln,**
> **werden Sie dauerhaft Erfolg haben!**

Es ist Ihre innere Stimme, die Ihnen sagt, was für Sie wirklich wichtig ist und was unter Ihren Werten die Priorität Nr. 1 einnehmen soll: der Mega-Erfolg oder die Familie.

Bei Peter Härtel liegen die Dinge so: Er liebt das Spiel, sucht das Abenteuer und ist fasziniert vom Spiel um den höchsten Einsatz. Aber er kassiert auch dementsprechende Flops. Er hat jedoch eine außergewöhnliche Eigenschaft, die ihm immer wieder einen Neubeginn ermöglicht. Er sagt dazu:

„Ich gebe jedem eine zweite Chance! Auch denen, die einmal gegen mich waren! Denn ich weiß: Eines Tages kriege ich auch von denen wieder mal Hilfe! Und das gilt sogar gegenüber den Leuten, die mich aufs Kreuz gelegt haben. Selbst von denen habe ich mich nie vollständig getrennt."

Wahrscheinlich war das für Härtel der beste seelische Schutz, um diese Pleiten und Enttäuschungen zu überwinden, ohne daran zu zerbrechen! Denn bei einer anderen Sache – so sagt er – hätten ihn seine Mitspieler (sprich Partner) wirklich bewusst aufs Kreuz gelegt.

„Ich war der Geniale, der die Idee ausgedacht hatte", sagt er dazu, „aber die anderen haben mich aus dem Geschäft gedrückt. Von der Lebensqualität her gesehen hätte mir nichts Besseres passieren können, aber von der menschlichen Seite her war es ‚echter Mist!' Dennoch verzeite ich ihnen. Und ich hatte später auch wieder Kontakt mit ihnen!"

„In welcher Form?"

„Zwei von denen haben mir später entscheidend weitergeholfen. Der Erste brachte mir eine größere Finanzierung für Eigentumswohnungen. Dadurch bekam ich Kontakt zu einem bekannten Makler, der eines Tages zu mir sagte: ‚Härtel, da habe ich etwas Besseres für Sie – ein echtes Traumobjekt.' Und dabei handelte es sich wirklich um ein fantastisches Angebot, das finanziert und verkauft werden musste. Und der Zweite kam eines Tages zu mir und sagte: ,Versuch es doch mit dem Verkauf von Immobilien im Osten. Damit kannst du tolles Geld verdienen!' Und damit war ich wirklich im großen Geschäft."

So kommt man zu Top-Terminen

„Damit sind wir direkt beim Verkauf. Gute Objekte hatten Sie ja jetzt. Wie aber kamen Sie auch zu guten, neuen Kunden? Was halten Sie z. B. von der Empfehlungsstrategie?"

Seine Antwort kommt wie aus der Pistole geschossen: „Es kommt nichts dabei heraus! Ich habe einen anderen Weg eingeschlagen. In zwei Zeitungen – der Bild am Sonntag und der Welt am Sonntag – entdeckte ich Anzeigen einer Terminagentur. Für 250 Mark bekam man da einen fertigen Termin geliefert. Meine Frau sagte sofort: „Das sind Betrüger! Das ist doch eine ganz billige Masche!" Doch ich war anderer Ansicht: Meine Frau hat zwar organisatorisch sehr viel für mich getan. Aber sie hat keine unternehmerische Kühnheit! Also habe ich das restliche Geld zusammengekratzt, Schulden gemacht und mir Termine gekauft."

„Und wie war der Erfolg?"

„Augenblick. Zuerst muss ich Sie noch auf einen wichtigen Unterschied aufmerksam machen: Während die durchschnittlichen Verkäufer zwei Termine pro Woche kauften, kaufte ich gleich zwei pro Tag. Pro Woche kostete mich das 2.500 Mark und pro Monat mindestens 10.000 Mark."

„Warum gingen Sie gleich so in die Vollen?"

„Ganz einfach: Ich musste ins Training, also in Übung kommen. Und das schafft man nicht mit zwei Terminen pro Woche. Als es dann lief, habe ich pro Tag oft drei oder vier Termine gekauft. Und später habe ich mit der Agentur sogar einen ganz speziellen Vertrag geschlossen: Ich zahlte ihr 500 Mark pro Termin plus einer Provisionsbeteiligung von einem 0,5 bis 1,5 Prozent, wenn sie mir Termine bei Kunden vermittelte, die mindestens 150.000 Mark Steuern zu zahlen hatten."

„Zahlte sich das aus?"

„Ja, denn nur so kam ich relativ schnell an die wirklich guten Adressen von Geschäftsführern und Unternehmern heran!"

Und wir erkennen: Härtel hat mit seiner Spielernatur, seiner Bereitschaft, etwas zu riskieren, und seinem Mut, um höchsten Einsatz zu spielen, echten Erfolg gehabt. Denn hier gilt:

> **Man hat nur dann großen Erfolg, wenn man an sich glaubt!**
> **Aber man muss diesen Glauben zuvor auch beweisen!**

„Wie ging es mit den Adressen weiter?"

„Jetzt lag es an mir, was ich aus den Terminen machte. Ich hatte den Mut zu vielen Terminen und erreichte dadurch auch viel schneller als andere das notwendige Know-how. Ich wusste also schneller als sie, was funktionierte und was nicht funktionierte – und wie man mit diesen Top-Kunden umgehen musste."

Er hat damals etwas sehr Wichtiges gelernt: Während die anderen Verkäufer in dieser schwierigen Zeit am Geld knauserten und nur zwei Termine pro Woche bestellten, wusste er:

> **Gerade wenn es einem schlecht geht,**
> **muss man Geld in Termine investieren!**

„Warum hatten Sie mit diesen Terminen so viel Erfolg?"

„Ich wurde von der Terminagentur als Partner der Bank XY eingeführt. Da gab es natürlich Kunden, die geradezu bösartig wurden, als sie meine Visitenkarte lasen und dort nichts von einer Bank stand. ‚Sie sind doch weder der Inhaber noch der Direktor dieser Bank!' das war noch die harmloseste Bemerkung. Andere schäumten geradezu vor Wut und kanzelten mich ab: ‚Sie sind doch auch nur einer dieser Drücker!' Daraufhin sagte ich meistens: ‚Mir gehört die Bank nicht, aber ich gehöre auch der Bank nicht! **Und daher bin ich auch fähig, den Perlensucher für Sie zu spielen!'"**

„Hat das die Kunden überzeugt?"

„In solchen Situationen muss man ganz cool und gelassen bleiben. Und das gelang mir auch, denn durch die vielen Adressen hatte ich ja die beste Übung dafür. Denn wenn du so unter extremer Spannung stehst oder vom Kunden unter Druck gesetzt wirst, dann hat das auch seine Vorteile! Dann musst du einfach mehr bieten. Und das schaffst du als Verkäufer nur, wenn du dich hundertprozentig um das beste Angebot bemühst!"

Das große Versprechen

„Und das hatten Sie?"

„Natürlich! Daher sagte ich auch zu einem dieser aufgeregten Kunden:

‚Herr Kunde, angenommen, ich hätte zwei Minuten Zeit, dann könnte ich Ihnen aufzeigen, wie aus zu versteuernden 250.000 Mark in wenigen Jahren ein bis zwei Millionen Mark Gewinn werden ... (Pause). Aber wenn Sie kein Interesse haben, dann gehe ich jetzt!'"

„Und – hat der Kunde angebissen?", frage ich neugierig nach.

„In der Regel ja. Aber das Wichtigste war für mich die Erkenntnis:

Wenn du solche Spiele spielst und solche Einsätze wagst, dann zwingt dich der Kunde geradezu zu Höchstleistungen! Da kannst du nicht mit irgendeinem stinknormalen Fonds daherkommen wie z. B. mit dem Templeton Growth Fonds. Der ist sicher gut. Aber da musst du dir schon etwas Besonderes einfallen lassen! Mit solchen Fonds bekommst du keinen Termin bei reichen Leuten, aber aus 250.000 Mark zu zahlenden Steuern ein bis zwei Millionen Mark Vermögen zu machen, da schlucken sie, da glitzert es plötzlich in ihren Augen und da wird aus der vorsichtigen Skepsis auf einmal echte Neugier. Und dann beißen sie zuletzt auch an. Aber wie gesagt, es muss etwas Besonderes auf dem Spiel stehen!"

Wir erkennen daraus:

> **Wer nur das anbietet, was alle anderen anbieten, kommt verflucht schwer zu einem guten Termin!**

Man muss den guten Kunden heute schon etwas Besonderes anbieten; etwas, das sie wirklich verblüfft!

„Was machen Sie anders als die vielen durchschnittlichen Finanzdienstleister?"

„Ich konzentriere mich auf die ‚big deals' und gebe den Kunden durch die persönliche, fast konkurrenzlose Ausgestaltung meiner Angebote das ‚1-Million-Mark-Versprechen'. Darum geht es! Und solange du das nicht kannst, wirst du mit allen Verkaufstechniken nichts erreichen! Denn große Kunden wollen große Vorteile sehen – oder du kannst den Termin mit ihnen vergessen!"

Der Haken bei den ganz großen Deals

„Erzählen Sie doch mal von einem dieser Millionen-Deals! Können Sie mir da ein Beispiel geben?"

„Ich will Sie jetzt nicht mit Einzelheiten langweilen. Außerdem haben sich in der Zwischenzeit ja auch die steuerlichen Abschreibungsmöglichkeiten entscheidend geändert. Aber ich will Ihnen zeigen, wie schnell ein solches Großgeschäft scheitern kann.

Der Kunde, um den es ging, hatte seine Firma verkauft und musste nun den Erlös mit dem halben Steuersatz versteuern. Selbst das war noch eine gewaltige Summe, denn insgesamt ging es um einen Anlagebetrag von 5,1 Millionen Mark. Mein Vorschlag war ein bestimmtes Flugzeug-Leasing mit sehr hohen Abschreibungsmöglichkeiten.

Die **erste Schwierigkeit** tauchte jedoch auf, als der Wirtschaftsprüfer der Firma dagegen war. Den konnte ich erst durch vier intensive Gespräche von dieser Lösung überzeugen.

Als ich dann endlich mit ihm sogar befreundet war, tauchte die **Schwierigkeit Nr. 2** auf. Plötzlich zuckte der Kunde zurück. Er wollte jetzt von dem Flugzeug-Leasing absolut nichts mehr wissen.

Also musste ich mir überlegen, wie ich ihn wieder ins Boot zurückholen konnte, und schlug ihm daraufhin einen Immobilienfonds mit etwas geringeren Abschreibungsmöglichkeiten, aber dafür mit wesentlich sichereren Ergebnissen vor.

Doch da tauchte die **Schwierigkeit Nr. 3** auf: Die Summe, die in diesen Immobilienfonds investiert werden sollte, eben diese 5,1 Millionen Mark, konnte ich zuerst nirgendwo unterbringen. Also flog ich extra nach Berlin zur Hausbank dieser Gesellschaft. Am Telefon hatten sie mir noch eine Provision von 10 Prozent zugesagt, doch in Berlin, in der Zentrale, wollten sie mich auf 8 Prozent herunterdrücken. Das machte ich nicht mit und so verlief das Gespräch im Sand. Getreu dem Motto: ‚Außer Spesen nichts gewesen!‘“

Die Hausbank mischt sich ein

„Erst durch andere Kontakte bekam ich dann die Chance, diesen Riesenbetrag unterzubringen. Doch ich hatte die Rechnung ohne die Hausbank des Kunden gemacht. Die Banker hatten bisher total geschlafen und nichts, aber auch gar nichts für die Lösung der steuerlichen Probleme ihres Kunden getan. Erst als sie merkten, dass hier Millionenbeträge von ihrer Bank abfließen sollten, wurden sie hellwach und erhoben massiven Einspruch. Da ich ebenfalls mit dieser Bank seit Jahren auf dem Gebiet der Finanzierung zusammenarbeitete, erklärten sie mir unmissverständlich: ‚Wenn Sie das auf eigene Faust machen, dann sind wir Feinde! Dann kriegen Sie keine einzige Finanzierung mehr von uns!‘

Ihr Ziel war klar: Sie wollten mich brutal aus dem Geschäft drängen und es allein über die Bühne ziehen. An diesem Brocken hatte ich wahrhaftig zu schlucken! Und das sind natürlich Tage, an denen du alles hinschmeißen möchtest.“

„Hatten Sie noch eine Chance nach diesem Einspruch der Hausbank?“

„Nichts ging mehr. Ich habe die Sache abgehakt, denn gegen die Hausbank kommst du nicht an. Als ich sah, dass ich keine Chance mehr habe, habe ich mir eine andere Lösung ausgedacht, um die persönliche Enttäuschung zu überwinden."

Eine wahrhaft verblüffende Motivationsmethode

„Wie sah die aus?"

„Als ich erfuhr, dass der Kunde dank des Einflusses seiner Hausbank keinerlei Fonds gezeichnet hatte, um seine Steuerlast zu drücken, da habe ich ihm einen **Gutschein** für einen einwöchigen Aufenthalt in einem der Steigenberger-Hotels von Gstaad, Davos oder Kaprun zugeschickt. Dem Gutschein habe ich ein Brieflein beigelegt, in dem stand:

Sehr geehrter Herr Kunde, leider konnte ich Sie von meinem Angebot nicht überzeugen, so dass Sie jetzt, statt 2 Millionen Mark Vermögen zu bilden, über 1 Million Steuern zahlen müssen. Als Erinnerung und Trostpflaster für diesen entgangenen Gewinn erlaube ich mir, Ihnen einen Hotelgutschein für einen einwöchigen Urlaub Ihrer Wahl in einem der drei Steigenberger-Hotels von Gstaad, Kaprun oder Davos beizulegen.

Mit den besten Wünschen für eine gute Erholung
Ihr
Peter Härtel"

„Warum haben Sie das gemacht?"

„Es war mir wichtig, meine Enttäuschung konstruktiv zu verarbeiten. Statt die Schuld nur bei mir zu suchen, wollte ich so dem Kunden bewusst machen, dass er sich von seiner Bank über den Tisch hatte ziehen lassen. Aber noch wichtiger war es mir, auch selbst eine gewisse Distanz zu diesem Verlust zu bekommen und mein Selbstwertgefühl aufrechtzuerhalten. Vor allem wollte ich alles tun, um zu vermeiden, nach einer solchen Enttäuschung in einem Meer von Frust und Niedergeschlagenheit zu versinken."

Lebensqualität oder Endlosfight?

„Gab es noch eine Erkenntnis, die Sie aus dieser Enttäuschung gezogen haben?"

„Es gibt sogar zwei. Die erste war: **Ich habe mir gesagt, meine Lebensqualität ist mir wichtiger als ein Fight bis zum Ende.** Und ich habe angefangen, über mein Leben nachzudenken. Wenn ich es recht bedenke, dann hat erst dieser Misserfolg mir den Kick gegeben, besser auf mein Leben zu achten."

„Und die zweite Erkenntnis?"

„Ich habe mir zwei Fragen gestellt.

1. Was kann ich künftig tun, um solche großen Deals besser zu handeln? Und:
2. Wie komme ich künftig noch besser an so große Deals heran?

Die allererste Konsequenz, die ich aus diesem Vorfall gezogen habe, war jedoch: Ich habe die Terminagentur angerufen und sie gebeten, mir künftig nur noch Termine von Kunden zu schicken, die mindestens 150.000 Mark Steuern zu bezahlen haben."

Hochmut zahlt sich nicht aus

„Und welches war die wichtigste Lektion, die Sie im Verkauf bisher gelernt haben?"

„Das geschah zu der Zeit, in der ich besonders scharf auf die ‚big deals' war. Dabei habe ich einen bis dahin durchschnittlich anlegenden Kunden sträflich vernachlässigt. Nach dem ersten Kontakt und meiner Offerte sollte ich den Steuerberater wieder zurückrufen. Aber im Rausch der großen Zahlen dachte ich: ‚Das hast du nicht nötig. Den lässt du wegen der 50.000 Mark ruhig mal vier Wochen hängen' und habe nicht zurückgerufen.

Als ich einen Monat später zurückrief, musste ich erfahren, dass es diesmal nicht um 50.000 Mark gegangen war. Der Kunde hatte von seiner Firma eine Abfindung von über 1 Million Mark erhalten und die wollte er nun steuerbegünstigt und renditestark anlegen.

Diese Überheblichkeit kostete mich rund 80.000 Mark Provision! Denn der Kunde hatte sich in der Zwischenzeit anders entschieden.

Nach dieser Erfahrung aber weiß ich, dass es die Jagd nach dem großen Deal niemals rechtfertigt, kleinere Kunden mit Überheblichkeit zu behandeln. Es ist einfach dumm und kann eine ganze Menge Geld kosten!"

Das Lebensglück ist wichtiger

„Was haben Sie durch Ihre Niederlagen gelernt?"

„Auch wenn sie für mich zuerst sehr schockierend waren – so waren sie doch sehr heilsam! Ich habe vor allem eins aus ihnen gelernt: Wenn ich heute mit 48 Jahren auf mein Leben zurückschaue, dann habe ich das Gefühl, dass die letzten 20 Jahre an mir einfach vorbeigerauscht sind. Und deshalb habe ich heute eine starke Sehnsucht nach dem Leben, nach echter Lebensqualität. Weg vom Druck und hin zu dem Zustand, wo man die Seele baumeln lassen kann.

Ja, wenn ich ehrlich bin, dann habe ich in diesen vergangenen Jahren nicht einmal einen gescheiten Urlaub gemacht. Das Geschäft hat mich völlig aufgefressen! Und deshalb schaffe ich mir bei allem Ehrgeiz nach neuen „big deals" heute selbst einen ganz bestimmten Zeitrahmen, der für meine Arbeit und mein Leben gilt."

„Letzte Frage: Wie halten Sie sich bei dieser Gefühlsachterbahn fit? Wie verarbeiten Sie den Stress?"

„Wenn es geht, spiele ich vier Tage in der Woche Tennis. Am besten baue ich Stress ab, wenn ich mich körperlich voll verausgabe. Das drückt den Adrenalinspiegel und baut die Wut ab. Dadurch bekomme ich auch wieder neue Kraft."

„Und was ist Ihr Traum?"

„Nur sieben Wochen im Jahr arbeiten zu müssen – und die restliche Zeit für mich und meine Familie zu haben."

Sehen wir uns jetzt die Geschichte Nr. 2 an:

Wie ein Konzertagent
Elvis Presley als Kunden gewann

Der Name Jerry Weintraub wird Ihnen nicht viel sagen. Und doch war er zu seiner Zeit einer der angesehensten Hollywood-Agenten. Zu seinen Klienten gehörten klangvolle Superstars wie Neil Diamond, John Denver, Wayne Newton und Herb Alpert. Aber begonnen hat sein Aufstieg mit dem Wunsch, für Elvis Presley, den größten Star der 60er Jahre, die Konzerte veranstalten zu dürfen.

Der große Traum

Damit war er nicht allein. Jeder Konzertagent wollte Elvis für sich gewinnen. Denn für Elvis zu arbeiten hieß, Millionen zu verdienen. Begonnen hatte die Geschichte mit einem Traum. Eines schönen Morgens wachte Jerry Weintraub auf und sagte zu seiner Frau: „Ich sah heute Nacht im Traum etwas Wunderschönes: Eine riesengroße Leinwand auf der stand: „Jerry Weintraub präsentiert Elvis Presley!"

Viele hätten nun den Traum Traum sein lassen und sich danach wieder dem nüchternen Alltag zugewandt. Nicht so Jerry Weintraub. Kaum war er in seinem Büro, rief er Colonel Parker, den allmächtigen Manager von Elvis, an und erzählte ihm mit Begeisterung von seinem Traum. Doch Colonel Parker blieb ungerührt und erteilte Weintraub eine glatte Absage. Also rief Weintraub am nächsten Tag wieder an. Und am dritten Tag wieder. Und immer wieder hörte er die gleiche Antwort: „Nein!"

An dieser Stelle hätten die meisten wohl das Handtuch geworfen und sich gesagt: „Was soll das? Wenn der nicht will, dann soll er es eben bleiben lassen! Ich laufe doch dem Kerl nicht nach!"

Doch Weintraub dachte anders. **Er wollte der Konzertveranstalter von Elvis werden. Er wollte es wirklich und – unbedingt.** Also fasste er einen ebenso heroischen wie hartnäckigen Entschluss: „Ich werde Colonel Parker ab heute jeden Tag anrufen und ihn so lange mit meinen Anrufen bombardieren, bis er endlich zustimmt."

Und genau das tat er dann auch! Doch immer wieder hörte er von Parker die gleiche Frage: „Weshalb soll ich Ihnen diesen Gefallen tun?" Und denselben Refrain: „Im Gegensatz zu anderen Leuten, denen ich wirklich einen Gefallen schuldig bin, schulde ich Ihnen gar nichts!"

Zuerst war Weintraub von dieser harten Absage und der glasklaren Nutzenfrage schockiert. Aber dann fand er ganz schnell die richtige Antwort: **„Weil ich besonders gut bin! Weil ich das, was ich tue, besser mache als jeder andere.** Und weil ich Ihnen das beweisen kann!"

Merken Sie, wie Weintraub mit diesem Satz all das zur Sprache brachte, was wir bereits besprochen haben? Das große Selbstvertrauen, das große Zukunftsversprechen, die deutliche Bitte und die Bereitschaft, den Beweis zu liefern. Kurzum:

Hinter diesem einen Satz von Jerry Weintraub stand die hundertprozentige Überzeugung, dass er allein der beste Mann war, der Konzerte für Elvis veranstalten konnte. Genau darauf kommt es an. Genau das wollte Colonel Parker hören. Aber er wollte noch mehr.

Ein Scheck über 1 Million Dollar

Eines Tages, nach einem ganzen Jahr täglicher Anrufe, war Parker anscheinend auf irgendeine Weise „weichgekocht". Sei es durch die unglaubliche Hartnäckigkeit oder die unverschämte Selbstsicherheit von Weintraub. Auf jeden Fall sagte er zu ihm: „Hören Sie zu, Mister Weintraub, wenn Sie sich sofort mit einem gedeckten Scheck über 1 Million Dollar hierher bewegen, können wir miteinander ins Gespräch kommen."

Jerry Weintraub schluckte. 1 Million Dollar in den 60er Jahren entsprechen heute etwa 5 Millionen Mark. Wahrhaftig keine Kleinigkeit für einen Konzertagenten, der erst am Anfang seiner Karriere stand. Und wieder war der kritische Punkt erreicht, wo viele resigniert und das Handtuch geworfen hätten. Auf die Schnelle 1 Million Dollar zusammenzukratzen, woher sollte er die nehmen?

Der echte Beweis

Doch wo ein Wille ist, da ist auch ein Weg! Weintraub fand schließlich einen Geschäftsmann in Seattle, den er mit Engelszungen beschwor und der ihm schließlich einen Scheck über diese enorme Summe aushändigte.

Weintraub hatte damit bewiesen, dass er bereit war, auch den Preis für den Erfolg zu zahlen! Und wenn der Preis – also das Ticket, mit Parker ins Gespräch zu kommen – 5 Millionen Mark war, dann besorgte er sich eben auch dieses Ticket.

Als Treffpunkt hatten sie – was sonst – Las Vegas ausgemacht. Weintraub übergab Colonel Parker den Scheck. Dann erklärte er ihm, wie er sich die erste Konzerttournee mit Elvis vorstellte.

Parker hörte interessiert zu, steckte ungerührt den Scheck ein und sagt ohne das Gesicht zu verziehen: „Okay Mister Weintraub, wir sind im Geschäft!"

Mehr schwebend als gehend kehrte Weintraub zu seinem Partner in Seattle zurück und verkündete ihm freudestrahlend: „Wir haben Elvis!"

„Und wie sieht der Vertrag aus?", antwortete der Geschäftsmann nüchtern.

„Wir haben keinen, aber wir haben Elvis!"

„Und wie sieht es mit den Bedingungen aus?"

„Darüber haben wir gar nicht gesprochen! Alles, was ich weiß, ist, dass wir Elvis haben!"

Vertrag hin, Bedingungen her. Weintraub hatte sich seinen Traum verwirklicht. Er war der Konzertagent und Veranstalter für Elvis' Auftritte geworden. Und er wusste, dass das nicht sein Schaden sein würde.

Ein wahrer Mitspieler

Ein Jahr später, nachdem er mit Elvis bereits in ganz Amerika Konzerte veranstaltet hatte, gab ihm Parker eines Abends bei einem lockeren Gespräch an der Hotelbar den ersten Scheck wieder zurück. Er war die ganze Zeit über in seinem Schreibtisch gelegen. Parker hatte keinen Gebrauch davon gemacht.

„Warum haben Sie den Scheck nicht eingelöst?", fragte Weintraub leicht irritiert.

„Ganz einfach. Das Geld hat mich in Wirklichkeit nie interessiert. Alles, was ich wissen wollte, war, ob Sie das Zeug dazu haben, mit den ganz großen Jungs zu spielen."[11]

Prüfung des Schicksals

Sie sehen, bei diesem Handel musste Jerry Weintraub zuerst einmal sich selbst verkaufen. Er musste seine Persönlichkeit unter Beweis stellen und er musste zeigen, was an Selbstvertrauen, Kreativität und Risikobereitschaft in ihm steckte und welchen Preis er zu zahlen bereit war.

Er musste also zuerst seinen Realitätssinn unter Beweis stellen. Und das hieß, sich von der Illusion zu befreien, dass man ein solches Mega-Geschäft mit ein paar Telefonaten über die Bühne bringen kann. Colonel Parker übernahm in diesem Fall nur die Rolle des Schicksals, das uns bei solch herausfordernden Zielen und Wünschen immer nur die eine Frage stellt:

„Willst du es wirklich? Willst du es unbedingt? Willst du es unter allen Umständen und auf jeden Fall? Bist du auch bereit, den Preis dafür zu zahlen?"

Tausende von Konzertagenten hätten wahrscheinlich liebend gerne die Auftritte von Elvis organisiert. Aber nur einer schaffte es, weil er es wahrscheinlich als einziger unbedingt wollte!

An dieser Erfolgsregel Nr. 1 hat sich seit über 2.000 Jahren nichts geändert. Schon der römische Dichter Ovid, der um die Zeit von Christi Geburt lebte, sagte dazu, was Sie bereits wissen:

> **Wollen alleine genügt nicht.
> Begehren erst führt dich zum Ziel!**

Und wir erkennen daraus:

> **Nur wer sein Ziel mit jeder Faser seines Herzens begehrt,
> hat auch die Chance, es zu erreichen.**

Halbherzigkeit dagegen – Sie erinnern sich – macht Sie im Spiel des Lebens schon zum Verlierer, bevor Sie es überhaupt begonnen haben!

Jerry Weintraub hatte bewiesen, dass er das Zeug dazu hatte, bei den ganz großen Jungs mitzuspielen. Er hatte gezeigt, dass er ihre Maßstäbe, ihre Größenordnungen, ihre Denk- und Verhaltensweisen nicht nur kannte, sondern sie auch nachzuvollziehen verstand. Er erhielt den Zuschlag genau in dem Augenblick, als er durch seinen 1-Millionen-Dollar-Scheck bewies, dass er wirklich im Einklang mit dieser elitären Zielgruppe war.

Einen geradezu sensationellen Erfolg erreichte auch der Top-Verkäufer in der nächsten Geschichte, als er durch eine außergewöhnliche Geste bewies, dass er im Einklang mit der von ihm bevorzugten Zielgruppe der Millionäre war, und dadurch an einem einzigen Tag Versicherungsabschlüsse im Wert von über 8 Millionen Mark in die Wege leitete.

Hier ist die Geschichte Nr. 3

Wie man die Aufmerksamkeit eines Millionärs erregt

Wir alle wissen, dass eine der wichtigsten Herausforderungen im heutigen Geschäftsleben darin besteht, die Aufmerksamkeit der Kunden zu gewinnen. Der Kunde wird heute mit Werbepost, Faxangeboten, E-Mail-Nachrichten und natürlich den telefonischen

Anfragen geradezu bombardiert. Und diese Jagd nach der Aufmerksamkeit der Kunden ist umso schwieriger, je angesehener, kaufkräftiger und potenter diese Kunden sind.

Denn zum einen träumt wohl jeder gute Verkäufer davon, mit diesen ganz Großen ins Geschäft zu kommen. Zum andern stehen ihnen auch die besten Abwehrjäger in Form von Vorzimmerdamen oder Assistenten zur Verfügung. Also muss man sich etwas einfallen lassen, wenn man mit dieser Klientel in Kontakt kommen will.

Das folgende Beispiel ist etwa 80 Jahre alt, aber die Verkaufsergebnisse, die daraus entstanden, sind selbst heute noch schwindelerregend! Wenn Sie die Inflation richtig berücksichtigen, dann können Sie die angegebenen Dollarzahlen aus dem Jahr 1925 mit acht multiplizieren. Und dann ist der Verkaufserfolg, den dieser Verkäufer am ersten Abend seiner Karriere erzielte, wirklich „der reine Wahnsinn". Doch angefangen hatte alles mit einem Paar Schuhe.

Wie man Eindruck macht

Elmar Leterman, lange Jahre einer der besten Verkäufer Amerikas und Spezialist auf dem Gebiet von Showmanship, erzählt selbst von seinem sensationellen Einstieg ins Versicherungsgeschäft. Zuerst spricht er ganz allgemein über den Wert einer guten, exklusiven Kleidung als persönlichem Markenzeichen:

„Günstige Publicity gehört zu den Vorteilen, die sich bei zweckmäßiger Förderung des persönlichen Markenzeichens ergeben. Mir hat mein besonderes Kennzeichen noch einen psychologischen Vorteil gebracht: Ich weiß genau, dass ich bei jeder Gelegenheit ebenso gut angezogen bin wie alle anderen Anwesenden. Wenn ich mit einem Mann ein Geschäft über Zehntausende von Dollar abschließen will, dann weiß ich, dass ich nicht so aussehe, als ob ich diesen Auftrag dringend nötig hätte. Ich habe nie einen erstklassigen Verkäufer gekannt, der den Eindruck machte, als müsse er unbedingt einen Verkauf abschließen."[12]

Der aufsehenerregende Erfolg mit ein Paar Schuhen

Dann aber kommt er auf ein ganz exklusives Merkmal seiner Kleidung und seinen fantastischen Einstieg ins Versicherungsgeschäft zu sprechen. Er schreibt:

„Einen ganz beträchtlichen Geldsegen verdanke ich nur meiner individuellen Kleidung. Der größte Abschluss, den ich in meinem Leben getätigt habe, fing jedoch mit einem Paar meiner maßgefertigten Schuhe an. Damals war ich noch mit gutem Erfolg in der Wollbranche tätig und verbrachte den Juli in Trouville, einem Kurhotel in Long Beach, eine Autostunde von New York entfernt. Es war Hochsaison. Die städtische Prominenz und wohlhabende Bürger waren dort. Unter ihnen A. E. Lefcourt, der bekannte Architekt, der für Manhattans Silhouette mitverantwortlich ist.

An jenem Abend, als wir miteinander bekannt gemacht worden waren, standen Mr. Lefcourt und ich in der Halle des Hotels und unterhielten uns eine Weile. Immer wieder schaute er verstohlen auf meine Schuhe und sagte schließlich: ‚Das sind die elegantesten Schuhe, die ich in meinem Leben gesehen habe, junger Mann.‘

Ich dankte ihm für das Kompliment und bot ihm an, ihn zu meinem Schuhmacher mitzunehmen. „Wieviel kosten solche Schuhe?" fragte er. ‚150 Dollar.‘

Mr. Lefcourt verschlug es die Sprache. Am gleichen Abend kam er drei Mal mit irgendwelchen Freunden an meinen Tisch, damit sie sich die Schuhe ansehen sollten. Am nächsten Tag begegneten wir uns auf der Promenade und machten zusammen einen ausgedehnten Spaziergang. Er quälte mich förmlich mit Fragen über meine Kleidung. Aber über den Preis der Schuhe konnte er sich nicht beruhigen. Als Millionär, der sich aus eigener Kraft hochgearbeitet hatte, hatte er in seinem ganzen Leben nie mehr als acht Dollar für ein Paar Schuhe ausgegeben. Seine Neugier war geweckt und er wollte den Menschen näher kennen lernen, der zu solcher Verschwendung fähig war.

Der sensationelle Einstieg ins Versicherungsgeschäft

Nach dieser Begegnung wurden Mr. Lefcourt und ich gute Freunde. Wir essen seit einigen Jahren fast täglich gemeinsam zu Mittag. Er interessiert sich für mich und half mir bei vielen wichtigen Entscheidungen.

Als ich mich entschloss, ins Versicherungsgeschäft überzuwechseln, gab er ein großes Festessen, zu dem viele Leute aus seinem ausgedehnten Freundes- und Bekanntenkreis geladen waren. Er gab mir damit einen glänzenden Start für meine neue Tätigkeit. Mit seiner Hilfe schloss ich bei diesem Bankett Lebensversicherungen im Wert von 1,25 Millionen Dollar ab.

Aber das ist nicht das einzige, was Mr. Lefcourt für mich tat. Er ließ alle seine Bauten durch mich versichern. Er schlug sogar vor, dass wir am Ende der Namensschilder in jedem seiner Gebäude folgende Inschrift setzen sollten: ‚Dieses Gebäude ist wie alle anderen A.E. Lefcourt-Bauten durch Elmar G. Leterman versichert.'"[13]

Die Kunst der Selbstinszenierung

Ich weiß nicht, wie Sie zu diesem Beispiel stehen. Ob Sie eher ein nüchterner Typ sind und solche „Spielereien" ablehnen oder ob Sie von Natur aus Gefallen an einer solchen Selbstinszenierung finden.

Wenn Sie der nüchterne Typ sind, dann überlegen Sie bitte einen Moment lang, ob hinter der Ablehnung dieser bewussten Selbstinszenierung nicht vielleicht Ihre innere Einstellung steht, alle Leute abzulehnen, die etwas aus sich machen wollen, die auffallen wollen oder die originell sein wollen. Und warum? Weil Sie selbst vielleicht nicht den Mut haben, aufzufallen oder originell zu sein?

So ergeht es zumindest mir selbst in den ersten drei Sekunden, wenn ich auf solche „Showmen" treffe. Aber wenn ich es recht bedenke, dann ist das mein Problem und nicht das Problem dieser

Leute. Warum? Weil man sich dadurch einfach die Chance verbaut, andere auf sich aufmerksam zu machen.

Vielleicht sagen Sie jetzt: Man soll vor allem durch Leistung und Charakter auffallen! Das ist sehr lobenswert, aber ein langwieriger und knüppelharter Weg, der sich obendrein meistens nur bei den Genies auszahlt. Und wer ist das schon? Die beste Begründung für diese Art von Selbstinszenierung liefert daher Elmar Leterman gleich selbst. Er schreibt:

„Wenn Sie sich das vor Augen führen, dann bedenken Sie bitte, **dass bei der überwiegenden Mehrheit aller Fälle der entscheidende Unterschied in den Fähigkeiten der Menschen relativ gering ist**. Die Erfolgreichen wissen das. Und sie wissen, dass der wirkliche Unterschied nur darin besteht, dass die Erfolgreichen das Beste aus dem Wenigen machen, was sie haben."[14]

Der erste Eindruck beruht auf Äußerlichkeiten

Eine Möglichkeit, mit relativ wenig Mühe Kunden, Vorgesetzte und jeden, mit dem man in Berührung kommt, zu beeindrucken, besteht nun einmal darin, auf seine „äußere Wirkung" zu achten. Der Grund dafür ist ganz einfach: 99,99 Prozent aller Menschen bilden sich ihren „ersten Eindruck" von einem Menschen aufgrund der Art, wie er aussieht, wie er sich kleidet, wie er auftritt und wie er sich benimmt. Das beweist auch die berühmte Untersuchung des Psychologen Mehrabian über die „Sympathie beim ersten Eindruck". Er erkannte, dass die Sympathie beim ersten Eindruck von folgenden Faktoren abhängt:

1. zu 55 Prozent von der freundlichen Miene,
2. zu 38 Prozent von der positiven (emotionalen) Stimme und
3. nur zu 7 Prozent von der Sprache, also von dem, was man dabei sagt.

Also hängen 93 Prozent vom äußeren Eindruck ab!

Seien Sie daher realistisch und nutzen Sie diesen Sympathieeffekt für sich aus. Der ist zwar bei der Beurteilung von Menschen nicht sehr logisch, aber dafür psycho-logisch sehr wirkungsvoll! Und darauf kommt es an.

Machen Sie also jetzt einen kurzen Test, bevor Sie von den großen „big deals" träumen. Dann wissen Sie, wie fit Sie für die Ansprache der ganz großen Kunden sind.

Test: Wie sehr sind Sie im Einklang mit einer zahlungskräftigeren Zielgruppe?

Inwieweit stimmen sie hinsichtlich der folgenden 15 Kriterien bereits mit Ihrer angestrebten Zielgruppe der Top-Kunden überein?

1. **Kleidung:** Gibt es ein exklusives Merkmal, das Ihren Kunden positiv ins Auge sticht?
2. **Auto**: Symbolisiert es einen gewissen Wohlstand?
3. **Unterlagen:** Fallen sie den Kunden spontan durch ihre Exklusivität auf?
4. **Sport:** Treiben Sie einen Sport, bei dem Sie auch Kontakt zu Ihrer Top-Zielgruppe pflegen können (z. B. Golf)?
5. **Angebot:** Haben Sie ein „einzigartiges Angebot", mit dem Sie Ihren Kunden etwas Besonderes „versprechen" können?
6. **Kontakte:** Haben Sie bereits Kontakte zu bekannten oder prominenten Persönlichkeiten, von denen Sie auch privat (darauf kommt es an!) eingeladen werden?
7. **Investition:** Sind Sie bereit, wegen eines Auftrags mehr als 500 Kilometer auf Ihre Kosten zu fahren oder zu fliegen?
8. **Wohnung/Haus:** Wohnen Sie in einem Haus bzw. in einer Gegend, wohin Sie auch Ihre Kunden einladen können?
9. **Aussehen:** Sind Haarschnitt, Gesichtsfarbe, Nagelpflege und Aussehen so, dass Sie von anderen als dynamisch, interessant und gut aussehend bewertet werden?

10. **Klubs:** Sind Sie in einem Klub oder Verein, der eine gewisse Exklusivität ausstrahlt (z. B. Rotary, Lions etc.)?
11. **Souveränität:** Haben Sie die Sicherheit und Gelassenheit, auch über doppelt so hohe Abschlusssummen wie bisher zu sprechen?
12. **Risikobereitschaft:** Haben Sie bisher in Ihrem Leben etwas riskiert, das Sie über den Durchschnitt hinaushebt?
13. **Small Talk:** Sind Sie in der Lage, bei einer Garten-Party mit angesehenen Leuten mühelos ins Gespräch zu kommen? Haben Sie auch etwas Interessantes zu erzählen?
14. **Verkaufsstrategien:** Verfolgen Sie eine Verkaufsstrategie, die sich (sofort) von anderen unterscheidet?
15. **Ansprache:** Sind Sie in der Lage, auch Geschäftsführer und Vorstände mit Selbstsicherheit anzusprechen?

Gehen wir einen Schritt weiter:

Die folgenden Tipps bieten Ihnen nicht nur eine kurze, prägnante Zusammenfassung der wichtigsten Inhalte der letzten Kapitel, sondern auch die Chance, alle noch vorhandenen Umsatzreserven und Erfolgschancen zu erschließen.

Nutzen Sie diese Tipps! Lesen Sie sie nicht nur einmal durch, sondern werden Sie auch aktiv. Überlegen Sie so lange, bis Sie zu den wichtigsten Punkten klare Handlungsstrategien entwickelt haben.

Sehen Sie die gründliche Bearbeitung dieser Tipps, mit denen Sie Ihre Erfolgschancen optimieren können, auch als Beweis Ihrer Ernsthaftigkeit und Entschlossenheit an!

20 Tipps, wie Sie Ihre Top-Umsatzziele erreichen können

1. **Denken Sie größer!** Wagen Sie es, sich die Verdoppelung Ihrer Umsätze vorzustellen. Haben Sie nicht nur den Mut, sich diese Chancen vorzustellen, sondern fragen Sie sich auch: Was

muss ich tun, um sie zu erreichen? Wie könnte ich diese Schwierigkeiten überwinden? Sie können nur das Ziel erreichen, das Sie zuvor in Ihrer geistigen Vorstellung erreicht haben.

2. **Gehen Sie mit aller Entschlossenheit vor!** Streben Sie Ihr neues Umsatzziel mit hundertprozentigem Einsatz an! Begehren Sie es mit ganzem Herzen, denn Halbherzigkeit bewirkt nur ein zaghaftes Handeln. Beweisen Sie die absolute Ernsthaftigkeit Ihres Wollens.

3. **Verfolgen Sie konsequent Ihr Tagesziel!** Berechnen Sie ganz genau, was Sie pro Tag für Ihr Traumziel machen müssen: Wie viele Anrufe? Wie viele Termine? Wie viele Angebote? Wie viele Abschlüsse? Hören Sie nicht eher auf, bis Sie Ihr Tagessoll erfüllt haben. Denn nur durch konsequentes, resultatsorientiertes Handeln programmieren Sie Ihr Unterbewusstsein auf den Erfolg.

4. **Setzen Sie Ihre besten Strategien ein!** Führen Sie eine Statistik über Ihre besten Akquise- und Abschlussstrategien. Wenn Sie erkannt haben, dass Empfehlungen die besten Kontaktchancen und die ersten zwei Gespräche die meisten Abschlüsse versprechen, dann konzentrieren Sie sich auf diese Strategien. Je schneller Sie die besten Strategien entdecken, umso schneller erreichen Sie auch Ihre Umsatzziele.

5. **Schaffen Sie mehr verkaufsaktive Zeit!** Führen Sie auch eine unerbittliche Statistik über Ihre „echte Verkaufszeit". Erkennen Sie Ihre Zeitkiller (Sternfahrten, Kollegenschwätzchen, Fachlektüre, Suchen von Unterlagen etc.). Sehen Sie mehr verkaufsaktive Zeit als den wichtigsten Hebel für größere Umsätze an.

6. **Wappnen Sie sich gegenüber allen Schwierigkeiten!** Bereiten Sie sich von vornherein darauf vor, dass gerade bei großen Umsatzzielen Schwierigkeiten und Widerstände auftauchen. Durchdenken Sie im Voraus die besten Reaktionen darauf. Denn je besser Sie darauf vorbereitet sind, umso geringer ist Ihr Stress im Ernstfall und umso größer ist auch Ihr „ansteckendes" Selbstvertrauen.

7. **Erspüren Sie intuitiv die wahre Kundenmeinung!** Beobachten Sie den Kunden ganz genau – seine Miene, seine Gesten, seine Haltung, seine Stimme etc., um ein Gefühl dafür zu bekommen, was er wirklich will oder meint. Hören Sie auch ganz bewusst auf Ihre innere Stimme, wenn es darum geht, in kritischen Situationen genau die richtige Verhaltensweise zu wählen (z. B. den richtigen Moment für die Abschlussfrage).

8. **Machen Sie aus Kunden „aktive Freunde"!** Machen Sie aus kalten Kunden heiße Kunden, die für Sie zu aktiven Freunden werden und Sie konkret weiterempfehlen.

9. **Streben Sie Komplettlösungen an!** Bringen Sie Ihr komplettes Angebot ins Spiel. Überlegen Sie, was der Kunde wirklich alles braucht, um eine komplette Lösung seines Problems zu erreichen. Sie werden umso eher große Umsätze erreichen, je mehr Sie das Gefühl ausstrahlen, dem Kunden wirklich zu einer optimalen Komplettlösung verhelfen zu können. Sehen Sie sich von Anfang an als langfristiger Zukunftspartner Ihrer Kunden.

10. **Begeistern Sie sich jeden Tag für Ihre neuen Chancen!** Starten Sie jeden Tag mit Freude und Begeisterung. Überwinden Sie den toten Punkt beim Aufstehen, indem Sie sich schon am Vorabend mental auf den neuen Tag mit seinen Möglichkeiten, Chancen und Herausforderungen einstellen. Denn je begeisterter Sie sind, umso stärker können Sie Ihren Kunden mit Ihrer Begeisterung anstecken!

11. **Schaffen Sie zuerst eine persönliche Beziehung!** Schaffen Sie als Erstes eine gute persönliche Beziehung zu Ihren Kunden. Am besten, indem Sie sie nach ihren persönlichen Bedürfnissen, Problemen und Wunschvorstellungen fragen. Nur mit dieser individuellen Ansprache erreichen Sie eine persönliche Beziehung! Und damit Vertrauen, Sympathie und Glaubwürdigkeit – die unverzichtbaren Voraussetzungen für den Abschluss.

12. **Dramatisieren Sie Ihren Auftritt!** Machen Sie Ihren Auftritt so spannend, dass Sie der Kunde schon erwartet. Teilen Sie ihm z. B. kurz zuvor per Telefon, Fax, E-Mail eine Nachricht mit,

die ihn irgendwie elektrisiert. Schlagen Sie schon zuvor eine emotionale Brücke zu ihm, statt als Fremder aufzutreten.

13. **Erfahren Sie alles über Ihren Kunden!** Bringen Sie so viele persönliche Details wie möglich über den Kunden in Erfahrung. Beweisen Sie ihm dadurch, dass Sie sich wirklich mit ihm und seinen Wünschen identifizieren. Nur dann denkt der Kunde: Wenn sich dieser Verkäufer für mich interessiert, dann interessiere ich mich auch für sein Angebot!

14. **Erwähnen Sie nur die Produktvorteile, die passen!** Erwähnen Sie Ihre besten Produktvorteile und Referenzen erst dann, wenn Sie ganz genau wissen, dass sie zum Problem des Kunden passen. Denn Produktvorteile und Referenzen, die nichts mit seinem Problem zu tun haben, lösen nur Langeweile oder sogar Unwillen aus. Der Kunde spürt, dass Sie nicht auf sein individuelles Problem eingehen wollen.

15. **Lernen Sie alles über Ihre Wettbewerber!** Lernen Sie alles über die Wettbewerberangebote und finden Sie die Aussagen der Wettbewerber über Ihre Produkte heraus. Denn je mehr Sie über Ihre Wettbewerber wissen, umso sicherer fühlen Sie sich und umso besser können Sie im Ernstfall argumentieren.

16. **Verblüffen Sie Ihre Kunden durch Detailwissen!** Beweisen Sie dem Kunden Ihren persönlichen Mehrwert (bzw. Zusatznutzen), indem Sie ihn auf ganz bestimmte Probleme bei der praktischen Anwendung hinweisen, z. B. auf Schwächen bei den Wettbewerberprodukten, die aber bei Ihren Produkten ausgeschlossen sind. Je mehr es sich dabei um Probleme handelt, auf die der Kunde nie von selbst gekommen wäre, umso dankbarer wird er Ihnen sein.

17. **Machen Sie aus Erfolgen mehr Lebensqualität!** Machen Sie nie den Fehler, Ihre Familie und Ihre Freunde, Ihre Erholung und Ihre Regeneration, also Ihre wichtigsten Werte und Bedürfnisse, auf Kosten der Umsatzjagd zu vernachlässigen. Betrügen Sie sich nicht um die Früchte Ihrer Arbeit. Denn Ihr Unterbewusstsein wird sehr bald streiken, weil es eines Tages keinen Sinn mehr in einem hundertprozentigen Einsatz sieht.

18. **Üben Sie, was schwierig ist und wovor Sie Angst haben!** Versuchen Sie, möglichst viele Termine bei einer neuen Kundenzielgruppe zu bekommen – sei es durch Kauf oder Eigenakquise. Denn nur regelmäßige Termine geben Ihnen die Chance, möglichst schnell den richtigen Umgang mit diesen Kunden zu lernen. Und nur diese Übung gibt Ihnen Ihre unwiderstehliche Sicherheit.

19. **Versprechen Sie dem Kunden etwas Großes!** Entwickeln Sie durch Überlegung und Kreativität sowie unter Einsatz Ihrer Beratung, Ihres Service und Ihrer Betreuung ein „einzigartiges" Angebot, das nur Sie dem Kunden anbieten können. Profitieren Sie von der Magie des „großen Versprechens". Denn das (große) Versprechen auf eine bessere Zukunft ist die Seele des Verkaufs.

20. **Stärken Sie immer und überall Ihr Selbstvertrauen!** Lernen Sie aus Fehlern und Misserfolgen, aber werten Sie sich niemals ab. Denn Ihr Selbstvertrauen ist Ihr wichtigstes Kapital für den nächsten Versuch. Stoppen Sie daher auch den größten Motivationskiller: eine falsche Erwartungshaltung, z. B., dass sich der Kunde „fair verhalten muss". All das würde Sie nur unnötig frustrieren.

Ging es bei den 20 Tipps vor allem um die Entwicklung optimaler Erfolgseigenschaften und Strategien, so geht es im folgenden Test ganz konkret darum, zu prüfen, ob Sie bisher schon alles unternommen haben, um Ihre Verkaufsergebnisse zu verbessern.

Test: Tun Sie bereits alles, um Ihre besten Umsatzreserven auszuschöpfen?

Fragen Sie sich nicht nur einmal, sondern immer wieder: Tue ich wirklich alles, um meine Umsatzchancen auch voll zu nutzen?

Die folgenden 20 Fragen bieten Ihnen, unabhängig von Ihrem Angebot, Ihrer Firma, Ihrer Kundenzielgruppe und Ihren Verkaufsstrategien, die Gelegenheit, Ihre besten Umsatzreserven zu erkennen und optimal auszuschöpfen. Mit diesen 20 Testfragen halten Sie die wirkungsvollsten Hebel zu ungeahnten Verkaufsergebnissen in Händen.

	ja	teil-weise	nein
Haben Sie sich bisher schon mehrmals und intensiv die Verdoppelung Ihres Umsatzes und die Überwindung möglicher Schwierigkeiten vorgestellt (statt sofort „abzuwinken")?			
Sind Sie innerlich bereit, mit voller Entschlossenheit und hundertprozentigem Einsatz Ihr großes Umsatzziel anzustreben (statt die Sache nur halbherzig anzugehen)?			
Wissen Sie ganz genau, was Sie pro Tag an Anrufen, Terminen, Besuchen und Abschlüssen machen müssen, um Ihr neues Umsatzziel zu erreichen (statt einfach nur draufloszugehen)?			
Führen Sie bereits eine Statistik, um Ihre Kontakt- und Abschlussquoten zu ermitteln und so Ihre erfolgversprechendsten Kontakt- und Abschlussstrategien zu erkennen (statt sich nur auf Ihr Gefühl zu verlassen)?			
Kontrollieren Sie jeden Tag Ihre Zeitplanung, um ein Maximum an aktiver Verkaufszeit herauszuholen (statt die Dinge so zu nehmen, wie sie kommen)?			
Haben Sie sich bei Ihren neuen Umsatzzielen mental schon auf mögliche Schwierigkeiten und Widerstände eingestellt und sich überlegt, wie Sie sie überwinden können (statt allein auf Ihre Spontanität zu vertrauen)?			

	ja	teil-weise	nein
Beobachten Sie Ihre Kunden hinsichtlich Miene, Gestik, Stimme und Auftreten schon so genau, dass Sie intuitiv erspüren, was sie „wirklich" denken und wollen (statt vor allem auf Ihren eigenen guten Eindruck zu achten)?			
Können Sie zufriedene Kunden so stark für sich begeistern, dass sie sogar zu aktiven Freunden werden, die für Sie verkaufen (statt sich nur um den Abschluss zu kümmern)?			
Denken Sie bei neuen Kunden von vornherein an eine Komplettlösung ihres Problems (statt nur den schnellstmöglichen Einzelauftrag anzustreben)?			
Starten Sie jeden Tag mit dem Gefühl der Freude, neue Chancen, Möglichkeiten und Herausforderungen erleben zu können (statt sich nur mit Mühe aus dem Bett zu quälen)?			
Fragen Sie Ihre Kunden vor jeder Produktvorstellung zuerst nach ihren fachlichen Problemen und persönlichen Wunschvorstellungen, um eine gute persönliche Beziehung herzustellen (statt sofort Ihre Produkte vorzustellen)?			
Dramatisieren Sie auch Ihren Auftritt, um die Erwartungshaltung des Kunden zu steigern und mit Neugierde empfangen zu werden (statt sich nur um das pünktliche Erscheinen zu kümmern)?			
Versuchen Sie schon vorher, möglichst viele Details über den Kunden in Erfahrung zu bringen, um ihm zu beweisen, dass Sie sich wirklich mit seinen Problemen identifizieren (statt sich erst im Gespräch mit den Kundenproblemen zu befassen)?			

	ja	teil-weise	nein
Erwähnen Sie Ihre wichtigsten Produktvorteile und Referenzen erst dann, wenn Sie ganz genau wissen, was sich der Kunde wünscht und ob sie zu der erwünschten Problemlösung passen (statt sofort damit herauszuplatzen)?			
Bemühen Sie sich, alles über die Produkte der Wettbewerber und die Aussagen der Wettbewerber über Ihre eigenen Produkte zu erfahren (statt sich nur auf Ihre eigenen Produkte zu konzentrieren)?			
Können Sie dem Kunden einen persönlichen Zusatznutzen bieten, indem Sie ihn auf besondere Vorteile Ihres Angebots sowie auf bestimmte Wettbewerberprobleme aufmerksam machen, die er ohne Sie nicht gesehen hätte (statt allein über Ihre Produkte zu reden)?			
Trainieren Sie ganz bewusst bestimmte Schwierigkeiten bzw. Herausforderungen (wie z. B. die Neukundenakquise), um absolut sicher zu werden (statt die täglichen Gespräche schon für ein ausreichendes Training zu halten)?			
Können Sie dem Kunden ein „einzigartiges" Angebot anbieten, das zugleich ein großes Versprechen enthält (statt sich nur auf Ihre Katalogangebote zu verlassen)?			
Können Sie Misserfolge und Niederlagen ohne jede Beeinträchtigung Ihres Selbstvertrauens und Ihrer Initiativkraft wegstecken (statt innerlich zu resignieren)?			
Reservieren Sie von vornherein bestimmte Zeiten für Ihre Familie, Ihre Freunde, Ihre Erholung und Ihre Hobbys (statt sich im Erfolgsstreben zu verlieren)?			

Auswertung:

Da es sich um 20 Fragen handelt, sollten Sie jede Ja-Antwort mit fünf Prozent bewerten. Wenn Sie also 10 Ja-Antworten erreicht haben, dann haben Sie bisher Ihre Umsatzchancen erst zu 50 Prozent ausgenutzt!

Wenn Sie weniger als 50 Prozent erreicht haben, dann haben Sie Ihre wahren Umsatzchancen noch nicht einmal „angekratzt". Dann stehen Ihnen wirklich unglaubliche Erfolgschancen offen, sofern Sie sich jetzt um aktive Verbesserungsstrategien bemühen.

In meiner Beratung habe ich immer wieder die Erfahrung gemacht, dass quasi jede weitere Ja-Antwort, die über die 50 Prozent hinausgeht, doppelt so wertvoll ist wie die bisherigen. Denn hier kommt der Synergieeffekt zum Tragen, der Ihnen nicht nur das so wichtige Gefühl der Kompetenz und der Kontrolle, sondern auch das Gefühl des Selbstvertrauens und der Selbstsicherheit gibt.

„Du musst es von dir selbst erwarten,
nur dann wirst du es tun
– und auch schaffen."
Michael Jordan,
weltbester Basketball-Spieler

13. Kapitel

Erfolg und Lebensglück durch bewusste Selbststeuerung

Wie man als gelernter Maurer 20 Jahre lang die Nr. 1 einer Versicherung bleibt

Die Karriere von Hans Thaler ist für jeden, der es im Beruf und im Leben zu etwas bringen will, ein ungewöhnlich positives Lehrbeispiel. Aufgewachsen als sechstes Kind auf einem Bauernhof, gab es für ihn zunächst nur eine Aufgabe: von früh bis spät auf dem elterlichen Hof mitzuarbeiten. Sein einziges Vergnügen während der öden Stall- und Feldarbeit war das Nachträllern populärer Schlager seiner Zeit.

Mit 17 fängt das Leben an

Doch plötzlich – mit 17 Jahren – geschah etwas Entscheidendes. Ohne jemals zuvor auf einer Bühne gestanden zu haben, hatte er den Mut, in einem riesigen Bierzelt vor 400 Leuten sein Lieblingslied „Rote Lippen soll man küssen" zu singen. Spontan forderte der Kapellmeister ihn auf, ein Instrument zu lernen und sich der Kapelle anzuschließen. Und wieder hatte Hans Thaler den Mut und startete (nebenberuflich) eine Musikkarriere.

Doch beruflich sahen die Chancen mit seiner Volksschulbildung nicht besonders rosig aus. So wurde er Maurer, bis ihm eines Tages sein Onkel anbot, sich selbstständig zu machen und eine Versicherungsagentur zu übernehmen. Damit begann seine zweite Karriere, die ihn ganz nach oben bringen sollte: Seit 20 Jahren ist er nun die Nr. 1 seiner Versicherung, hat alle Wettbewerbe gewonnen, hat sich ein großes Haus mit Büro gebaut, in dem acht Mitarbeiter sitzen, und hat letztes Jahr neben anderen Versicherungen und Kapitalanlagen allein für über 12 Millionen Mark Lebensversicherungen abgeschlossen.

Die Sieger nehmen die neuen Trends vorweg

Im Gespräch mit ihm fällt mir eines sofort ganz stark auf: Alle die modernen Begriffe, die heute im Bereich von Marketing und Verkauf herumschwirren wie aufgeregte Mücken an einem Sommerabend, wie z. B. Eventmarketing, Customer-Relationship-Management, Customer-Success-Strategie oder Permission-Marketing, all das macht Hans Thaler schon seit Jahren instinktiv.

Nach jahrelanger Beschäftigung mit den Siegern im Verkauf, also den absoluten Spitzenverkäufern, stelle ich heute fest:

> **Alle diese neuen Trends mit den fantasievollen Namen, die uns als das Nonplusultra des modernen Marketings und Verkaufs angepriesen werden, haben die Sieger instinktiv schon seit Jahren vorweggenommen!**

Es ist also nicht so, dass die Top-Verkäufer als Erste die neuen Trends übernehmen, sondern umgekehrt: Die Sieger gehen bereits instinktiv die neuen Wege, die dann von den Marketing- und Verkaufsgurus als neue Trends mit wissenschaftlichen Namen versehen und als zukunftsweisende Offenbarungen verkauft werden.

Dazu ein Beispiel:

Hans Thaler kennt wahrscheinlich mit Sicherheit nicht den neuesten Begriff im Verkauf, das „Permission-Marketing". Auf deutsch heißt das, dass man den Kunden nicht überrumpeln darf, sondern von Stufe zu Stufe, also von der Aufmerksamkeitsgewinnung bis zum Abschluss, bei ihm die Erlaubnis für den nächsten Schritt einholen soll.

Und was tut Hans Thaler? Wortwörtlich sagte er über sein Vorgehen im Verkaufsgespräch: „Zuerst einmal spüre ich, ob mir der Kunde erlaubt, dass ich mich kurz fasse. Das ist wichtig, denn wenn ich den Kunden kurz berate, dann wird er mir auch nicht müde."

Sieger verzichten also auf all diese hochgestochenen Marketingausdrücke, aber dafür nehmen sie diese Trends nicht nur vorweg, sondern setzen sie in ihrer praktischen Verkaufsarbeit auch voll um.

Ich habe daher auch in diesem Interview die Aussagen von Herrn Thaler in seiner einfachen und direkten Art wiedergegeben, ohne sie „auf modern" umzufrisieren. Aber wenn Sie sie genau lesen, dann werden Sie all die neuen Trends in ihnen finden, die heute in den Verkaufszeitschriften und -büchern als der „letzte Schrei" moderner Verkaufswissenschaft angepriesen werden.

Und genau das ist der Punkt, der diese Interviews mit Siegern für Sie so interessant macht.

Was können Sie von den Siegerinterviews lernen?

Es sind fünf entscheidende Vorteile:

1. Sie lernen so die neuesten Trends kennen, denn alle Interviews sind brandaktuell.
2. Sie wissen außerdem sofort, wie und auf welche Weise sie sich in der Praxis bewährt haben und wie auch Sie sie optimal nützen können.

3. Sie erreichen dadurch einen enormen Zeitvorsprung, denn viele dieser faszinierenden Erfolgsstrategien werden vielleicht erst in einigen Monaten oder Jahren plötzlich als Mega-Trends populär werden. Sie aber können schon heute davon profitieren.
4. Sie brauchen nicht jedem neuen Trend und jedem neuen Marketing-Guru hinterherzulaufen, sondern können sicher sein, dass Sie damit die besten Siegerstrategien anwenden, die es zur Zeit auf der Welt gibt.
5. Sie können sich mit den Siegern und ihren Strategien wirklich identifizieren, denn sie haben ihre Erfolge unter denselben Schwierigkeiten und den gleichen Umständen geschafft, mit denen auch Sie tagtäglich zu tun haben. Und sie sind der beste Beweis dafür, dass auch Sie es mit ihren Strategien ganz nach oben schaffen können.

Halten wir also noch einmal fest:

Sieger übernehmen nicht die Trends der Zukunftsforscher, sondern sie nehmen instinktiv die Trends der Zukunft voraus!

Diese Fähigkeit, instinktiv die Zukunft vorwegzunehmen und genau die Trends zu erkennen und die Strategien anzuwenden, die den Nerv der Zeit treffen, ist für jeden Menschen – privat wie beruflich – ein absoluter Gewinn. Selbst für die, die schon erfolgreich sind. Denn hier geht es um die richtigen, zeitgemäßen „Gesetze des Erfolgs". Und nur sie sind letztlich für den beruflichen Höhenflug von entscheidender Bedeutung.

Genau das beweist auch der unglaubliche Aufstieg von Hans Thaler in der nächsten Geschichte.

„Ich sage mir jeden Tag,
dass wir die Stärksten sind!"

„Herr Thaler, bevor wir über Ihren großen Erfolg sprechen, möchte ich Sie als Erstes nach den drei wichtigsten Gründen für Ihren Erfolg fragen. Wie sehen die aus?"

„Der erste ist für mich immer der Fleiß. Ohne den kommt nichts zustande! Der zweite Grund ist sicher mein Bemühen, möglichst viele Kunden optimal zu versichern. Und der dritte Grund ist wohl, dass ich alles tue, um mit dem Geld meiner Kunden möglichst überlegt und verantwortungsbewusst umzugehen."

„In Ihrem Geschäft – dem Verkauf von Versicherungen und Kapitalanlagen – ist eine dauerhafte positive Einstellung das Allerwichtigste. Denn nur Leute, die sich dauerhaft motivieren können, haben auch auf Dauer Erfolg. Haben Sie ein Geheimrezept dafür?"

„Das gibt es wohl nicht. Dazu gehört schon mehr. Aber eins mache ich: Ich rede ich mir z. B. jeden Tag ein: **Alles, was ich mache, mache ich gut!** Das sage ich auch vor jeder Kundenberatung zu mir. Und so habe ich keine Zweifel!"

„Und wenn Sie trotzdem Misserfolge haben?"

„Dann sage ich mir: ‚Da musst nicht unbedingt du Schuld daran sein!', wenn z. B. ein Versicherungsschaden schlecht abgewickelt wurde. Aber dann setze ich all meine Kraft ein, um den Kunden zufrieden zu stellen. Und wenn es einmal nicht so klappt, dann baue ich mich ganz gezielt durch positive Sprüche wieder auf, indem ich mir z. B. sage: ‚Ich bin stark! Ich bin ein wertvoller Mensch!' Oder auch: ‚Ich bin zu wertvoll, als dass ich mich für das Geschäft kaputtmache!'"

Neben dem bewussten Umgang mit sich selbst beweist Hans Thaler damit, dass er auch ein echter Optimist ist. Und das ist notwendig. Denn ohne Optimismus kann man sich im Versicherungsgeschäft nicht behaupten. Pessimisten würden sich z. B. nach Misserfolgen sofort allein die Schuld geben und hätten dadurch keine Kraft mehr, die Scharte durch einen exzellenten Service auszubügeln.

„Sie haben mir vorhin erzählt, dass Sie Ihren Kunden einen weit überdurchschnittlichen Service bieten. Warum hat der Service einen so hohen Stellenwert für Sie?"

„Zum einen, weil ich hundertprozentig hinter einem guten Service stehe. Und zum anderen, weil der Kunde es verlangt. Sonst könnte er sich ja gleich am Telefon zu den günstigsten Tarifen versichern! Und ich könnte mich bei diesem Kunden nicht mehr wohl fühlen. Und das ist für mich ganz wichtig! **Denn ich glaube, erfolgreich zu sein, heißt vor allem, für andere nützlich zu sein.**"

„Versicherungen zu verkaufen ist ja nicht so einfach. Erfolg und Misserfolg wechseln sich oft schneller ab als Sonne und Regen im April. Was tun Sie, um sich immer wieder neu zu motivieren, beispielsweise am Morgen, beim Aufstehen?"

Der optimale Start am Morgen

„Ich habe – meistens sogar ohne mein Zutun – fast jeden Tag in der Frühe ein starkes, warmes Gefühl, das in mir aufsteigt. Dann sage ich zu mir: ‚Heute wird ein toller Tag, auf den ich mich freue und der für mich sehr erfolgreich wird.'"

„Haben Sie dieses positive Gefühl jeden Morgen?"

„Nein, ich habe es dann nicht, wenn ich von etwas gequält werde."

„Können Sie mir das ein wenig näher erklären?"

„Am Anfang der Woche, also am Montag oder Dienstag, oder vor einer schwierigen Zeit, wenn z. B. das Büro dünn besetzt ist oder jemand von der Familie krank ist oder wenn Großschäden angesagt sind, die mir Angst machen, also immer wenn ich viel Kraft benötige, fehlt mir dieses spontane positive Gefühl. Dann baue ich mich ganz bewusst auf."

„Wie gehen Sie dabei vor?"

„Zum einen nehme ich schon die ersten ängstlichen Gedanken sofort bewusst wahr. Und dann gehe ich mit gezielten Autosuggestionen dagegen an. Dann sage ich mir: ‚Das schaffe ich schon! ... Ich bin stark! ... Ich habe bisher alles geschafft! ...' Und dabei erinnere ich mich auch an positive Bestätigungen!"

„Was meinen Sie mit positiven Bestätigungen? Können Sie mir dafür ein Beispiel geben?"

„Vor einiger Zeit sagte mein Nachbar zu mir: ‚Du Hans, was ich dir schon lange sagen wollte: Was du hier mit deinem Geschäft aufgebaut hast, das ist wirklich toll! Es ist sehr schön, zu dir ins Büro zu kommen und beraten zu werden. Da fühlt man sich wirklich wohl. Das ist absolute Klasse. Das wollte ich dir einmal sagen!'"

Wir erkennen daraus:

> **Erfolgreiche Leute erinnern sich gerade in schwierigen Zeiten wieder an ihre früheren Erfolge, während den Pessimisten nur ihre früheren Misserfolge einfallen, die sie noch weiter herunterziehen.**

„Was bedeutet die Anerkennung des Nachbarn für Sie konkret? Hat das auch etwas mit Ihrem beruflichen Erfolg zu tun?"

Ein guter äußerer Eindruck macht sich bezahlt

„Es zeigt mir, dass wir jetzt angesehene Geschäftsleute sind. Für die Bewohner im Ort bin ich jetzt nicht mehr nur irgendein Versicherungsmann, der sein Büro im Wohnzimmer hat, sondern durch mein Haus und mein großes Büro beweise ich ihnen, dass ich voll hinter meinem Beruf stehe und auch fähig bin, ihnen in Zukunft den Service zu bieten, auf den sie Wert legen. Und das ist für sie am wichtigsten! Denn die fragen sich doch bei jedem Abschluss: Wie lange bleibt der noch da? Ist der auch noch da, wenn ich ihn brauche?"

„Aber so ein Betrieb mit acht Mitarbeitern, Hunderten von Kunden und oft sehr schwierigen Großschäden ist doch nicht einfach zu führen. Da sind doch Ärger und Stress geradezu vorprogrammiert. Wie schützen Sie sich davor? Was tun Sie, um nicht aus dem seelischen Gleichgewicht zu geraten, sondern trotzdem gelassen zu bleiben?"

Die Kunst der inneren Gelassenheit

„Dafür habe ich verschiedene Maßnahmen. Ich habe mir z. B. nie bestimmte Umsatz- oder Einkommensziele gesetzt. Ich habe das immer auf mich zukommen lassen. **Ich will nicht wegen eines Herzinfarkts im Krankenhaus liegen.** Mein Ziel ist: Ich will in Ruhe mein Geld verdienen und meine Gesundheit bewahren. Deshalb habe ich auch acht Mitarbeiter. Ich möchte nicht, dass das Büro unterbesetzt ist und ich mich dabei aufarbeiten muss oder dass aufgrund der Überforderung permanent eine gereizte Atmosphäre herrscht."

„Und was machen Sie, wenn z. B. ein Kunde am Wochenende anruft?"

„Dann rege ich mich auf keinen Fall auf! Ich behandle ihn genauso freundlich wie unter der Woche. Sonst würde ich mich ja ärgern. Und wenn ich schon am Telefon bin, dann kann ich auch freundlich sein. Aber ich sage ihm dann, dass er am Montag ins Büro kommen soll, denn da ist seine Beraterin wieder da und hat alle seine Unterlagen zur Hand."

„Aber es gibt doch auch ausgesprochen unangenehme Kunden. Wie gehen Sie mit denen um?"

„Fehler von anderen Menschen berühren mich überhaupt nicht. Ich sehe es als meine Aufgabe an, Brücken zu schlagen. Also schlage ich für jeden Kunden eine Brücke.

Was die arroganten Kunden betrifft, das sind ja meistens die unangenehmsten, so lasse ich die nicht an mich heran. Vor allem lasse ich sie nicht in mich hinein. Denn das würde mir sehr viel Kraft rauben. **Ich habe da eine 10 Zentimeter dicke Stahlwand in mir und durch die lasse ich nichts hindurch.**"

„Können Sie mir ein Beispiel aus der Praxis dafür geben?"

„Ja, eines Tages beschwerte sich meine Frau bei mir, dass die Kunden einer Musiklehrerin, die im Nachbarhaus wohnt, immer auf unserem Firmenparkplatz parken. ‚Geh doch rüber zu ihr‘, forderte sie mich auf, ‚und sag ihr, dass sie nicht mehr bei uns parken dürfen.‘ – ‚Nein‘, sagte ich, ‚das werde ich nicht tun. Das werden unsere neuen Kunden!‘

Ich sage mir dabei immer: Was bringt es mir, wenn ich mich ärgere? Vor allem in Gegenwart anderer. Dann fühle ich mich nicht mehr wohl! Wenn ich also schimpfen will, dann schimpfe ich alleine. Und daher habe ich es mir auch zum festen Grundsatz gemacht: **Ich lasse nichts in mich rein, was mir schaden würde! Und ich lasse nur das heraus, was mir und anderen nützt!**"

„Das ist sicher ein sehr schönes Ziel. Aber ist es auch immer so leicht zu erreichen? Was machen Sie z. B., wenn Sie mit einem echten Problem, etwa einem schwierigen Großschaden, konfrontiert werden?"

„Gerade in der letzten Woche hatte ich einen solchen Großschaden zu bearbeiten. Der Kunde war ziemlich wütend, denn der Firmenberater unserer Gesellschaft hatte ihn schlecht beraten und weigerte sich nun, für einen Restschaden von über 10.000 Mark aufzukommen. Was sollte ich jetzt tun? Den eigenen Firmenberater angreifen? Ihm seinen Fehler vorhalten? Ihn zur vollständigen Schadensregulierung zwingen, obwohl ich weiß, dass ich in Zukunft weiter mit ihm zusammenarbeiten muss? – Ich ging anders vor: Ich zahlte dem Kunden aus eigener Tasche 5.000 Mark und lieh ihm noch meinen BMW, was nach den Vermietsätzen der Autoverleiher weitere 8.000 Mark ausmachte. Aber gegenüber meinem Firmenberater sagte ich kein einziges Wort mehr."

„Warum waren Sie so großzügig?"

„Aus zwei Gründen: Zum einen wollte ich nicht, dass der Kunde sauer ist und mir andere Kunden verdirbt. Und zum andern dachte ich mir: vielleicht schließt der Kunde neue Verträge ab, wenn er sieht, wie großzügig du bei der Kulanz bist.'"

„Hat er das auch getan?"

„Ja, er hat zur gleichen Zeit zwei Neuverträge abgeschlossen, so dass die 5.000 Mark schon wieder drin waren. Und den Rest habe ich als Investition in meine Lebensqualität angesehen."

„Und wie haben Sie den Ärger über den Firmenberater weggedrückt?"

„Ich habe zu mir gesagt: ‚Ich verzeihe dir, du Oberdepp!' Und dann weiter: ‚Vergiss es! Das ist jetzt vorbei! Es bringt dir absolut nichts, noch weiter nachzutarocken.' Ich wusste, an den komme ich nicht ran. Und wenn ich ihn angreife, dann habe ich für alle Zeiten bei ihm verspielt. Und was ist, wenn ich ihn wieder für größere Kunden brauche?

Ich hatte das Gefühl: Wenn jetzt irgendetwas zurückbleibt, dann wird er mir niemals mehr helfen! Und dieses Gefühl würde mich dann jeden Tag schwächen. Also sagte ich zu mir: ‚Mach reinen Tisch. Denn wenn du jetzt anfängst, dich auf solche Streitereien einzulassen, dann werden die immer mehr. Dann wird der Berg immer höher! **Dann wirst du dich eines Tages überhaupt nicht mehr von solchen Ärgernissen befreien können.** Und die seelischen Belastungen werden immer größer!‘"

Das ist wirklich Psychologie vom Feinsten! Und wir erkennen daraus:

> **Nur wer bereit ist, in sich hineinzuhorchen und seine Bedürfnisse und seine Stimmungen ernst zu nehmen, kann bewusst und erfolgreich mit sich umgehen!**

Die beste Zeit für Verkaufsabschlüsse

„Setzen Sie im Verkauf spezielle Strategien ein?"

„Natürlich. Ich habe z. B. meinen Betrieb so organisiert, dass die schwierigen Gespräche, bei denen wir ein Ja des Kunden brauchen, vor allem vor seinem Urlaub oder vor dem Wochenende geführt werden. Da ist der Kunde besonders aufgeschlossen, einen Vertrag zu unterschreiben. Das ist zumindest mein eigenes Gefühl und nach das beachte ich sehr stark."

„Ein großes Problem in Ihrer Branche ist ja der Zeitaufwand. Denn je mehr Stammkunden man hat, umso weniger Zeit hat man für neue Kunden. Wie haben Sie dieses Problem gelöst?"

„Früher hat man uns immer beigebracht, dass wir zum Kunden gehen müssen, da die Kunden nicht zu uns kommen. Eines Tages aber habe ich mich gefragt: Stimmt das denn? Denn oft genug habe ich erlebt, dass der Kunde – als ich bei ihm auftauchte – noch schnell seine Wohnung aufräumen oder bestimmte Unterlagen suchen musste. Wäre es da nicht besser, wenn der Kunde in unser Büro käme? Seit dieser Zeit sage ich zu jedem neuen Kunden schon am Telefon: ‚Was ist Ihnen lieber? Wollen Sie zu mir ins Büro kommen oder soll ich Sie besuchen?‘ Das funktioniert. Auch die größten Kunden kommen gerne zu uns. Und heute sind wir die Agentur, zu der mit Abstand die meisten Kunden kommen!

Zögert einer, brauche ich nur noch hinzufügen: ‚Meine Mitarbeiter rechnen Ihnen im Büro alles super aus, schneller und gewissenhafter, als ich das bei Ihnen kann!‘"

„Was haben Sie aus dieser Erfahrung gelernt?"

„Man darf einfach nicht jedes Vorurteil übernehmen. Man muss den Mut haben, seine eigenen Erfahrungen zu machen."

„Hat Ihnen auch Ihre Musikleidenschaft, also Ihr Auftreten bei einer Band, beim Verkaufen geholfen?"

„Natürlich. Aber nur, weil mir schon immer der Kontakt zu den Menschen gefallen hat. Deshalb war ich auch so beliebt als Musiker."

„Und wie hat das Ihren späteren Werdegang als Versicherungsverkäufer beeinflusst?"

„Viele Gäste haben uns immer wieder mal einen Schnaps spendiert. Aber den haben wir natürlich nicht selbst getrunken. Das war ja unmöglich. Da bin ich dann mit dem Tablett zu dem Spender und seinen Gästen gegangen und habe den Schnaps wieder an sie verteilt. ‚Wollt ihr einen Schnaps?‘, habe ich sie gefragt und keiner hat nein gesagt. Aber ich habe dabei auch immer versucht, mit den Leuten zu reden und ins Gespräch zu kommen. So haben sie mich persönlich kennen gelernt. Das ist ganz wichtig. Auf diese Weise habe ich mir nicht nur einen Namen gemacht, sondern auch gleich eine ganz wichtige Erkenntnis gewonnen: **Wenn du mit den Leuten sprichst, dann musst du etwas geben, um sie zu begeistern!**"

„Treten Sie auch heute noch mit Ihrer Band öffentlich auf, um Ihren Bekanntheitsgrad zu vergrößern und Ihre Kontakte zu verstärken?"

„Nein, nach 30 Jahren ist die Belastung zu groß. Heute mache ich es zusammen mit meiner Frau nur noch als Hobby bei privaten

Anlässen. Aber dafür habe ich meinen Kunden eine CD mit drei Liedern von mir geschenkt. Quasi als Erinnerung und als Danke-schön für diese schöne Zeit."

Anpassungsfähigkeit hoch drei!

„Wie stellen Sie sich bei neuen Kunden vor, damit sie sofort Vertrauen zu Ihnen gewinnen und wissen, dass sie bei dem richtigen Versicherungsvertreter sind?"

„Ich sage ihnen, dass ich seit 30 Jahren in Branche arbeite, dass wir den besten Kundenservice liefern, dass wir mit diesem Konzept sehr erfolgreich sind, dass wir das größte Kompaktbetreuungssystem im Umkreis haben und dass ich mir vorstellen könnte, dass wir auch ihm helfen können."

„Eine der beliebtesten Verkaufsmethoden in der Versicherungsbranche ist, ‚mit dem Sargdeckel zu klappern', um dem Kunden Angst einzujagen. Machen Sie das auch?"

„Diese harten Verkaufsmethoden werden heute nur noch von Drückern eingesetzt. Für mein Ziel, langfristige Kundenbeziehungen aufzubauen und dafür zu sorgen, dass sich der Kunde wohl fühlt, wäre das tödlich. Ich gehe anders vor: Die erste Vorstellung mache ich eher weich, also zurückhaltend, mit freundlicher Stimme und entspannter Körperhaltung. Erst danach – im Mittelteil – setze ich mehr Kraft ein, aber nicht um Angst zu schüren, sondern um die Notwendigkeit und Wichtigkeit der Versicherung dem Kunden bewusst zu machen. Zum Schluss werde ich dann wieder weich und zurückhaltend."

„Eine große Bedeutung kommt bei der Überzeugungsarbeit auch der Anpassungsfähigkeit des Verkäufers zu. Wie gehen Sie da vor?"

„Meine Vorstellung ist: **Ich möchte immer in die Rolle schlüpfen, die am allerbesten zu meinem Kunden passt.** Dazu gehört keine überzogene Kleidung, aber dafür ständiger Augenkontakt, damit Vertrauen entsteht. Und das ist entscheidend. Deshalb sage ich auch öfters ganz bewusst zu ihm: ‚Sie können Vertrauen zu mir haben, denn ich mache es schon seit 30 Jahren!' Ich setze dieses Vertrauen voraus. Aber ich schmeichle ihm nicht."

„Wie viel reden Sie selbst, wie viel der Kunde?"

„Ich versuche vor allem, den Kunden reden zu lassen – mit dem Ziel, Zeit zu gewinnen und zu erkennen, wie ich mich am besten anpassen kann! Es ist immer besser, wenn der Kunde viel von sich erzählt. Denn wenn ich zu viel rede, dann besteht die Gefahr, dass ich vielleicht zu egoistisch werde oder dass ich zu sehr von mir und meinen Erfolgen erzähle. Dann wird der Kunde vielleicht neidisch, spürt meine Überlegenheit und zieht sich zurück."

„Aber es gibt doch noch einen anderen Grund, warum Sie den Kunden mehr reden lassen?"

„Natürlich! Ich will ihm zuhören. Und während der Kunde erzählt, überlege ich, was ich ihm anbieten kann, was für ihn wichtig ist und was für ihn notwendig ist.

Nehmen wir als Beispiel die Beratung eines 16-jährigen Schulabgängers, also eines Idealkunden, wobei ich das immer im Beisein der Eltern mache.

Da kommt zuerst die weiche Vorstellung, dann das Herantasten an seine Persönlichkeit und zuletzt eigentliche Anlass. Dabei sehe und wecke ich den großen Bedarf. Ich stelle ihm dann mit Nachdruck und Eindringlichkeit die Idee vor, dass mein Produkt sein ganzes Leben schützt. Dadurch wird er sofort wach! Er ist mit größtem Interesse dabei, wenn wir seine nächsten 30 Jahre durchgehen."

Eine wichtige Zielgruppe

„Die Schulabgänger scheinen für Sie eine sehr wichtige Zielgruppe zu sein? Was machen Sie für die alles?"

„Erst vor einigen Tagen habe ich meine Praktikantin mit 90 Briefen zur Post geschickt. Die gingen alle an Schulabgänger, die im Herbst nächsten Jahres eine Lehre beginnen.

In dem Brief schrieb ich jedem, dass ich im April wegen einer Gesamtberatung auf ihn zukomme. Und zum Abschluss wünschte ich ihm und seinen Eltern frohe Weihnachten. Solche Briefe sind gerade vor dem Urlaub oder den Weihnachtstagen am wirkungsvollsten.

Ich mache auch vor Weihnachten die meiste Werbung in der Zeitung. Warum? Weil die Leute an den Weihnachtstagen die dreifache Zeit zum Lesen haben."

„Versenden Sie auch Geschenke an Ihre Kunden?"

„Ich habe dieses Jahr für 10.000 Mark Kundengeschenke gekauft. Allein für 3.000 Mark Abschleppseile bei Tchibo, die ideale Erinnerung an eine Kfz-Versicherung. **Alle diese Geschenke und die Werbung sollen dem Kunden den Eindruck vermitteln: ‚Der Thaler ist der Stärkste!‘**

Allerdings gebe ich mir mit meinen Geschenken große Mühe. Die ortsansässige Bank hat z. B. den Schulabgängern nur einen Leitz-Ordner geschenkt. Ob der die Schulabgänger begeistert? Ich habe für sie als Geschenk einen kompletten Werkzeugkasten für rund 60 Mark gekauft. Wenn ich dann im April meine Schulabgänger besuche, dann stelle ich als Erstes gleich den Werkzeugkasten als Geschenk auf den Tisch."

„Warum legen Sie so großen Wert auf die Schulabgänger?"

„Für mich stellen sie das größte Kundenpotenzial in der Zukunft dar. Man muss das doch nur mal hochrechnen. Wenn ein Schulabgänger in die Lehre kommt, dann braucht er als Erstes eine Lebensversicherung mit Berufsunfähigkeit, einen Bausparplan und eine Unfallversicherung. Kurze Zeit später beginnt er dann die Fahrschule. Also braucht er bald eine Kfz- und Rechtsschutzversicherung ... Ein paar Jahre später kommt eine größere Lebensversicherung infrage. Kurzum: Mit 23 oder 24 Jahren ist er dann ein voll versicherter Kunde!"

„Wie kommen Sie an die Adresse dieser Schulabgänger?"

„Das ist ganz einfach: Wir fragen einen Kunden, dessen Sohn in der Abschlussklasse ist, und von dem bekommen wir alle Adressen. Wer möchte nicht gerne einen kompletten Werkzeugkasten?"

Ansprache neuer Kunden

„Was machen Sie sonst noch im Bereich der Neukundenakquise?"
„Für alle ortsansässigen Vereine, wie z. B. die Feuerwehr, den Schützenverein, den Sportverein, habe ich immer eine offene Tür, wenn es z. B. um Inserate in einer Festschrift geht. So habe ich bei der Feuerwehr für 500 Mark eine ganze Seite bekommen. Bei diesen Vereinen wie der Feuerwehr oder dem Schützenverein gibt es immer einen Festausschuss. Da sind 10 Leute drin, die etwas zu sagen haben, und die wissen dann, dass der Thaler dabei ist. Die sind auch oft bereit, alle Adressen ihrer Mitglieder herauszugeben. Das ist mir lieber, als die Adressen aus einer CD-ROM anzuschreiben.

Darüber hinaus haben meine Mitarbeiter den Auftrag, jeden Tag alle Ablauftermine zu überprüfen. Dabei müssen sie darauf schauen, ob bei dem Kunden etwas verbessert werden kann. Außerdem werden alle Kunden auch auf eine Lebensversicherung angesprochen."

Service aus Leidenschaft

„Stichwort Service. Der wird ja bei Ihnen ganz groß geschrieben. Ist das Ihr wichtigstes Markenzeichen und wie sieht es damit aus?"
„Nehmen wir als Beispiel den Service meiner Frau. Jeder junge Mann, der zum Bund muss, bekommt von ihr Anträge für die Unterhaltsbehörde, die dann auch alle seine Versicherungen in dieser Zeit zahlt. Diese Gruppe der neuen Bundeswehrangehörigen ist schon wieder eine neue Zielgruppe, denn alle diese Anträge bearbeitet meine Frau für die Rekruten. Und die wollen und müssen ja auch nach ihrem Dienst betreut werden. Das heißt für uns: Bei allen Kontakten wird bereits die Brücke für die nächste Geschäftsmöglichkeit gebaut! Denn wir sehen uns ja als lebenslängliche Partner unserer Kunden.

Außerdem hat meine Frau ein Steuerbüro, das an einen Steuerhilfeverein angeschlossen ist. Damit macht sie für die kleinen Leute auch den Lohnsteuerjahresausgleich bzw. die Einkommensteuerer-klärung. Wir unterstützen die Leute, indem wir sie anschreiben, damit sie auch alle staatlichen Anlagemöglichkeiten nutzen.

Ein weiterer Service besteht darin, dass wir den kompletten Un-fallschaden abwickeln – auch den des Unfallgegners. Wir füllen dabei die Formulare gemeinsam mit unseren Kunden aus."

Das Gefühl der Stärke

„Rentiert sich denn dieser große Service für Sie?"

„Manche sagen, dass wir mit dem Service draufzahlen. Aber das stimmt nicht. Wir gewinnen damit das Vertrauen der Kunden und das zahlt sich früher oder später wieder aus!

Vor allem aber gibt mir unser Service das Gefühl: Ich bin der Stärkste! Und ich unterstütze dieses Gefühl, indem ich mir selbst jeden Tag bestätige, dass wir die Stärksten sind! **Daher kommt auch mein starker Glaube, dass mein Angebot und mein Service für meine Kunden wirklich von großem Nutzen sind!** Denn ich kann ihnen immer den sofortigen Beweis für diesen Servicenutzen liefern!"

„Und wie halten Sie dieses Gefühl der Stärke aufrecht, wenn es Misserfolge gibt?"

„Dann denke ich mir einfach, dass das, was bei uns klappt, mehr ist als das, was bei uns nicht klappt! Und dass sich mein Einsatz bisher immer ausgezahlt hat! Dazu gehört auch das Gefühl, dass die Zukunft für mich nicht schwieriger, sondern eher leichter wird. Denn ich weiß, dass viele Konkurrenten in der Zukunft bald aufge-ben werden. Der Grund: Sie können den vielseitigen Fachproble-men und Kundenansprüchen als Einzelkämpfer nicht mehr stand-halten, während sich bei uns im Team jeder auf ein Gebiet spezialisiert hat."

„Geben Ihnen Ihre Mitarbeiter auch dieses Gefühl der Stärke?"

„Nicht nur das. Sie motivieren mich auch. Ein Beispiel dafür: Wenn ich mich vier bis fünf Tage in einen Großschaden reinge-hängt habe und dann auch noch 5.000 Mark aus eigener Tasche zahlen muss, weil der Firmenberater den Kunden schlecht beraten hat, dann ist das für meine Motivation natürlich gar nicht gut. Umso größer ist aber das Gefühl der Erleichterung, wenn ich zu meiner rechten Hand, Frau Egger, sagen kann: ‚Kannst du das für mich zu Ende bringen?' und sie zustimmt.

Sie macht es dann mit neuer Kraft, und ich kann wieder eine neue Aufgabe übernehmen. **Auf diese Weise stützt mich das Team, denn ich fühle mich bei keinem Schaden ganz allein!**

Ich bin auch stolz auf meine Mitarbeiter! Letztes Jahr haben wir allein 240 neue Kfz-Versicherungen abgeschlossen und fast 12 Millionen Mark bei Lebensversicherungen erreicht. Und das Besondere: Wenn ich eine neue Idee habe, dann sind sie nicht dagegen, sondern machen sofort mit! Und zwar freudig! Und das ist wichtig, denn ich reagiere auf Veränderungen sehr schnell."

Fantastische Verkaufserfolge

„Sie haben vor unserem Interview von Ihren Söhnen gesprochen. Haben die auch schon verkauft?"

„Ja, der Stefan hat vor sechs Wochen überhaupt noch nichts von Versicherungen gewusst. Von dem glaube ich, dass er in seinem Angestelltendasein unterfordert ist. Ich weiß, es klingt unglaublich, aber bei ihm haben zwei Tage Ausbildung in der Lebensversicherung genügt und dann hat er in den nächsten sechs Wochen für 1,4 Millionen Mark Versicherungen abgeschlossen! Jetzt hat er anscheinend Blut geleckt und will Versicherungskaufmann werden!"

„Und Ihr zweiter Sohn?"

„Der Hannes ist – obwohl er in Passau Russisch und Spanisch studiert – sogar ein noch besserer Verkäufer! Ich habe ihn gefragt: Willst du mit verkaufen? Da hat er ja gesagt und dann in vier Tagen für 600.000 Mark abgeschlossen! Dabei hat er sogar noch selbst die Termine vereinbart. **Für mich ist das der beste Beweis, dass man mit einer positiven Einstellung alles erreichen kann!"**

Zusammenfassung:
Fassen wir die wichtigsten Aussagen aus dem Interview mit Hans Thaler in Form von praktisch umsetzbaren Tipps noch einmal zusammen. Sie enthalten alle die Trends, die Sie zum Spitzenverkäufer mit weit überdurchschnittlichen Umsätzen machen.

Die 17 besten Tipps, mit denen Ihre Umsätze geradezu explodieren

1. **Starten Sie jeden Tag mit einer starken Motivation.** Spüren Sie, wie ein starkes, warmes Gefühl, in Ihnen aufsteigt. Sagen Sie gleichzeitig mehrmals zu sich: „Heute wird ein großartiger Tag, auf den ich mich freue. Ich werde sehr erfolgreich sein!"
2. **Bauen Sie sich in schwierigen Zeiten ganz bewusst auf.** Verdrängen Sie aufkeimende Ängste und Zweifel sofort durch starke autosuggestive Formeln wie z. B.: „Ich werde auch das schaffen! Ich habe bisher noch immer alles geschafft!" Oder: „Alles, was ich mache, mache ich gut!" Erinnern Sie sich dabei an die Schwierigkeiten, die Sie bisher überwunden haben. Spüren Sie ganz bewusst das Gefühl der Kraft und des Stolzes!
3. **Bleiben Sie auch nach Misserfolgen ein unerschütterlicher Optimist.** Sagen Sie zu sich: „An diesen Misserfolgen bin ich nicht allein schuld! Aber ich werde jetzt alles tun, um die Scharte wieder auszuwetzen!" Wenden Sie dann den Blick schnell von den Misserfolgen ab und erinnern Sie sich daran, wie sehr sich Ihr Einsatz bisher immer ausgezahlt hat.
4. **Bieten Sie einen Service, der von Herzen kommt.** Dadurch fühlen sich nicht nur Ihre Kunden wohl, sondern auch Sie selbst. Denn es gibt Ihnen ein besonderes Gefühl der Stärke, den besten Service anbieten zu können. Sehen Sie darüber hinaus Ihren Service als Zeichen einer lebenslänglichen Partnerschaft an.

5. **Signalisieren Sie dem Kunden Ihren Erfolg und Ihre Stärke!** Zeigen Sie, dass er mit dem Stärksten und Erfolgreichsten Ihres Gebiets spricht. Spüren Sie selbst immer wieder dieses Gefühl der Stärke. Werden Sie die Nr. 1 für den Kunden, indem Sie der Kunde als Nr. 1 erlebt! Denn die Nr. 1 hat den größten Bekanntheitsgrad und erreicht die beste Rendite.

6. **Zeigen Sie in jeder Situation emotionale Stärke.** Beantworten sie auch „unangemessene" Kundenanrufe, z. B. außerhalb der Bürozeit, freundlich. Nur so bewahren Sie sich Ihr wichtigstes Kapital – eine dauerhaft positive Einstellung. Außerdem verhindern Sie so Negativreaktionen der Kunden und vermeiden, dass Sie sich über solche Anlässe ärgern!

7. **Suchen Sie gezielt nach Unterstützung.** Persönliche Überforderung führt nicht zu Spitzenleistungen, sondern zur Selbstzerstörung. Geben Sie daher alle Arbeit, für die Sie zu teuer sind, an andere (Hilfskräfte) ab. Das entlastet Sie und motiviert Sie gleichzeitig! Wahrer Geiz, sagte einmal jemand, heißt, alles alleine machen zu wollen.

8. **Lassen Sie alle Belastungen an Ihrer inneren Stahlwand abprallen.** Lassen Sie die Fehler und Schwächen anderer Menschen weder an sich heran noch in sich hinein! Denn sie kosten Sie Kraft und Sie können sich in Zukunft immer schwerer davon befreien. Sagen Sie zu sich: „Ich lasse nichts in mich rein, was mir schaden würde! Und ich lasse nur das raus, was mir und anderen nützt!"

9. **Entwickeln Sie Ihre eigenen Verkaufsstrategien.** Stellen Sie alle bisherigen Strategien auf den Prüfstand, z. B. die These dass die Kunden nicht in Ihr Büro kommen. Fragen Sie sich, wie Sie am liebsten vorgehen würden, und probieren Sie es aus! Es gibt heute keine allgemein verbindlichen Strategien mehr. Entscheidend ist, was funktioniert.

10. **Zeigen Sie Ihren Kunden, dass Sie sie mögen!** Und dass Sie den Kontakt mit ihnen schätzen. Das ist der beste Weg, um aus Fremden Freunde und aus Freunden Kunden zu machen, die aktiv für Sie verkaufen. Dadurch erreichen Sie auch die stärkste positive Ausstrahlung und Anziehungskraft.

11. **Bringen Sie etwas mit, das Ihre Kunden begeistert.** Dazu gehört z. B. alles, was ihrer Sicherheit, ihrer Anerkennung, ihrem Gewinn und ihrer Lebensqualität zugute kommt. Machen Sie es sich zur festen Regel, den Kunden erst dann zu kontakten, wenn Sie für ihn etwas dabei haben, das ihn begeistert.

12. **Schalten Sie die Stimmung stufenweise nach oben.** Machen Sie die erste Vorstellung weich und zurückhaltend, ohne den Kunden mit Ihrer (Selbst-)Darstellung einzuschüchtern. Gehen Sie erst dann voll aus sich heraus, wenn es um die Notwendigkeit und Wichtigkeit Ihres Angebots für ihn geht. Werden Sie dann zum Schluss wieder weich und zurückhaltend, um beim Abschluss jede Bedrohung für ihn zu vermeiden.

13. **Schlüpfen Sie in die Rolle, die Ihr Kunde von Ihnen erwartet!** Fühlen Sie sich bewusst in den Charakter des Kunden ein, um zu wissen, wie Sie mit ihm umgehen müssen! Seien Sie der Dynamische, wenn er Wert auf Resultate legt, der Entertainer, wenn er Spaß erleben will, und der Kumpel, wenn er eine Beziehung sucht. Denn nur in der Rolle, die er von Ihnen erwartet, werden Sie ihn überzeugen können.

14. **Holen Sie sich die Erlaubnis für den nächsten Schritt.** Schaffen Sie durch Ihren Auftritt jenes Vertrauen, das Ihnen erlaubt, den nächsten Schritt zu tun, z. B. persönliche Details zu erfragen, eine Kurzfassung Ihrer Präsentation zu machen, die Abschlussfrage zu stellen oder ein weiteres Angebot für die angestrebte Komplettlösung zu machen.

15. **Erkennen Sie Ihre zukunftsträchtigste Zielgruppe.** Suchen Sie immer wieder nach den Kunden, die das größte Wachstumspotenzial in der Zukunft versprechen. Denn mit der richtigen Kundenzielgruppe steht und fällt Ihr Erfolg!

16. **Streben Sie immer eine Komplettlösung bei Ihren Kunden an.** Fragen Sie sich immer wieder, was Ihr Kunde noch braucht bzw. wie Sie seine Situation noch verbessern können, damit er die notwendige Komplettlösung erhält. Sehen Sie die Beziehung zu Ihren Kunden als eine „lebenslängliche Partnerschaft" an.

17. Machen Sie Ihr eigenes Event-Marketing. Machen Sie es Hans Thaler nach, der durch seine Musikauftritte und seine CD Kunden für sich gewann. Bieten Sie Ihren Kunden Gründe für Treffpunkte und Abwechslungen an, damit sie gerne zusammenkommen. Je attraktiver, umso besser!

Wie können Sie von diesen 17 Tipps in der Praxis am besten profitieren?

Die größten Chancen, geradezu schlagartig Ihre Verkaufserfolge zu steigern, haben Sie, wenn Sie strikt nach folgenden fünf Punkten vorgehen:

1. Lesen Sie diese 17 Tipps mehrmals durch.
2. Stellen Sie sich bei jedem Tipp die entsprechende Situation dazu bildhaft vor.
3. Fragen Sie sich bei jedem Tipp, was Sie tun können, um ihn so optimal wie möglich zu realisieren.
4. Spielen Sie dann die neuen Lösungsmöglichkeiten in Gedanken durch, indem Sie sich z. B. fragen: Wie kann ich eine positivere Einstellung bekommen?
5. Denken Sie auch daran, wie Sie mögliche Schwierigkeiten überwinden können, z. B. eine (ärgerliche) Kundenabsage oder einen zusätzlichen Arbeitsaufwand.
6. Überlegen Sie sich abschließend schon jetzt, bei welchen Gelegenheiten Sie diese einzelnen Tipps einsetzen werden: also wann, wo und wie.

Denken Sie daran:

> **Lesen allein bewirkt nur wenig!**
> **Bildhaftes Vorstellen schon mehr!**
> **Zielstrebiges Handeln am meisten!**

Mich interessiert vor allem die Zukunft,
denn das ist die Zeit,
in der ich leben werde. "
Albert Schweitzer

14. Kapitel

Die prophetische Gabe
der Zukunftsvision

Positive Charaktereigenschaften
zahlen sich immer aus

Die folgende Geschichte beweist, dass die Persönlichkeit – in Verbindung mit einem ausgeprägten Vorstellungsvermögen – wie nichts anderes die Karriere und Zukunft eines Menschen bestimmt.

Was den Charakter betrifft, so ist diese Erkenntnis schon uralt. Bereits 300 Jahre vor Christus sagte der griechische Philosoph Demokrit:

Dein Charakter ist dein Schicksal!

Was heißt das? Es bedeutet, dass sich alle persönlichen Charaktereigenschaften wie Mut, Risikobereitschaft, Flexibilität, Kampfgeist, Unerschütterlichkeit und Zielstrebigkeit und andere, vor allem in den außergewöhnlichen Situationen und in Krisen bemerkbar machen, die über den Erfolg oder Misserfolg eines Menschen entscheiden.

Darum ist die folgende Geschichte besonders spannend, denn sie zeigt, wie jemand hoch stieg, tief fiel und sich daraufhin eine noch größere Chance erarbeitete.

Warum ein Niederlassungsleiter freiwillig auf seinen Chefsessel verzichtete

Mit 45 Jahren war Wolfgang Hero einer der erfolgreichsten Niederlassungsleiter einer großen Ingenieurgesellschaft, als er eines Tages den bequemen Bürosessel mit dem unruhigen Job eines Vertriebsingenieurs vertauschte. Seitdem ging er seiner Lieblingsbeschäftigung nach: der Akquisition neuer Kunden.

Eine Radionachricht, die alles veränderte

Dafür gab es verschiedene Gründe. Aber am entscheidendsten war das folgende Erlebnis:

Er befand sich mit seinem Auto gerade auf der Autobahn, als er plötzlich im Radio eine interessante Nachricht hörte: Eine große Filialkette plante, in einem Industriegebiet, das er noch aus seiner Zeit als Niederlassungsleiter kannte, ein Grundstück zu kaufen, um dort ein Logistikcenter zu erstellen. Damit wollte man die optimale Warenbelieferung aller Filialen in Niederbayern und in der Oberpfalz gewährleisten. Die Bausumme sollte sich inklusive der Außenanlagen auf rund 3 Millionen Mark belaufen.

Heiß darauf, den Auftrag für die gesamte Planung des Centers zu bekommen, überlegte er bereits die ersten Maßnahmen: Wie finde ich in diesem Riesenkonzern mit 25.000 Mitarbeitern die richtigen Ansprechpartner? Wer ist der eigentliche Entscheidungsträger?

In der Firma angekommen, boxte er sich telefonisch über etliche Stationen bis zur Zentrale dieser Firma in Neckarsulm durch. Das war nicht leicht, aber er machte die Erfahrung, dass man mit einer freundlichen Stimme und einer zielgerichteten Fragestellung über die Sekretärinnen fast alles erfährt.

Und wir wissen: Wolfgang Hero startete wie ein Sieger. **Denn Sieger gehen sofort los! Sie wollen so schnell wie möglich ein Ergebnis erreichen!**

Doch die Bewährungsprobe stand ihm erst noch bevor. Wie gewinnt man in wenigen Sekunden die Aufmerksamkeit eines vielbeschäftigten Konzernmanagers?

Hier kam es ganz entscheidend darauf an, in kurzen und aussagekräftigen Worten dem Gesprächspartner die konkreten Vorteile einer Zusammenarbeit mit seiner Ingenieurgesellschaft bewusst zu machen. Jeder Small Talk, jede emotionale Ansprache würden hier nur störend wirken.

Ein Vorteil lag klar auf der Hand: Seine Gesellschaft hatte bereits die Planung für das gesamte Industriegebiet durchgeführt, so dass er dem Bauherrn einen Kostenvorteil von rund 25.000 Mark anbieten konnte.

Dem schob er noch zwei weitere Vorteile nach:

Erstens, dass seine Firma aufgrund der verschiedenen Fachabteilungen den kompletten Planungsauftrag übernehmen könnte, und zweitens, dass er als einziger Ansprechpartner fungieren würde.

Mit diesen Argumenten erreichte er auch einen Termin in der Zentrale – und erlebte gleich seine erste Überraschung. Da man alle Center in Deutschland seit Jahren baugleich ausführte, wollte man von einer Neuplanung nichts wissen. Also musste neu kalkuliert werden. Und das in einer blitzschnellen Kopfrechnung veranschlagte Honorar von 260.000 Mark schrumpfte auf bescheidenere 125.000 Mark zusammen. Dennoch versprach Hero, ein neues Angebot auszuarbeiten, nicht ohne vorher bereits den nächsten Termin ausgemacht zu haben.

Wie schafft man es trotzdem?

Doch der Honorarverlust war nur ein Problem gewesen. Das viel schwierigere Problem bestand darin, dass man die vorhandenen

Pläne des Kunden übernehmen und nur noch die Unterlagen für die Genehmigungsplanung liefern sollte. Das kostete Zeit, aber brachte kein Geld ein und war außerdem mit einem Risiko behaftet: Wie war die Qualität dieser Pläne?

Auf der vierstündigen Heimreise kreisten seine Gedanken nur noch um die Frage: „**Wie schaffst du es trotzdem?**"

Am nächsten Tag wollte er sich bereits mit den betreffenden Planern seiner Firma besprechen. Doch dieser Tag wurde, wie er sagte, der schwärzeste Tag seines Lebens!

Zwar wollte jeder Planer den Auftrag. Aber bitte nur mit dem vollen Honorar! Von den bereits vorhandenen Unterlagen des Kunden wollten sie alle partout nichts wissen. Damit sollte sich der Kunde am besten Drachen bauen.

Doch statt aufzugeben biss sich Wolfang Hero jetzt erst richtig rein. Es müsste doch möglich sein, sagte er sich, diesen Auftrag kostendeckend auszuführen.

Der nächste Schritt war echt kreativ. Wenn es im eigenen Haus nicht ging, warum dann nicht zusammen mit einem Subunternehmer? Gab es da nicht ein Planungsbüro, an dem seine Firma mit 50 Prozent beteiligt war, und das die fehlenden Pläne für die Haustechnik, also für Heizung, Lüftung, Sanitär und Elektro, liefern konnte?

Ehrliche Partnerschaft zahlt sich immer aus

Da er der Meinung war, dass Ehrlichkeit die beste Grundlage für eine langfristige Geschäftsbeziehung ist, legte er dem Chef dieses Büros die Situation offen dar und sagte zu ihm: „Ich werde meinem Kunden ein Honorarangebot in Höhe von 125.000 Mark machen. Dafür brauche ich folgende Planungsleistungen: ... Und davon sollten Sie wiederum folgende Arbeiten übernehmen ... Entsprechend unserer Gebührenordnung biete ich Ihnen dafür 90.000 Mark, bleiben für unsere Leistungen noch 35.000 Mark. Kommen Sie damit zurecht?" – „Einverstanden!" sagte der Partner.

Beide wussten, dass es knapp werden und dass alles von der Qualität der Kundenplanungen abhängen würde. Dennoch wagten sie den Versuch.

Es war eine offene und ehrliche Partnerschaft mit gleichen Chancen auf Gewinn und Verlust und ohne Tricks und doppelten Boden. Genau das zeichnet Sieger aus. Sie ergänzen sich. Und sie streben Partnerschaften an, statt nach dem ganzen Gewinn zu schielen.

Hero und sein Partner hatten das Glück der Tüchtigen. Die Pläne waren okay. Zusätzlich durften sie noch ein Lärmgutachten machen, das mit 40.000 Mark Honorar positiv zu Buche schlug. Am Ende verblieb sogar noch ein Gewinn von 20.000 Mark, den sie sich beide teilten.

Doch nicht genug damit: Nach diesem erfolgreichen Objekt waren sie (beide) als Generalplaner anerkannt und verhandelten nun über die Planungen von fünf weiteren neuen Verbrauchermärkten pro Jahr. „Ein Jahrzehnte-Geschäft", freute sich Hero, wenn er an das jährliche Honorarvolumen von rund 1 Million Mark dachte. Denn der Kunde wollte nicht nur in Deutschland, sondern vor allem in den Ostblockstaaten expandieren, z. B. in Ungarn, Polen, Bulgarien und eines Tages auch in Rumänien.

Wolfgang Hero bewies damit echte Siegereigenschaften: den Spürsinn, neue Chancen zu erkennen, den Mut, Risiken einzugehen, und die Kraft, für seine Ziele zu kämpfen.

Und wie reagierte der Chef darauf? Überhaupt nicht! Er fragte nur ab und zu nach, ob sie denn schon eine Mark Gewinn gemacht hätten. Das war Demotivation pur! Aber damit muss man rechnen!

Und wir erkennen daraus die Wahrheit:

> **Niemand ist daran interessiert, dass Sie ein Sieger werden.**

Aber wir erkennen daraus auch die tröstliche Botschaft, quasi den Umkehrschluss:

> **Ob Sieger werden, hängt allein von Ihnen ab.**

Verlierer denken an die Vergangenheit, Sieger an die Zukunft

Bleibt als letzte Frage: Warum hat sich Hero für dieses Geschäft so stark gemacht?

Hero spürte – und das war sein entscheidendes Motiv gewesen –, dass das Geschäft mit den Behörden langsam aber sicher immer mehr den Bach hinunterging. Der Grund: Die öffentlichen Kassen machten dicht. **Also wollte er für seine Firma neue Zukunftsmärkte und neue Auftraggeber finden.** Und das konnte nur die freie Wirtschaft sein. Aber die musste man draußen vor Ort akquirieren. Genau aus diesem Grund gab Hero seinen Schreibtischposten auf, um bei gleichen Bedingungen als Vertriebsingenieur neue Kunden zu gewinnen.

Darüber hinaus hatte er das Gefühl, jetzt wieder eine neue Herausforderung zu brauchen. Statt sein restliches Leben mit der Blockadepolitik sturer Behörden zu verbringen, wollte er wieder etwas bewegen. Und setzte dabei auf seine eigentlichen Stärken:

„Ich akquiriere wahnsinnig gern!" sagt er dazu. „Akquirieren ist mein Leben! Denn ich gehe unwahrscheinlich gerne auf neue Leute zu, um etwas zu sehen, zu erleben und um die Vielfalt in der Wirtschaft kennen zu lernen ... **Ich möchte immer wissen: Was gibt es Neues im Leben?**

Aber vor allem geht es mir darum: Wie kann ich mit meiner Firma diesen Leuten (Kunden) helfen? Damit meine ich: Viele meiner Kollegen haben Angst, sich als Vertreter zu sehen, die draußen nur herumfahren, um den Leuten etwas zu verkaufen! Aber so verstehe ich mich nicht! Ich verstehe mich als Dienstleister, der seinen Kunden helfen kann, eine gute Planung zu erstellen."

7 Charaktereigenschaften, die einen Sieger ausmachen

Haben Sie die Eigenschaften erkannt, die diesen Mann auszeichnen und die ihn schließlich zu dem am zweithöchsten bezahlten Mann in dieser Firma mit über 200 Mitarbeitern machten?

1. **Er erkannte seine wahre Berufung!** Und die hieß: neue Kunden zu akquirieren. Denn das war sein eigentlicher Herzenswunsch.

2. **Er bejahte die Tätigkeit der Akquisition hundertprozentig.** Und er war auch bereit, den Preis dafür zu zahlen und sich ganz in die neue Aufgabe hineinzuknien, bis er das angestrebte Resultat erreicht hatte.

3. **Er besaß eine optimistische Einstellung.** Denn er verlor trotz der enormen Schwierigkeiten nicht den Mut, sondern war bereit, Risiken einzugehen und etwas Neues zu wagen.

4. **Er strebte eine ehrliche Partnerschaft an.** Im Gegensatz zu den Verlierern, die meistens Einzelgänger sind, wusste er, dass er sein Ziel nur mit einem guten Partner auf der Basis von Ehrlichkeit, Vertrauen und gegenseitigen Vorteilen erreichen konnte.

5. **Er hatte ein Gespür für den Zeitgeist und war bereit, sich zu verändern.** Als er sah, dass die Staatsaufträge immer mehr zurückgingen, setzte er auf die Aufträge aus der Wirtschaft und war dazu bereit, sein Chefzimmer zu verlassen und vor Ort Neukundenakquise zu betreiben.

6. **Er sah seine Hauptaufgabe darin, seinen Kunden zu helfen.** Daher verstand er sich auch nicht als Verkäufer, sondern als Dienstleister, der seinen Kunden zu einer optimalen Realisierung ihrer Bauvorhaben verhelfen wollte.

7. **Er setzte seine Ideen in Handeln um.** Er beließ es nicht bei abstrakten Überlegungen, sondern nahm sie sofort in Angriff.

Ist hier nun die Geschichte von Wolfgang Hero zu Ende? Ganz im Gegenteil. Jetzt beginnt sie erst so richtig.

Was kann man tun, wenn man mit 45 Jahren plötzlich arbeitslos wird?

Das erste Interview mit Wolfgang Hero fand bereits im Jahr 1997 statt. Ich wollte den Bericht bereits in meinem Buch „Kunden kaufen nur von Siegern" verwenden, habe aber dann aus Platzmangel darauf verzichtet. Das erwies sich als Glücksfall. Denn drei Jahre später hatte sich die Situation bei Wolfgang Hero dramatisch verändert. Und so haben wir jetzt die einzigartige Gelegenheit zu sehen, wie sich bestimmte Charaktereigenschaften in jeder Situation – auch in einer Krise – positiv auswirken.

Schon die alten Chinesen wussten, dass jede Krise sowohl zur Chance als auch zur Gefahr werden kann. Bei Hero wurde sie zum Wendepunkt in seinem Leben.

Dummheit und Gier sind teuflische Fallen

Wenn Sie den ersten Teil aufmerksam gelesen haben, dann werden Sie gemerkt haben: Nicht jeder in dieser Firma hatte die Zeichen der Zeit – den härter werdenden Markt – erkannt. Die meisten Mitarbeiter und Führungskräfte dieser Ingenieurgesellschaft glaubten, dass die Konjunktur munter weitergehen würde und dass nach wie vor ein ungeheurer Bedarf an Bauleistungen vorhanden sei. Daher lehnten sie Heros Einstieg in die Privatwirtschaft ab. **Sie wollten lieber auf dem hohen Ross sitzen als die Tatsachen wahrnehmen.** War der „ungeheure Baubedarf" schon eine wackelige These, kam zur Krönung auch noch die Gier hinzu! Man roch Gold und plante daher in den neuen Bundesländern in gigantischen Dimensionen. Der Bedarf war wohl da, doch plötzlich fehlte das Geld. Die Firma kam ins Schleudern. Und als eine Tochtergesellschaft notleidend wurde, da riss sie die anderen mit in den Abgrund, am Ende stand der Konkurs. Hero kostete diese Pleite nicht nur seinen Arbeitsplatz, sondern auch noch 32.600 Mark an entgangenen Gehältern.

Und wir lernen daraus:

Nichts gibt Ihnen heute noch eine Sicherheit. Nicht die Stellung und nicht der Erfolg – sondern nur das eigene Können!

„Wie ging es weiter?", frage ich Wolfgang Hero drei Jahre später im April 2000, als ich ihm in seinem neuen Büro in Deggendorf gegenübersitze.

„Ende März 1999 wusste ich endgültig, dass ich in der alten Firma keine Chancen mehr hatte. Also habe ich mich sofort bei mehreren größeren Ingenieurbüros beworben. Ich schrieb ihnen, dass ich ihnen am meisten nutzen könnte, wenn ich für sie eine Niederlassung in Straubing gründen würde. So könnte ich meine bisherigen Kontakte für sie am besten verwenden."

„Und wie war die Resonanz?"

„Von den 10 angeschriebenen Firmen sagten fünf direkt ab, während es bei den anderen fünf zu einem persönlichen Gespräch kam. Die verliefen auch sehr gut. Und sie wollten mich auch alle einstellen – aber nicht als Niederlassungsleiter, sondern nur als Vertriebsleiter in ihrer Zentrale. Die Gründung einer neuen Niederlassung war ihnen einfach zu riskant. So merkte ich sehr schnell, dass das mit der neuen Niederlassung nicht lief."

„Was haben Sie dann gemacht?"

„Ich habe versucht, ein ‚Ein-Mann-Ingenieurbüro' zu gründen, wollte im Verbund mit anderen Büros zusammenarbeiten. Aber auch aus dieser Idee wurde nichts."

„Hat Sie das nicht sehr entmutigt?"

Kontakt im Fitness-Center

„Wenn ja, dann habe ich es unterdrückt. Denn in dieser Zeit wollte ich mich auf keinen Fall gehen lassen und ging daher jeden Tag in ein Fitness-Center. Dort lernte ich eines Tages einen Mann kennen, der zu mir sagte: ‚Ich habe schon seit 10 Jahren eine Idee! Wann kann ich mit Ihnen darüber sprechen?'"

„Was war das für ein Mann?"

„Sein Name ist Franz Hasmeier. Heute ist er Besitzer von sechs Möbelhäusern und Küchenstudios. Aber das hätte er sich noch vor einigen Jahren nicht träumen lassen. Denn da war er noch Beamter in der Justizvollzugsanstalt von Straubing und für den Sport zuständig. Doch plötzlich geriet sein ruhiges Beamtendasein in eine Krise. Seine Frau reichte die Scheidung ein. Und kurz danach stand er auch noch ohne Job auf der Straße. Das hat ihn am Boden zerstört.

Da ihn jedoch schon damals die Bereitschaft zum Risiko auszeichnete, bewarb er sich auf eine Anzeige, bei der es um den Verkauf einer Spezialzeitschrift ging."

„Was war das für eine Zeitschrift?"

„Diese Firma listete in ihrer Zeitschrift bundesweit alle Bauherren auf, die in der nächsten Zeit vorhatten zu bauen. Die Außendienstmitarbeiter sollten nun diese Zeitschrift an alle Unternehmer verkaufen, die Interesse an solchen Bauaufträgen hatten. Es war ein harter Job, also echte Kaltakquise mit allen Höhen und Tiefen. Aber er wollte und musste Geld verdienen! Und so nahm er sich vor, jeden Tag wenigstens einen Auftrag zu schreiben – auch wenn er sich bis spät in die Nacht dafür abstrampeln musste."

„Aber diese Beschäftigung dauerte anscheinend nicht lange. Warum nicht?"

Die linke Tour eines fiesen Chefs

„Sein Chef war ein Typ, der bei seinen Schulungen in der Brusttasche seines weißen, leicht durchsichtigen Sporthemdes immer einen Tausendmarkschein stecken hatte. Wahrscheinlich wollte er damit seine Verkäufer zu ganz besonderen Leistungen anspornen. Doch so schief diese Methode ist, so schief war auch sein Verhalten gegenüber Hasmeier. Er hat ihn regelrecht gelinkt."

„Wie das?"

„Hasmeier hat alles darangesetzt, jeden Tag wenigstens einen Auftrag zu schreiben. Doch sein Chef konterte dieses Bemühen nur mit der abschätzigen Bemerkung: ‚Das muss noch wesentlich mehr werden! Fünf Aufträge pro Woche sind zu wenig, du musst zehn schreiben – wie die anderen!' Also strampelte sich Hasmeier noch mehr als bisher ab und geriet schon fast in eine zweite Krise, weil er sich gegenüber seinen Kollegen geradezu minderwertig fühlte. Bis er plötzlich bei einem geselligen Bierchen am Abend eines Schulungstages von seinen Kollegen erfuhr, dass die im Durchschnitt nur einen Auftrag pro Woche schrieben.

Daraufhin fühlte er sich so verletzt, dass er augenblicklich kündigte. Dennoch hat er aus dieser menschlichen Pleite zumindest eine positive Erkenntnis gewonnen: Die Zeitschrift, die er vertrieb, war nicht mehr wert als Toilettenpapier! Aber die Grundidee war gut und daraus konnte man wesentlich mehr machen – wenn man es nur professioneller machte."

„Was war der Haken bei dieser Zeitschrift?"

„Ganz einfach. Die Zeitschrift bekam die Adressen der Bauherren über die Baugenehmigungslisten des Landratsamtes. Danach riefen die verschiedensten Handwerker und Bauunternehmer bei den einzelnen Bauherren an – oft sogar spät in der Nacht – und keilten um ihre Aufträge. Mittlerweile hatte der Bauherr jedoch schon einen Teil der Aufträge vergeben oder wollte bestimmte Gewerke selbst mit Freunden machen. Bei dieser Zeitschrift war also nicht klar, welche Bauaufträge der Bauherr wirklich noch zu diesem Zeitpunkt zu vergeben hatte."

„Und wie sah nun die neue Idee aus?"

Endlich einmal ein echter Kundennutzen!

„Wir – damit meine ich die Firma, die ich dann zusammen mit Herrn Hasmeier und seinem Bekannten, Herrn Knoll, einem erfahrenen Bautechniker und Computerspezialisten, gründete – sammeln ebenfalls die Adressen aller Bauherren und stellen dann übersichtlich dar, wer wann wo was baut. Aber darüber hinaus bieten wir sowohl dem Bauherrn als auch den Handwerkern und Bauunternehmern einen wesentlich umfassenderen und professionelleren Service."

„Und wie sieht der aus?"

„Wir beraten den Bauherrn bei der gesamten Planung, machen ihn auf Planungsfehler aufmerksam, erstellen ihm einen Bauzeitplan (also die genaue Terminierung der Handwerker) und empfehlen ihm nur geprüfte Handwerker, die nicht mehr kosten als die ortsüblichen. Und das besondere: Dieser Service kostet den Bauherrn keinen Pfennig."

„Das klingt nach einem Märchen – aber aus Ihrem Mund vertrauenswürdig. Wie findet der Bauherr Ihren Service?"

„Er findet uns vor allem im Internet unter www.meinhaus.com."

„Aber das ist nur ein Bein Ihrer neuen Firma infopool. Das zweite Bein scheint ja noch interessanter zu sein?"

Der Auftritt im Internet – das Geschäft der Zukunft

„Ja, das ist die Gründung unserer Firma pro16. Ihre Aufgabe ist es, allen Unternehmern und Freiberuflichen einen Auftritt im Internet zu ermöglichen."

„Was heißt das konkret?"

„Das bedeutet: Wir erstellen für den Kunden Websites, angefangen von der Homepage oder der Visitenkarte auf einer Seite bis hin zu maximal 15 Seiten. Wir arbeiten die Websites grafisch aus, wir kümmern uns um die Domain (seinen Namen im Internet) und wir stellen seine fertigen Websites ins Internet."

„Und wie wird der Kunde, der ja oft nur einen regionalen Bekanntheitsgrad hat, von den Verbrauchern gefunden?"

„Wir haben uns diese Frage 180.000 Mark kosten lassen. Die Lösung ist unsere spezielle Datenbank, die es dem Verbraucher ermöglicht, im Internet unter unserem Zeichen www.pro16.de wie in einem Branchenbuch zu blättern. Er bekommt also auf das Stichwort ‚Auto‘ nicht Hunderttausende von Seiten angedient wie bei den großen Suchmaschinen, sondern kann durch drei Klicks das Richtige finden."

„Kann der Leser das bereits ausprobieren?"

„Natürlich, unter unserem Zeichen www.pro16.de. Aber da wir erst seit einigen Monaten auf dem Markt sind, gibt es noch regionale Begrenzungen. Unser zentrales Gebiet ist im Augenblick noch Niederbayern. Danach kommen Bayern und Rheinland-Pfalz dran. Und eines Tages wollen wir in allen 16 Bundesländern präsent sein. Darauf weist auch unser Name pro16 hin.“

Lukrative Verkaufsjobs

„Und wie wollen Sie das erreichen?“

„Den Bekanntheitsgrad für pro16 wollen wir vor allem über Rundfunk-, Zeitschriften-, Auto- und Ladenwerbung vergrößern.“

„Und wie wollen Sie neue Kunden gewinnen?“

„Unsere Kunden, also die Firmen oder Freiberufler, die sich im Internet präsentieren wollen, wollen wir durch freiberufliche Außendienstmitarbeiter gewinnen.“

„Wie viele haben Sie im Augenblick?“

„Zirka 10. Aber bereits Ende dieses Jahres wollen wir 100 haben!“

„100?“ „Ja, wobei 8.000 Mark netto vor Steuern das Minimum sind, das unsere Leute verdienen sollten. Das ist kein Problem, denn wir haben eine so gute Idee, dass wir guten Leuten sogar zusagen können, dass sie bei entsprechendem Einsatz und Eignung auch 25.000 Mark pro Monat vor Steuern verdienen können. Und den größten Teil davon – nach einem Jahr – sogar als gesichertes monatliches Einkommen. Fast wie ein festes Gehalt. Vorausgesetzt, sie sind bereit, ihre Kunden auch wirklich gut zu beraten und dauerhaft zu betreuen.“

Kampfgeist und neue Ideen sind unschlagbar!

Haben Sie erkannt, wie sich bestimmte Charaktereigenschaften und neue Ideen von Wolfgang Hero auch bei seiner neuen Karriere auszahlten?

284

1. **Seine Kontaktfreudigkeit:** Er kam mit Herrn Hasmeier, dem Ideengeber, ins Gespräch.
2. **Sein Optimismus:** Er verlor trotz des Konkurses und der nachfolgenden Absagen nicht den Mut, sondern blieb weiter am Ball.
3. **Seine Risikobereitschaft:** Er gründete zwei neue Firmen.
4. **Seine Bereitschaft zur Partnerschaft:** Er tat sich mit zwei Partnern zusammen.
5. **Sein Gespür für den Zeitgeist:** Er machte sich selbstständig und startete in einer der zukunftsträchtigsten Branchen.
6. **Seine Neigung, seiner Berufung zu folgen:** Er frönt mit dem Aufbau einer 100 Mann starken Verkaufstruppe seiner Lieblingsbeschäftigung – der Neukundenakquise.
7. **Seine Nutzenorientierung:** Er bietet mit seinen zwei Firmen sowohl den Bauherren als auch den Selbstständigen einen echten Nutzen an. Und natürlich auch seinen Verkäufern.
8. **Sein großes Denken:** Er möchte beide Unternehmen bundesweit ausbauen.
9. **Sein aktives Handeln:** Er redet nicht nur über neue Pläne, sondern er setzt sie auch um.

Auch im nächsten Beispiel geht es darum, seine Chancen wahrzunehmen statt zu jammern und abzuwarten. Gerade Leute mit akademischer Ausbildung neigen dazu, zuerst auf Nummer sicher zu gehen, bevor sie die Selbstständigkeit wagen.

Das folgende Beispiel beweist, dass es gerade im Zeichen des neuen technologischen Ausbruchs auch anders geht. Ja, dass wer Begeisterung, Einsatzbereitschaft und fachliche Kompetenz in die Waagschale werfen kann, sofort seine Chancen beim Schopf packen sollte – und kann.

Vom Computerfreak zum Unternehmer

Als sein Vater seine Firma für Wasseraufbereitung verkaufen wollte, war er dagegen. Denn er wollte Unternehmer werden und in die Firma einsteigen.

Als er mit 14 Jahren bei einer Firma einen Ferienjob annahm, da musste er am Fließband schwitzen. Das war natürlich für den Unternehmer in spe die falsche Wahl und so schmiss er nach zwei Tagen das Handtuch. „Schon damals", erzählt Bernhard Schicht, „wollte ich auf der anderen Seite, dem Chefplatz, sitzen."

Er fühlte sich auch bei der Mitarbeit im väterlichen Betrieb total unterfordert. Ohne Aussicht auf Selbstbestimmung oder eine Führungsrolle kam er endgültig zu der Erkenntnis: „Ich verspüre keine Lust zum Angestellten!"

Das erste Programm

Viel mehr Lust verspürte er dagegen schon mit 12 Jahren, an seinem ersten Computer, einem Commodore C 64, herumzuspielen. Dennoch studierte er – um das väterliche Erbe nicht völlig aus den Augen zu verlieren – nach dem Besuch des naturwissenschaftlichen Gymnasiums Chemie (Wasseraufbereitung!), entdeckte aber schon kurz danach seine eigentliche Liebe: die Informatik.

Kehren wir nochmals zum zarten Knabenalter zurück: Mit 13 Jahren, als Buben sich wie Winnetou und Old Shatterhand gegenseitig verkloppten, schrieb er bereits sein erstes Programm. Außerdem lötete er und bastelte er sich in dieser Zeit aus Ersatzteilen bereits seine eigene Mailbox, ein Vorläufersystem des Internets.

Kein Wunder, dass der angehende Informatikstudent eines Tages seine beiden Neigungen – die Liebe zur Informatik und den Hang zum Unternehmertum – verband und mit zwei Studienkollegen die erste Firma aufmachte. Sie hatten eine Marktlücke entdeckt: den PC-Benutzer, der nicht mehr weiterwusste.

Bisher hatten sie das für Freunde kostenlos gemacht, jetzt versuchten sie es professionell. Der Start verlief programmgemäß: Die

286

Oma vermietete den drei Youngstern preiswert einige Zimmer in ihrem Sollner Haus. Gemeinsam legten sie jeder 1.300 Mark Startkapital in die Kasse, erfanden die ansprechende Firmenbezeichnung „Stash Networks" und fertig war das neue PC-Service-Unternehmen: der Computer-Notdienst.

Bill Gates ist ihr bester Auftraggeber

Kunden gab es genug. Dafür sorgte vor allem ihr bester Auftraggeber, nämlich Bill Gates, „weil", so Bernhard Schicht, „dessen Systeme so fehlerhaft sind".

Nach eineinhalb Jahren Studium und Unternehmertum (beides gleichzeitig) beschäftigten die drei vom Computer-Notdienst bereits einige nebenberufliche Mitarbeiter. Zwar stieg der Umsatz sehr schnell auf 100.000 Mark, aber auf großem Fuß kann Bernhard Schicht nicht leben. Ein unauffälliger Wagen, zusammengewürfelte Büromöbel und ein angemessener Anzug bei Terminen, zu denen er gelegentlich auch hinradelt, stehen für ökonomisches Verantwortungsgefühl und die Reinvestition aller Gewinne.

So bescheiden die Ausstattung ist, so groß ist ihr Service: Ihr Notdienst ist garantiert innerhalb von 24 Stunden beim Kunden. Honorar wird nur bei Erfolg verlangt. Und den haben die Computerspezialisten, die ihre Kunden – heute nur noch die gewerblichen – auch beim Gerätekauf beraten und schulen. Ihr bestes Marketinginstrument ist ihre Hotline, über die jeder Anrufer auf die Schnelle eine kostenlose Fehleranalyse oder Kurzberatung bekommt. (Zumindest nach dem Stand: Herbst 1999)

Sein Erfolgsrezept beschreibt Bernhard Schicht so: „Wir sind flexibler als der Fachhandel, billiger als der Profi-Programmierer und professioneller als der Hobby-Bastler."

Als Unternehmer hat er jedoch auch Lehrgeld bezahlen müssen, als eine Reihe privater Kunden nach der Rechnungsstellung plötzlich wie vom Erdboden verschwunden waren. Doch aufgegeben hat er deshalb nicht: Gründern rät er daher zu einer gesunden Härte, Selbstdisziplin und Spaß an der Arbeit.

Der Run auf den lukrativen E-Commerce

Das neueste Kind von Bernhard Schicht, mittlerweile 25 Jahre jung, heißt d.bug GmbH. Er und die Computerexperten Björn Bores (26) und Patrick Panke (23) setzen mit ihrer Firma auf den Handel der Zukunft, auf E-Commerce. Konkret: Sie erstellen für verschiedene Firmen Lösungspläne, wie sie ihre Produkte im Internet am besten verkaufen können.

„Viele Firmen", erklärt Bernhard Schicht, „möchten ihren Kunden ein Online-Shopping ermöglichen, wissen aber nicht so recht, was sie alles dazu benötigen. Die d.bug GmbH berät die Kunden, ob ein Internetangebot überhaupt sinnvoll ist, und wenn ja, liefert sie dafür auch die komplette Lösung – also die Hardware mit allen Computern und Geräten ebenso wie die Software mit den notwendigen Programmen.

Einen besonderen Service bietet die Firma d.bug GmbH den Außendienstmitarbeitern: das Produkt d.connect. Es ermöglicht ihnen den einfachen und schnellen Zugriff auf ihre Firmendaten von unterwegs. Dafür benötigt ein Mitarbeiter nichts weiter als einen kleinen Organizer und ein Mobiltelefon. Auf diese Weise kann der Verkäufer in Sekundenschnelle Kundendaten oder den Termin für den nächsten Kundenbesuch abfragen. Die Vorteile liegen auf der Hand: Der Verkäufer braucht keine teuren und unhandlichen Notebooks mehr und kann schnellstmöglich über neue Termine oder Veränderungen informiert werden. Weitere Infos gibt es unter www.d-bug.de. Über sein „wahres Erfolgsgeheimnis" sagt Schicht:

„Man muss vernarrt ins Arbeiten sein!" „Außerdem habe ich richtige Glücksgefühle dabei, anderen Studenten einen Job bieten zu können und die Kunden mit meiner Arbeit zufrieden zu stellen."

Das hört sich wie aus dem Lehrbuch des erfolgreichen Unternehmers an. Es bleibt die Hoffnung, dass sie eine längere Halbwertszeit haben als die neusten Entwicklungen in diesem aufregenden IT-Geschäft.

„Schwierigkeiten scheinen nur da zu sein,
um überwunden zu werden."
E.T.A. Hoffmann

15. Kapitel

Erfolgslawine nach Überwindung von Blockaden

Warum hinter der größten Schwäche die größte Erfolgschance steht

Paul Keller, der zusammen mit seinem Sohn Paul Stefan Huber unter dem Namen „Die Investmentprofis" eine Finanzagentur betreibt, gehört zu jenen sympathischen Beratern, die einem nicht sofort etwas aufdrängen oder unentwegt nachfassen. Von der Veranlagung her ist er ein echter Beziehungstyp, der den Kontakt mit seinen Kunden liebt und sich wünscht, dass sie sich wohl fühlen. „Wenn meine Kunden glücklich sind", sagt er, „dann bin auch ich glücklich! Und wenn sie sich glücklich fühlen", fährt er schmunzelnd fort, „dann entscheiden sie sich auch ohne langes Verkaufsgespräch."

Sympathie kann viel Geld kosten

Dennoch kann gerade dieser sympathische Zug für die Beziehungen zu guten Kunden gefährlich werden. Denn die meisten erfolgreichen Kunden gehen so sehr in ihrem Geschäft auf, dass sie oft weder die Zeit noch die Lust haben, sich besonders um ihre Ver-

289

mögensanlage bzw. Altersvorsorge zu kümmern. Nur gelegentlich und so nebenbei verfolgen sie den DAX. Und wenn der plötzlich wie ein IC auf einer Hochgeschwindigkeitsstrecke loslegt und innerhalb kürzester Zeit 1.000 Punkte gutmacht, dann durchzuckt sie eben doch ein leichtes Bedauern oder gar ein ärgerlicher Frust, warum sie nicht rechtzeitig „auf diesen Zug aufgesprungen" sind.

Zwar wollen sie auf keinen Fall ständig von ihrem Finanzberater bearbeitet und zu neuen Abschlüssen gedrängt werden, aber genauso gern wollen sie natürlich auch an den rasanten Börsenentwicklungen teilhaben und gerade in solchen Situationen von ihrem Berater nicht „im Stich gelassen" werden. Dasselbe gilt übrigens auch, wenn die Kurse einmal aufgrund einer politischen oder wirtschaftlichen Schlechtwetterlage um 1.000 Punkte und mehr abstürzen. Auch dann hätten sie gerne ihren Berater an der Seite, um entweder nachzukaufen oder schnellstens zu verkaufen.

Und noch eins: **Gerade sehr erfolgreiche Menschen zeichnen sich oft durch ein sehr konträres Verhalten aus.** In ihrem Beruf, in dem sie Experten sind, können sie schnell und sicher entscheiden. Aber in den Bereichen, in denen sie sich nicht besonders auskennen, tun sie sich mit Entscheidungen oft doppelt so schwer wie die „normalen Kunden". Vielleicht – weil sie auch die Risiken und Gefahren besser beurteilen können.

Kurzum: Gerade die erfolgreichen Kunden, die Top-Verdiener in ihren Berufen, brauchen auf fremden Gebieten – dazu gehören Finanzanlagen – einen **entscheidenden Anstoß zum Handeln.** Und so sehr sie eine Dauerbetreuung als lästig empfinden, so sehr begrüßen sie die richtige Offerte zum richtigen Zeitpunkt.

Genau dasselbe sagte ich auch Paul Keller, als er wieder einmal auf der Fahrt zum Bodensee bei mir Station machte. „Ich weiß, was Sie mir damit sagen wollen", meinte er, nachdenklich geworden. „Ich betreue meine guten Kunden hinsichtlich ihrer Anlagen zu wenig intensiv! Ich rede zwar gerne mit ihnen, aber ich spreche sie in besonderen Situationen mit zu wenig Nachdruck über neue Anlagen an."

Gute Problemlöser fallen niemals lästig

„Woran, glauben Sie, liegt das?", frage ich ihn.

Paul Keller setzt eine leicht bekümmerte Miene auf und meint: „Wenn ich zu sehr nachsetze oder mit zu großem Nachdruck auf eine neue Anlage dränge, dann habe ich immer das Gefühl, dass ich den Leuten lästig bin."

„Ich glaube, dahinter steckt noch ein anderer Grund", nehme ich den Faden auf, **„Sie wollen den guten Kontakt mit ihren Kunden nicht belasten und die Freundschaft aufs Spiel setzen, nicht wahr?"**

„Ich glaube, Sie haben Recht", nickt Paul Keller zustimmend. „Wahrscheinlich", fuhr ich fort, „könnten Sie Ihren Umsatz problemlos um 100 Prozent steigern, wenn Sie Ihre Top-Kunden zum richtigen Zeitpunkt mit einem konkreten Anlagevorschlag ansprechen würden."

„Das glaube ich auch. Jetzt, wo Sie mir das alles sagen, leuchtet es mir ein, obwohl es mir nicht leicht fällt."

An dieser Stelle wusste ich, dass ich ihm eine „Goldene Brücke" schlagen musste. Denn Paul Keller war mit Leib und Seele ein echter Beziehungstyp, für den der freundschaftliche Kontakt zu seinen Kunden wirklich eine „Herzensangelegenheit", also ein echter „Wert", war. Und den gibt man selbst für 100 Prozent Umsatzsteigerung nicht so einfach auf, denn die persönlichen Werte machen die Identität eines Menschen aus und stehen für das, was einem im Leben „wert-voll" ist.

Also baute ich ihm folgende Brücke:

„Vergessen Sie als Erstes den Gedanken, ihren guten Kunden damit lästig zu werden. **Lästig ist nur der Berater, der dem Kunden keinen echten Nutzen anzubieten hat.** Und einem Kunden in bestimmten Abständen einen konkreten, durchdachten Investitionsvorschlag zu unterbreiten, ist eine absolut nützliche Tat."

So werden Sie die Nr. 1 für Ihre Kunden

„Aus diesem Grund schlage ich Ihnen folgende Schritte vor:

1. Wählen Sie zuerst die 20 Top-Kunden aus.
2. Schicken Sie diesen Top-Kunden jeden Monat (natürlich mit ihrer Erlaubnis) ein 1-Seiten-Fax mit drei bis vier konkreten Investitionsvorschlägen.
3. Schicken Sie ihnen gleichzeitig auch Überweisungsscheine, die bis auf die Summe bereits ausgefüllt sind, und bitten Sie sie, sie bei ihren Unterlagen aufzubewahren.
4. Faxen Sie in besonderen „kritischen oder erfolgversprechenden Situationen" Ihren Kunden ein zusätzliches Aktionsblatt zu, um ihnen das Gefühl der Betreuung und des Dialogs zu geben.
5. Vergessen Sie bei diesen Faxvorschlägen nicht, darauf hinzuweisen, dass Sie sich in letzter Zeit vor allem auf die neuen Themenfonds in den Bereichen Telekommunikation, Biotechnologie, Pharma, Emerging Markets etc. spezialisiert haben.
6. Fassen Sie auch kurz telefonisch nach."

Bei diesen Worten verdunkelte sich Paul Kellers Gesicht wieder etwas und ich wusste, dass das der kritische Punkt war, der seinem Wert „freundschaftliche Kundenbeziehung" im Weg stand. Also versuchte ich, ihm auch hierbei eine „Goldene Brücke" zu schlagen:
„Wenn Sie bei Ihren Top-Kunden nachfassen, dann konzentrieren Sie sich auf folgende Aussagen.

1. Sagen Sie Ihren Kunden: ‚Herr Kunde, ich sehe es als meine Aufgabe, Sie so gut wie möglich zu betreuen ... Und das vor allem, wenn die Märkte plötzlich in einer kritischen Verfassung sind oder wenn sich neue, optimale Anlagebedingungen ergeben.'
2. Sagen Sie ihnen: ‚Herr Kunde, ich rufe Sie an, weil ich nicht Schuld daran sein darf, wenn plötzlich der DAX explodiert oder bestimmte Fonds überdurchschnittlich anziehen und Sie diese

Entwicklung versäumen. Ich möchte nicht, dass Sie später zu mir sagen: ‚Herr Keller, warum haben Sie mich damals nicht auf diese Entwicklung aufmerksam gemacht. Ich hätte das als sehr positiv empfunden.‘“

„Sehen Sie“, sage ich zu Paul Keller, „mit dem monatlichen Fax, den konkreten Anlagevorschlägen, dem einfachen Bestellvorgang und dem persönlichen Anstoß durch Ihren Anruf bieten Sie dem Kunden einen wirklich wertvollen Service! Den braucht er und genau das bieten Sie ihm auf freundschaftlicher Basis an.“

Die Erfolgslawine

Paul Keller war von diesem kleinen Konzept sichtlich begeistert. „Die 100 Prozent sind mit dieser Strategie gar kein Problem“, meinte er. „In vier Wochen, Dottore, werden Sie die ersten Ergebnisse sehen!“ Er verabschiedete sich lachend, irgendwie glücklich, begeistert und voller Elan.

Als ich das Gespräch kurze Zeit später nochmal Revue passieren ließ, fiel mir im Nachhinein die Erleichterung, ja die Begeisterung und die Zuversicht von Paul Keller ein, als ich ihm seinen einzigen „Schwachpunkt“ offen legte. Warum die Erleichterung? Weil er der größte Bremsklotz für seine weitere Karriere und seine weiteren Umsatzsprünge war. Und weil die neue Strategie ihm neue Hoffnung machte, wie er diese „Blockaden“ ohne Verletzung seiner Werte überwinden und einen neuen Quantensprung auslösen konnte. So euphorisch hatte ich ihn noch nie erlebt.

Genauso phänomenal war auch das Ergebnis dieser Aktion: Schon im nächsten Monat schrieb Paul Keller zusammen mit seinem Sohn 114 (!) Aufträge. In einem einzigen Monat! Eine wahrhafte Umsatzexplosion!

Und das nur, weil Paul Keller nicht nur „seinen eigenen Knoten“ gelöst, sondern auch seinen Kunden geholfen hatte, ihren Knoten zu lösen – also sich den entscheidenden Ruck zur Lösung ihrer Vermögensanlage oder Altersvorsorge zu geben.

Allerdings kam zu diesem faszinierenden Erfolg auch noch eine spektakuläre Form der Neukunden-Akquise hinzu, die in dieser technisch ausgereiften Art absolut einzigartig und wegweisend ist.

So gewinnt man mit modernster Technik neue Kunden!

Paul Keller und sein Sohn Paul Stefan Huber setzen die modernen Medien wie Internet, Beamer, Nokia Communicator für ihre wöchentlichen Info-Abende so exzellent ein, dass sie damit nicht nur neue Interessenten zu Spontankäufen veranlassen, sondern auch ihre bestehenden Kunden zu ebenso begeisterten wie aktiven Empfehlungsgebern und Multiplikatoren machen.

Die Inszenierung dieser neuen Medien-Show zur Information und Unterhaltung ihrer Kunden ist so faszinierend, dass selbst von den größten Investmentgesellschaften wie Templeton und Fidelity Experten kommen, um sich die Sache anzusehen und selbst Vorträge zu halten.

Themen dieser wöchentlichen Info-Abende (die jeweils am Donnerstagabend stattfinden) sind das Investmentsparen, der Vermögensaufbau und die optimale Vermögensverwaltung. Dazu kommen noch so interessante Themen wie Steuersparen und die Regelung von Erbschaftsangelegenheiten.

Bei diesem Vortrag – und das ist das Entscheidende – erleben die Kunden oft zum ersten Mal mit eigenen Augen

- wie man mit einem Beamer einen perfekten Vortrag gestalten kann und jederzeit alle Informationen dieser Welt aus dem Internet auf die Leinwand zaubern kann;
- wie ungeheuer vielfältig man ein modernes Handy, wie den Nokia Communicator, einsetzen kann, angefangen vom Zugang zum Internet, der Versendung von Faxen, E-Mail-Botschaften und SMS-Kurznachrichten bis hin zur Speicherung des Terminkalenders mit automatischer Erinnerung oder zur Führung eines Adressbuchs;

294

- wie man selbst mit wenigen Klicks auf 211 Seiten (einschließlich der Links), auf denen die beiden Investmentprofis im Internet präsent sind, in Sekundenschnelle alle Infos über das Investmentsparen, und andere geldwerte Tipps abrufen kann. Darunter sind auch drei Seiten meiner Bücher, Seminare und Motivationshilfen.
- wie man mit dem Taschenrechner von Hewlett Packard (19BII Business Consultant II) in Sekundenschnelle Staffelzinsberechnungen durchführen kann und damit Fragen beantworten kann, wie z.B.: Wieviel muss ich monatlich in den Templeton Growth Fonds anlegen, um in 15 Jahren bei einem angenommenen jährlichen Wertzuwachs von 12 Prozent 1 Million Mark zu erreichen? (Die Lösung: 2118,82 Mark)
- wie man im Internet sein eigenes Depot einrichten und dann täglich den aktuellen Kontostand und die aktuellen Rücknahmepreise abrufen kann.

Das sind nur einige Highlights!

Doch was macht nun den großen Akquisitionserfolg aus?

- Die Kunden erleben die beiden als Investmentprofis. Das schafft echtes Vertrauen.
- Da die Infoabende kostenlos sind und regelmäßig stattfinden, erleben sie darüber hinaus, um wieviel ausführlicher, aktueller, professioneller und außerdem ohne jeden Verkaufsdruck und Zeitdruck sie hier informiert und beraten werden als bei ihrer Bank.
- Da nach den Vorträgen alle Teilnehmer die Gelegenheit haben öffentlich oder privat Fragen zu stellen, kann sich jeder Kunde individuell informieren und kann auch mit anderen Anlegern fachsimpeln und Erfahrungen austauschen.
- Da der Kauf von Aktien- und damit von Investmentfonds immer ein Kauf auf die Zukunft ist, erleben die Teilnehmer über

die neueste Medien-Technologie eben diese Zukunft live mit eigenen Augen. Man redet also nicht nur über die modernen Technologien, sondern man erlebt sie. Das überzeugt mehr als jeder Prospekt. Genau denselben Effekt bewirkt auch das erstmalige Surfen im Internet, das jedem Besucher kostenlos zur Verfügung steht.

Zuletzt noch ein **aktueller Hinweis**:

Falls Sie als Berater Interesse daran haben, die modernsten Verkaufsgesetze aus meinem Buch „Jeder kann Sieger werden" und gleichzeitig die modernste Medien-Technologie für die Akquisition neuer Kunden kennen zu lernen, gibt es ab November 2000 ein Tagesseminar, das von mir und den beiden Investmentprofis durchgeführt wird.

Nähere Informationen erhalten Sie unter der Internet-Adresse der beiden Investmentprofis: www.investmentprofis.de

Kehren wir zum Thema der Blockaden zurück.

Dann ergibt sich für uns als erste Erkenntnis:

> **Lösen Sie Ihre Blockade auf, also das, was Ihnen am schwersten fällt, und Sie lösen eine echte Erfolgslawine aus!**

Und die zweite Erkenntnis ist:

> **Helfen Sie dem Kunden, seine Blockade zu lösen, also das, was ihn hemmt, was ihm schwer fällt oder wozu er einen echten Anstoß braucht, und Sie lösen eine Umsatzlawine aus!**

Eine andere Form von Blockade ist der **fehlende Erfolgswille**.

Viel zu wenig Verkäufer machen sich bewusst, wie sehr ihre innere Einstellung – also ihr Erfolgswille, ihre Resultatsorientierung und ihr Kampfgeist – für den Abschluss verantwortlich sind. Millionenaufträge würden sie gewinnen, wenn sie die Signale der

Kunden besser deuten und dann mit der nötigen Entschlossenheit den Kunden zur optimalen Lösung verhelfen würden.

Denn hier gilt:

> **Schon eine winzige Unsicherheit und Unentschlossenheit kann den Abschluss gefährden!**

Sehen wir uns jetzt diese zweite Form der Blockade an:

Nur wenn Sie den Abschluss dringlich machen, macht ihn auch der Kunde zur Priorität Nr. 1

Fertighaus-Verkäufer Fritz Schex, lag drei Monate vor Jahresschluss erheblich unter seinem Jahressoll. Daraufhin sagte sein Verkaufsleiter zu ihm: „Entweder Sie schreiben bis Ende des Jahres noch zwei Aufträge oder wir trennen uns!"

Was dann kam, grenzt geradezu an ein Wunder und zeigt, welche unglaublichen Abschlusschancen ein Verkäufer hat, wenn er mit echter Entschlossenheit vorgeht. Innerhalb einer Woche verkaufte er drei neue Häuser! **Anscheinend hat die Angst vor der Kündigung nicht nur das Zögern, sondern auch jede Abschlussangst verscheucht.** Denn von dieser Stunde an sprach er ganz anders mit den Kunden. Schon am nächsten Tag rief er alle Kunden an, mit denen er seit Wochen nur „herumgetan" hatte, und teilte ihnen mit höchster Dringlichkeit mit: „Wir müssen uns unbedingt treffen! Es ist sehr wichtig!" Und siehe da – die Kunden, die sich vorher zu nichts aufraffen konnten, kamen jetzt sogar zu ihm ins Werk zur Betriebsbesichtigung.

Welches war sein Problem? Bis zu diesem Augenblick hatte er sich immer nur als „Berater", aber nicht als Verkäufer gefühlt. Mit der Folge, dass – wenn es so weitergegangen wäre – er noch fünf weitere Beratungen gemacht hätte. Er hätte damit genau den Fehler gemacht, den so viele Verkäufer machen: Statt im Verkaufsgespräch auf echte Fortschritte zu drängen, hatte er sich mit bloßen Fortsetzungen begnügt. **Und mit der eigenen Unentschlossenheit hatte er auch die Kunden angesteckt!**

In dem Augenblick der Wahrheit aber erkannte Verkäufer Fritz Schex:

Wenn Planung und Kalkulation stimmen, dann ist „jetzt" der beste Augenblick für den Abschluss gekommen! Es gibt keinen besseren! Und dann muss man sich mit Ernsthaftigkeit und Entschlossenheit ans Telefon hängen, um die Kunden zur Unterschrift zu bringen. Dann muss man die Sache wirklich **dringlich** machen! Denn nur dann machen auch die Kunden den Abschluss zur Priorität Nr. 1 und unterschreiben.

Das heißt: Verkäufer Fritz Schex hat zum ersten Mal begriffen, dass er selbst sehr wohl durch seine Entschlossenheit Verträge abschließen kann – statt wie bisher nur von der Gunst und der Stimmung der Kunden abhängig zu sein.

Eine dritte Form der Blockade ist **das fehlende Einfühlungsvermögen** und die fehlende Fähigkeit, aus solchen Misserfolgen zu lernen. Welche Folgen das hat, zeigt die nächste Geschichte, die Karl Hallberg, einen Kollegen von Fritz Schex betraf.

80 Prozent aller Aufträge gehen bereits im ersten Gespräch verloren

Verkäufer Hallberg hatte an diesem Tag Glück. Ein Herr Kessler hatte angerufen und ihn gebeten, ihm einen Prospekt mit Preisliste zuzusenden. Verkäufer Hallberg war an diesem Tag so gut in Form, dass er nicht nur die Adresse nebst Telefonnummer, sondern auch gleich die wichtigsten Wünsche und Vorstellungen des Kunden erfuhr. Ja, es gelang ihm sogar, den Kunden für Samstag in sein Musterhaus einzuladen.

Der Kunde kam und sie unterhielten sich angeregt über Grundrisse und Preise. Da der Kunde vor einem zweiten Termin noch seine Bank und seinen Steuerberater sprechen wollte, verabschiedete er sich mit der Bemerkung: „Ich rufe Sie dann an, wenn alles klar ist!" – Verkäufer Hallberg rieb sich die Hände. Alles schien in bester Butter zu sein. Doch Herr Kessler rief weder in der kommenden noch in der übernächsten Woche zurück. Er rief überhaupt nicht mehr an.

Als ihn Verkäufer Hallberg dann endlich anrief, musste er von Herrn Kessler hören, dass er von der Konkurrenz ein besseres Angebot bekommen und den Vertrag bereits unterschrieben hatte. Natürlich wusste Verkäufer Hallberg auch sofort die Gründe für diesen Auftragsverlust: „Wir sind zu teuer!", zeterte er zu Hause los, „die Konkurrenz bietet den Kunden einfach mehr! ... Da können wir nicht mithalten!"

Erst sein Verkaufsleiter, Bertram Schmitt, der diesem Auftragsverlust auf den Grund gehen wollte und Herrn Kessler anrief, erkannte die wahre Ursache: **Nicht die Konkurrenz war besser gewesen, sondern der Verkäufer der Konkurrenz war besser gewesen!**

Wieso das?

Als Kunde Kessler mit deren Verkäufer, Herrn Gerhard, über die Bank und seinen Steuerberater gesprochen hatte, da wusste der sofort, dass dies für den Kunden zwei Knackpunkte waren, von denen das Geschäft abhing: die Finanzierung und die steuerlichen Gestaltungsmöglichkeiten. Daher hakte er auch sofort nach, als sich der Kunde bei ihm mit dem Hinweis auf die Gespräche mit seiner Bank und dem Steuerberater verabschieden wollte. Kurz entschlossen sagte er zu dem Kunden: „Geben Sie mir Ihre Daten und Sie kriegen morgen Abend schon von unserem Partner, Herrn Dirksen, ein optimales Angebot – schneller und günstiger, als es Ihnen Ihre Hausbank bieten kann! Und wenn Sie mir jetzt noch die Fragen an Ihren Steuerberater geben, dann werde ich selbst bei unserem Steuerberater nachfragen und Ihnen in drei Tagen bei der Besichtigung unseres Werks Bescheid geben. Einverstanden?"

Was war der Unterschied?

Verkäufer Gerhard hat dem Kunden sofort gezeigt, dass er bereit war, für ihn auch seine schwierigen Probleme zu lösen. Das schuf ein Vertrauensband, dem Verkäufer Hallberg nichts entgegenzusetzen hatte. Und deshalb bekam Gerhard auch den Vertrag. Nicht der bessere Preis, die bessere Problemlösung hatte den Ausschlag gegeben.

Was erkennen wir daraus?

Viele Verkäufer sind sich nicht klar darüber, dass beim ersten Gespräch bereits 80 Prozent des Vertragsabschlusses auf dem Spiel stehen. **Denn nach einer Statistik kommt es nur bei 20 Prozent aller Erstgespräche noch zu einem zweiten Gespräch.**

Das bedeutet, dass Verkäufer, die diese erste Chance nicht nutzen, keine zweite mehr bekommen!

Der häufigste Auftragsverlust passiert also nicht im dramatischen Ringen um die besten Konditionen, sondern bei den leisen Verhandlungen im Vorfeld! In diesem Fall hat es der Verkäufer beim ersten Gespräch einfach nicht geschafft, den Kunden an sich zu binden. Und warum nicht? Weil er einen (oder mehrere) der **„vier kritischen Punkte" beim ersten Kontakt** nicht gemeistert hat:

1. Eine gute persönliche Beziehung herzustellen.
2. Begeisterung für sein Angebot zu wecken.
3. Seine Bereitschaft zur individuellen Problemlösung zu beweisen.
4. Dem Kunden Hoffnung auf weitere Vorteile zu machen.

Hier gibt es nur eine Regel:

> **Der Verkäufer muss bereits beim ersten Kontakt emotional voll aus sich herausgehen, um beim Kunden einen starken emotionalen Eindruck zu erreichen!**

Wir sagen immer: Der erste Eindruck entscheidet! Aber das ist auch nur wieder die halbe Wahrheit. Natürlich ist der erste Eindruck entscheidend für den weiteren Gesprächsverlauf. Aber ob es zum entscheidenden zweiten Gespräch und damit zum Abschluss

kommt, entscheidet der **Eindruck, der beim Kunden zurückbleibt**. Der ist fast noch wichtiger!

Und der stärkste Eindruck, den ein Verkäufer bei einem neuen
Kunden hinterlassen kann, ist die Gewissheit, dass er „sein Problem" lösen kann. Denn das ist für ihn das Wichtigste.

Das größte Manko schwacher Verkäufer ist eben, dass sie keinen (besonderen) Eindruck hinterlassen! Sie treten einfach zu blass
auf! Sie hinterlassen weder fachlich noch emotional Spuren, an die
sich der Kunde später noch erinnert und die ihn veranlassen, mit
dem Verkäufer noch einmal in Kontakt zu treten. Daher werden sie
einfach vergessen und links liegen gelassen.

Unterschätzen Sie also nie den fachlichen und emotionalen
Aufwand, der nötig ist, um einen Kunden im ersten Gespräch zu
begeistern und an sich zu binden. Denken Sie daran:

> **Sie haben nur eine Chance! Die weiteren Chancen haben die
> Wettbewerber!**

Damit kommen wir zum letzten Kapitel.

Freuen Sie sich (mit mir) auf einen der Höhepunkte dieses Buches, denn die beiden Personen, die ich ihnen jetzt vorstelle, sprengen wahrhaftig die Grenzen unseres Vorstellungsvermögens.

Kleiner Beweis gefällig?

Glauben Sie, dass man mit drei Kindern (13, 17 und 23 Jahre
alt) noch eine sehr erfolgreiche Anlageberaterin sein kann? Zweite
Frage: Glauben Sie, dass man mit drei Kindern und der Leitung
einer Maschinenfabrik mit 60 Mitarbeitern noch eine sehr erfolgreiche Anlageberaterin sein kann? Dritte Frage: Glauben Sie, dass
man mit drei Kindern, der Leitung einer Maschinenfabrik und der
Betreuung eines siebenköpfigen Beraterteams noch eine außergewöhnlich erfolgreiche Anlageberaterin sein kann, die allein durch
ihre Anlageberatung mehr als 1,6 Millionen Mark pro Jahr verdient?

Das glauben Sie nicht? Dann freuen Sie sich auf die Geschichte
von Frau Horn.

Und dass es da noch einen Mann gibt, der ihr Vorbild war und sieben Jahre lang ununterbrochen die Nr. 1 in dieser Gesellschaft war, das glauben Sie auch nicht?

Dann lesen Sie die Geschichte von Hern Heim.

Beide Geschichten zeigen uns nicht nur, welche fantastischen Spitzenergebnisse möglich sind, sondern auch, wie man sie erreichen kann.

Blättern Sie also um für den krönenden Ablschluss unserer Siegergeschichten.

16. Kapitel

Siegerbewusstsein – das Top-Geheimnis aller Spitzenleute

Drei Kinder, zwei Berufe und 1,6 Millionen Mark Provision

Edith Horn verkauft für einen renommierten Finanzdienstleister in Deutschland das ganze Spektrum: von Versicherungen bis zu Investmentfonds. Aber ihre Hauptumsatzträger sind Immobilienfonds, Baufinanzierungen und Investmentfonds. Die anderen Bereiche wie Versicherungen, Bausparen oder Schuldenberatung dienen ihr zur Eröffnung und für gute Cross-Selling-Quoten.

Als ich sie nach ihrem Erfolgsgeheimnis frage, sagt sie als Erstes „Mehr Arbeit!" und beweist damit die Tatsache, **dass selbst noch so brillante Sieger nicht ihr eigentliches Erfolgsgeheimnis kennen**. Doch zurück zur Arbeit. In Zahlen heißt das: Um 7 Uhr gehen die Kinder aus dem Haus und um 7 Uhr sitzt sie an ihrem Schreibtisch. Danach folgt in der Regel ein 14-Stunden-Tag – inklusive der Arbeit für die Maschinenfabrik –, wobei der erste Termin notfalls um 7 Uhr vor der Frühschicht und der letzte um 22 Uhr nach der Spätschicht der Maschinenfabrik erfolgt. Insgesamt reserviert sie für die Anlageberatung etwa acht Stunden am Tag.

Um meine nächste Frage nach klaren Tages-, Monats- oder Jahreszielen zu verstehen, muss ich eine Besonderheit erklären:

In ihrer Organisation wird die Provision auf der Basis bestimmter Einheiten ausgerechnet. So kam sie im Jahr 1999 auf über 36.000 Einheiten, was in etwa einem Provisionseinkommen von 1,6 Millionen Mark entspricht.

Dennoch geht sie jetzt nicht verbissen daran, dieses Ziel schon wieder zu übertreffen. Sie peilt für das Jahr 2000 „nur" 30.000 Einheiten an, also 2.500 pro Monat, wobei sie weiß, dass das erste Halbjahr in der Regel 40 Prozent und das zweite 60 Prozent des Umsatzes erbringen! Die **besseren** der durchschnittlichen Verkäufer erreichen in der Regel dagegen nur 5.000 bis 6.000 Einheiten pro Jahr.

Realistischerweise setzt sie sich immer zwei Ziele: Ein „Traumziel" von 2.500 Einheiten pro Monat und ein „Mindestziel" von 1.000 Einheiten. Darunter möchte sie nicht liegen. Trotzdem hat sie im Mai 2000, als wir dieses Interview führten, nur 600 geschafft. Dennoch lässt sie sich auch davon nicht verrückt machen.

„Wie viele Termine brauchen Sie pro Woche, um Ihr Traumziel zu erreichen?", fahre ich fort.

„15 bis 18", meint sie.

„Und wie erreichen Sie diese Termine? Machen Sie Telefonakquise?"

Die Antwort ist absolut überraschend:

„Nein. Ich mache keine Telefonanrufe. Ich kann das nicht! Und das liegt mir auch nicht!"

Hätten Sie diese Antwort erwartet? Es ist eine typische Siegerantwort, denn Sieger setzen immer nur die Strategien ein, die sie können und bei denen sie sich wohl fühlen.

„Wie kommen Sie dann zu Ihren Terminen?", frage ich nach.

„Durch Empfehlungen. Eines Tages sagte eine Kundin: Das mit der Beratung haben Sie sehr gut gemacht. Man fühlt sich bei Ihnen direkt wohl!" Da wusste ich, dass ich das besonders gut kann, und habe ihr gesagt, dass ich mich freuen würde, wenn sie davon auch anderen berichten würde."

„Haben Sie nie systematisch nach neuen Empfehlungen gefragt?"

„Am Anfang ja. Da habe ich jedem Kunden gesagt, dass für mich der beste Lohn für eine gute Beratung fünf neue Empfehlungen sind. Ich war der felsenfesten Überzeugung: **Jeder Kunde muss mir Empfehlungen geben!**"

„Und das hat funktioniert?"

„Es hat so gut funktioniert, dass ich heute gar nicht mehr gezielt nach Empfehlungen frage. Sie kommen automatisch. Das heißt natürlich nicht, dass ich da heute nichts mehr tue. Wenn ich eine gute Adresse bekomme, dann sage ich schon hin und wieder zu dem Adressengeber: ‚Ruf deinen Bekannten doch einmal an, dass er mich zurückruft.' Ich versuche also sehr wohl, meine guten Kunden auch zu ‚aktiven Freunden' zu machen."

„Wie schaffen Sie das?"

„Zuerst einmal durch gute Beratung. Dann, indem ich mich permanent um sie kümmere. So erhält z. B. jeder Kunde pro Jahr mindestens sieben Briefe, sei es ein Geburtstagsgruß, eine Einladung zu einer Vernissage oder zu einem Jazzkonzert, zu einem Vortrag über Immobilien oder zu einem ‚Fit-for-Fun-Event'. Dazu gehört natürlich auch, dass ich die verschiedensten Heimatvereine, angefangen von der freiwilligen Feuerwehr bis zum Tennisverein, aktiv unterstütze."

„Stichwort Tennisverein. Sie haben mir vor dem Interview erzählt, dass Sie vier Jahre lang Vorstand waren und in dieser Zeit den Verein organisiert, finanziert und saniert haben – aber nach zwei Versuchen, selbst Tennis zu spielen, aufgehört haben. Warum das?"

„Weil ich ganz schnell gemerkt habe, dass das nicht mein Sport ist, und **weil ich nichts tue, was ich nicht gerne tue.** Diese Freiheit nehme ich mir."

„Worin besteht das Geheimnis, dass die Kunden so gerne zu Ihnen kommen?"

„Es gibt mehrere Gründe, aber der wichtigste ist wohl: **Die Kunden fühlen sich nach dem Gespräch mit mir besser als zuvor!** Denn ich nehme jeden Kunden offen und ohne Vorurteile an, egal ob es um einen Abschluss über 5.000 Mark oder 100.000 Mark geht, ob es sich nur um eine Schuldenberatung dreht oder um eine komplette Altersvorsorge. Egal ob er ein Top-Verdiener ist oder im Augenblick arbeitslos ist."

Die nächsten drei Gründe für ihre überragenden Erfolge kennen wir alle, doch anscheinend nehmen nur die Sieger sie wirklich ernst. Sie sagt: „**Ich mag Menschen! Ich höre ihnen sehr genau zu! Und ich will ihnen wirklich helfen!**" Und dem fügt sie noch den Satz hinzu, ohne den im Verkauf keiner glücklich wird:

„Ich gehe absolut (gerne) auf Menschen zu!"

Was sagt uns das?

Erinnern Sie sich noch an die Bedeutung der Begeisterung? Also dass 78 Prozent aller Abschlüsse mit Privatkunden nur dann erfolgen, wenn der Verkäufer es versteht, den Kunden in einen Zustand der Begeisterung zu versetzen? Und genau dafür bringt sie die besten Voraussetzungen mit:

- Sie **mag** die Menschen. (Das ist die wichtigste Voraussetzung für eine positive Ausstrahlung.)
- Sie **hört** ihnen sehr genau zu. (Das ermöglicht eine individuelle Problemlösung.)
- Sie will ihnen wirklich **helfen.** (Das schafft erst die Basis für eine emotionale Kundenbeziehung.)
- Sie **geht gern auf Menschen zu.** (Dadurch ensteht jene geradezu magische Anziehungskraft, die auch die Kunden gerne auf sie zugehen lässt.)

„Gibt es noch einen Grund, warum die Leute gerne zu Ihnen kommen?"

„Ich habe im letzten Jahr mein Büro für 1,5 Millionen Mark ausgebaut. Es ist jetzt 264 Quadratmeter groß, sehr schön hell und offen, wobei ich versucht habe, dass wirklich alles, auch die Dekoration, im Rahmen der Corporate Identity zusammenpasst. Ich glaube, dass das die Kunden sehr schätzen. Das gibt ihnen mit Sicherheit ein besseres Gefühl, ja geradezu ein Gefühl der Stärke, als wenn ich noch aus dem Wohnzimmer heraus verkaufen würde."

306

„Warum glauben Sie, dass gerade das Gefühl der Stärke bei Ihren Kunden so wichtig ist?"

„Voriges Jahr hatten wir zur Einweihung eine Feier, bei der auch mein Chef anwesend war. Er sagte damals: ‚1998 war Frau Horn die Zweitbeste unserer Organisation. Aber 1999 gehen wir davon aus, dass sie die Beste und Stärkste wird.' Und wissen Sie, was dann geschah? Seit diesem Tag riefen mich immer wieder Kunden an und fragten mich: ‚Sind Sie denn jetzt schon die Stärkste, die Nr. 1?' **Ich habe das Gefühl, die Kunden mögen es, wenn man die Beste und Stärkste ist!** Sie sind dann richtig stolz darauf, bei mir Kunden zu sein."

„Gab es irgendwann einmal in Ihrer Berufslaufbahn einen Tag, an dem Sie beschlossen, ganz nach oben zu kommen?"

„Ja, das war vor einigen Jahren. Damals stand ich noch auf Platz 10 und habe nur mit größter Müh und Not gerade noch 10.000 Einheiten erreicht. Und auch das nur, weil mir ein bestimmter Umsatz erst aufgrund meines Nachhakens nachträglich noch gutgeschrieben wurde. Als dann mein Chef noch zu mir sagte: ‚Aber nächstes Jahr nehmen wir sowas nicht mehr an!', da habe ich mir geschworen: ‚Ich werde es niemals mehr darauf ankommen lassen, dass ich noch einmal wegen irgendeines Umsatzes nachhaken muss.' Und so habe ich im nächsten Jahr bereits 18.000 Einheiten erreicht."

„Gab es ein Vorbild, das Sie besonders motiviert hat?"

„Ja, Herr Heim. Er war sieben Jahre lang ununterbrochen die Nr. 1. Er war für mich ein absolutes Vorbild. Doch das eigentliche Schlüsselerlebnis war, als ich erkannte, **dass er gar kein geschliffenes Verkaufsgespräch führt**. Dass er genauso spricht, wie er ist! Aber den eigentlichen Kick löste bei mir erst der Satz aus, der quasi sein Erfolgsgeheimnis darstellt. Da hat es bei mir echt gefunkt! Er sagte damals:

> **Man muss dem Kunden etwas zutrauen!**

„Was meinte er damit?"

„Viele Kunden wollen eine Anlage wie z. B. die Investmentfonds anfangs nur mal ausprobieren, also mit 5.000 Mark einsteigen. Doch was wollen sie damit erreichen? Damit gewinnen sie weder das große Geld noch reicht das für eine vernünftige Altersvorsorge. Es ist nur eine **Halblösung**.

Doch die meisten Verkäufer akzeptieren aus Angst vor einer Absage solche Halblösungen. Sie trauen dem Kunden keine bessere Lösung zu, weil sie – und jetzt kommt der entscheidende Grund – sich selbst nichts zutrauen. Sie bleiben selbst lauwarm, weil sie von ihrem Angebot nicht überzeugt sind, so bleibt auch der Kunde lauwarm. Denn wie kannst du jemanden überzeugen, wenn du selbst nicht überzeugt bist?"

„In Ihrem Beruf gibt es doch viele Aufs und Abs. Wie motivieren Sie sich z. B. nach Misserfolgen? Haben Sie da besondere Methoden?"

„Nein. Das brauche ich nicht. **Ich empfinde Misserfolge nicht als solche.** Und daher habe ich auch keine besonderen Selbstmotivationsmethoden. Wenn ich mich nicht so gut fühle, dann backe ich einfach einen Kuchen oder arbeite im Garten.

Hier spricht sie ein ganz wichtiges Problem der Motivation an, das normalerweise gerne verschwiegen wird:

Top-Leute brauchen keine besonderen Motivationsmethoden!

Denn hier gilt das Gesetz:

Je mehr künstliche Motivationsmethoden jemand braucht, umso weniger ist er für seinen Beruf geeignet.

Wer einen Beruf hat, der ihm Berufung ist, ist von Natur aus hoch motiviert. Nur wer gegen seine wahren Bedürfnisse und Fähigkeiten handelt, der muss sich künstlich hochpuschen!

„Und was ist mit der Motivation, immer besser zu werden? Motiviert Sie nicht der Wettbewerb mit Herrn Heim?"

„Natürlich. Dadurch haben wir uns beide so richtig hochgeschaukelt. Und natürlich motiviert mich das Gefühl: ‚Ich kann ihn schlagen!' Doch genauso viel Motivation kommt auch durch die 1,5 Millionen, die ich in mein Büro investiert habe. Die müssen erst mal verdient werden."

„Was motiviert Sie sonst noch?"

„Es ist die natürlichste Form der Motivation: **Ich empfinde meine Arbeit nicht als Stress, sondern als Spaß.** Und ganz besonders viel Spaß macht mir der Erfolg."

Mit den nächsten Fragen möchte ich noch näher an ihre Erfolgsgeheimnisse herankommen und frage sie: „Haben Sie sich auf bestimmte, lukrative Zielgruppen spezialisiert?"

„Nein. Ich wohne in einem 2.000-Seelen-Dorf. Da ist das gar nicht möglich. Da muss ich für jeden ein offenes Ohr haben. Außerdem hat das auch seine Vorteile: Ich habe ungefähr 270 Familien als Kunden. Durch die gegenseitigen Empfehlungen wurden daraus 600 Einzelkunden."

„Und wie kommen Sie dann zu dem Neugeschäft?"

„Indem ich vor allem die Situation meiner Stammkunden sehr genau verfolge und sie dann auch anrufe. Denn ich verfolge von Anfang an eine langfristige Beziehung zu meinen Kunden. Ich möchte in Sachen Finanzen ihr lebenslänglicher Partner werden. Von dieser Voraussetzung gehe ich aus."

„Machen Sie diese Anrufe selbst?"

„Die Gespräche ja, **aber die telefonische Kontaktaufnahme überlasse ich meinen Mitarbeitern**, also das Heraussuchen der Telefonnummern, das Wählen, das Fragen nach dem Gesprächspartner. Dieses Vorgehen habe ich von Herrn Heim übernommen, denn er sagte mir immer: ‚**Mach nichts, was du nicht gerne machst!**' Dieser Rat war für mich ungemein nützlich, denn ich hatte am Anfang meiner Karriere, wie so viele meiner Kollegen auch, gleich Aquaplaning an den Händen, wenn ich nur an das Telefon dachte."

„Wenn Sie so eine Empfehlungsadresse zum ersten Mal anrufen, worauf achten Sie dabei?"

„Meistens ist es so, dass ich diese Adresse schon eine bestimmte Zeit in meiner ‚Liste neuer Kunden‘ habe, die ich permanent fortführe. Das ist wichtig für mich, denn ich muss mir den Kunden zuvor ins Bewusstsein holen. Im Gespräch achte ich dann als Erstes auf mein Gefühl: Will und kann ich mit dem?"

„Besuchen Sie Ihre Kunden auch zu Hause?"

„Nein, die kommen alle gerne zu mir."

„Wie hoch ist Ihre Abschlussquote?"

„In der Regel 1:1."

„Und wie erreichen Sie die?"

„Das hängt von mehreren Faktoren ab. Der erste ist: **Ich habe keine Zeit zum Vertrödeln. Und ich mache daher auch keine Pseudotermine!** Wenn z. B. der Kunde anruft, dann qualifiziere ich ihn sofort und frage genau nach: ‚Worum geht es? ... Um welche Größenordnung handelt es sich? ...‘ Dann möchte ich konkret wissen, woran ich bin, und akzeptiere keine Aussagen wie z. B.: ‚Ich möchte nur mal wissen, was ich so für meine Altersvorsorge machen kann.‘ Ich mache solche Spielchen nicht mit. Ich bin da sehr graderaus, denn ich möchte der Chef im Ring sein."

Konsequenteste Resultatsorientierung nennt man diese Eigenschaft, die wir bereits von anderen Siegern kennen.

„Wie gehen Sie dann im Gespräch vor?"

„Ich mache meistens zwei Gespräche: Das erste für die Bestandsaufnahme und das zweite für den Abschluss. Bei der Bestandsaufnahme möchte ich unbedingt wissen: Wo drückt den Kunden der Schuh? Hat er ein Finanzierungsproblem oder hat er ein Steuerproblem? Ich gehe dann gemeinsam mit ihm den Analysebogen durch, und wenn etwas unklar ist, dann hinterfrage ich es! **Denn ich möchte immer den wahren Grund herausbekommen.** Sie wissen ja: Jeder Mensch hat zwei Gründe, warum er etwas tut – einen, der gut ausschaut, und einen, der der wahre ist. Und den muss ich herausbekommen.

Wenn ich diesen Punkt anspreche, dann öffnet der Kunde sich meistens schon von selbst. Wenn nicht, mache ich ihm klar, dass ich ohne seine präzise Angaben das Gespräch nicht weiter fortsetzen werde. Und dass ich ihn nur dann gut beraten kann, wenn er – wie wir in Bayern sagen – die ‚Hosen runterlässt'!

Dazu gehört auch, dass ich ihn danach frage: Was erwarten Sie von mir? Was wollen Sie erreichen? Welches sind Ihre genauen Ziele? **Es hat keinen Sinn, zuerst über Scheinziele und später über Scheineinwände zu verhandeln.**"

Erkennen Sie ein weiteres Siegermerkmal? Durch die systematische Hinterfragung aller Wünsche, Probleme, Bedürfnisse und Vorstellungen des Kunden schafft sie nicht nur eine exzellente emotionale Beziehung zu dem Kunden (getreu dem Motto: „Die kümmert sich wirklich ganz individuell um mich!"), sondern sie braucht auch beim Abschluss keine speziellen Methoden, sondern kann ihm – maßgeschneidert für seine vorher genannten Probleme – die für ihn optimale Problemlösung anbieten. Und wenn er die sieht, dann unterschreibt er auch.

„Wie reagiert der Kunde auf diese Form der Gesprächsführung? Sie gehen ja sehr bestimmend vor."

„Das ist überhaupt kein Problem. Denn ich nehme mir andererseits auch sehr viel Zeit für den Kunden. Ich gebe ihm immer das Gefühl, dass dieses Gespräch für mich jetzt das Wichtigste ist. **Und dass ich total auf ihn konzentriert bin.** Und das mache ich ihm auch wirklich bewusst!"

„Wie?"

„Ich frage ihn z. B.: ‚Sie waren doch auch bei der Bank zur Beratung. Wie viel Zeit hat man sich da für Sie genommen? Zwei oder drei Minuten?' Und dann wird ihm der Unterschied zwischen der Bankenberatung und meiner Beratung sehr schnell klar. Dabei fühle ich eine große Verantwortung für den Kunden. Denn ich will, dass er die richtige Entscheidung trifft. Und deshalb erarbeite ich jeden Punkt mit ihm – bis alles hundertprozentig passt. Dann kann er im zweiten Gespräch auch nicht plötzlich sagen, dass er sich in Wirklichkeit eine kleinere Summe vorgestellt habe – oder dass beim Abschlussgespräch plötzlich zögern."

„Wie reagieren Sie in diesem Fall: wenn er z. B. im zweiten Gespräch dann plötzlich sagt, dass die Finanzierungssumme für sein Haus zu hoch ist?"

„Dann frage ich ihn schon: ‚Wieso das? Wollen Sie jetzt ein kleineres Badezimmer? Oder wollen Sie beim Wohnzimmer einen Meter abschneiden? Haben wir das letzte Mal nicht alles genau besprochen? Wie stellen Sie sich das jetzt vor?‘“

„Sie provozieren ihn also geradezu, damit er jetzt wirklich Farbe bekennt und Sie Klarheit gewinnen?“

„Ja, aus diesem Grund ist auch in 99 Prozent aller Fälle der Abschluss für mich eine Selbstverständlichkeit – ohne dass ich da irgendwelche Methoden einsetze. Ich mache im ersten Gespräch eine klare Bestandsaufnahme seiner Ist-Situation und seiner Zukunftsvorstellungen. Und dann sage ich am Ende des ersten Gesprächs: ‚Wir haben ja jetzt alles durchgesprochen. Jetzt brauche ich von Ihnen nur noch das ... und das ...‘ (Das sind seine Hausaufgaben.) Und in der Zwischenzeit arbeite ich die Unterlagen fix und fertig aus und lege sie für unseren nächsten Termin in der Unterschriftsmappe bereit.

Ich kündige also den Anschluss für das nächste Gespräch schon an. Zögert er jetzt noch, frage ich ihn: ‚Wollen Sie so weitermachen wie bisher oder wollen Sie jetzt etwas Gescheites machen?“

„Und was ist, wenn der Kunde Sie auffordert, ihm zuerst ein schriftliches Angebot zu machen?“

„Dann steige ich nochmals in das Gespräch ein und frage ihn, was noch unklar ist. **Denn ich mache keine Angebote.** Angebote verkaufen nicht und sind daher reine Zeitverschwendung.“

Ich vermute, lieber Leser, dass Ihnen diese Bestimmtheit schon beinahe zu hart erscheint. Aber die unglaublichen Verkaufserfolge beweisen, dass Edith Horn dank ihres Einfühlungsvermögens sich diese konsequente Resultatsorientierung leisten kann, weil sie andererseits ihren Kunden das Gefühl gibt, sich wirklich hundertprozentig um sie zu kümmern.

Mittelmäßige Verkäufer tappen dagegen genau in die zwei größten Fallen: Entweder sind sie beim Abschluss zu dominierend und stoßen so den Kunden vor den Kopf. Oder sie sind zu freundlich und lassen den notwendigen Nachdruck vermissen. Beides perfekt zu integrieren ist die Kunst von Edith Horn.

„Welche Rolle spielt die Weiterbildung für Ihren Erfolg?"

„Eine große. Und das betrifft sowohl die Zeit, die ich für meine eigene Weiterbildung aufwende – z. B. für Fachliteratur, Seminarbesuche oder Erfahrungsaustausch mit Kollegen –, als auch die Zeit, in der ich selbst Mitarbeiter ausbilde und schule."

„Wie viel Zeit verwenden Sie für diese Maßnahmen?"

„Ich glaube, dass ich pro Jahr mindestens 30 Tage mit solchen Weiterbildungsmaßnahmen beschäftigt bin."

„Da Sie ja auch selbst noch ein Team mit sieben Leuten führen und Dutzende von Verkäufern ausgebildet haben, wissen Sie sicher die Gründe dafür, warum so viele Verkäufer nicht den Sprung vom guten zum außergewöhnlichen Berater schaffen?"

„Ich vermute, **sie arbeiten nicht konsequent genug.** In meinem Fall heißt das: Egal wie anstrengend der Tag oder wie kurz die Nacht war, am nächsten Tag sitze ich um 7 Uhr an meinem Schreibtisch und dann beginnt ein 13- bis 14-Stunden-Tag. Viele Verkäufer meinen, sie können mit weniger Einsatz genauso viel verdienen. Aber das ist ein Irrtum."

Konsequenz ist für den Erfolg unverzichtbar

„Gibt es noch einen weiteren Grund?"

„**Viele Mitarbeiter sind nicht bereit, in ihren Erfolg zu investieren.** Sie sind zu geizig. Sie wollen alles selbst machen. Also wollen sie auch nicht in gute Mitarbeiter investieren und sich das Back Office schaffen, das man einfach für den großen Erfolg braucht, wenn man sich nicht aufreiben will. Oder sie machen folgenden Fehler: Sie wollen erst dann investieren, wenn sie Erfolg haben. Aber das funktioniert so nicht: Man muss erst investieren, dann kann man kassieren!"

„Und der dritte Grund?"

„Sie haben Probleme mit ihrer Berufsauffassung. Sie sind zwar selbstständig und haben die Vorteile davon. Aber im gleichen Atemzug jammern sie über die Probleme der Selbstständigkeit, z. B. über die fehlenden Termine. Sie machen sich einfach nicht ihre Chancen bewusst! Sie begreifen nicht, dass sie den schönsten Beruf haben, bei dem sie nicht nur helfen, sondern auch ordentliches Geld verdienen können. Sie erkennen einfach nicht die Möglichkeit, dass sie sich ihre Wunschziele aus eigener Kraft erarbeiten können und nicht erst – wie die meisten – jahrelang dafür sparen müssen. Sie haben unglaubliche Chancen auf Erfolg, aber statt sie zu ergreifen, verzichten sie. Sie sind eher Unterlasser statt Unternehmer.

Genauso schädlich ist es auch, wenn sie sich als ‚Berater‘ fühlen! Das ist Unsinn! Wenn wir nichts verkaufen, geschieht nichts. Dann haben beide nichts: Der Kunde hat sein Problem nicht gelöst und der Berater hat kein Geld verdient.“

„Welchen Rat würden Sie jungen, neuen Verkäufern geben?“

„Es ist vielleicht der wichtigste Rat, der auch mich an die Spitze gebracht hat.

> **Sitzen Sie bei einem Kunden niemals mit einem ‚Bückling‘ da, sondern immer im Bewusstsein dessen, was er alles gewinnt, wenn er mit Ihnen spricht!**

Jeder, der erfolgreich verkaufen will, braucht dieses unbedingte Bewusstsein eines Gewinners.“

Ihr zweiter Rat:

> **Wenn Sie es drauf haben, dass der Kunde kauft, dann kauft er auch!**

„Anders gesagt: Wenn die geistige Grundhaltung stimmt, dann strahlt das auf den Kunden aus – und dann kauft er auch! Es kommt also alles auf den Gefühlszustand, auf diese starke, innere Zuversicht an, wenn man mit dem Kunden redet.“

„Zum Abschluss noch eine Frage: Was wollen Sie in meinem Vortrag bei Ihrem ‚Meeting der Besten‘ hören?“

314

„Ich will in Ihrem Vortrag einen Satz mitnehmen, der sich in meinem Kopf festsetzt. So wie es der Titel Ihres Buches ‚Kunden kaufen nur von Siegern‘ tat. Solche Sätze sind für mich wichtig, weil sie mich motivieren. Ich lese sehr viel. Und streiche auch sehr viel an. Oft klebe ich die wichtigsten Sätze sogar an die Wand, um sie mir einzuprägen!

Vor allem aber wünsche ich mir in Ihrem Vortrag **etwas Positives, damit auch die Seele wieder einmal gestreichelt wird.** Denn letzlich verfolgen wir doch alle nur das Ziel, dass wir bei allen Anstrengungen auch unseren Erfolg noch genießen und uns über das Leben freuen können. Und seien es nur die kleinen Freuden des Lebens.“

Der schärfste Rivale

Vorbild und schärfster Rivale von Frau Horn ist Reinhold Heim, der über sieben Jahre lang die Nr. 1 war. Sein Kurzportrait zeigt, wie sehr sich die Sieger auf der einen Seite – vor allem im mentalen Bereich – alle ähneln und wie sehr sie sich in den Mikrostrategien unterscheiden.

Auf die Frage nach seinem Erfolgsgeheimnis sagt Heim:

„**Ich habe in mir die feste Überzeugung, dass der Kunde seine Situation durch mich verbessert!** Dass er also einen echten Nutzen von mir hat. Durch diese Überzeugung fühle ich mich so stark, dass mich auch Misserfolge nicht erschüttern.“ Er geht also in jedes Verkaufsgespräch mit der Einstellung:

> **Der Kunde kann durch mich nur gewinnen!**

Reinhold Heim spricht also bereits im ersten Satz die innere Einstellung an, die Frau Horn als das größte Geheimnis ihres Erfolgs bezeichnet hat. Er fügt noch hinzu:

„**Dieses Bewusstsein des Nutzens gibt mir die Kraft, durch höfliche Hartnäckigkeit alle Hindernisse zu überwinden.**“

„Wie viele Kunden haben Sie?"

„Ich habe rund 500 Kunden, von denen ich 100 ständig betreue."

„Wie machen Sie die Neukundenakquise? Per Telefon?"

„Nein, weder per Telefon noch in Form von Kaltbesuchen. Wenn ich mal einen Fremden anrufe, z. B. einen Arzt, dann nur, wenn ich zuvor einen Anhaltspunkt bekommen habe. Den brauche ich. Ansonsten arbeite ich nur über Empfehlungen, wobei ich heute durch die intensive Betreuung der Stammkunden kaum noch die Notwendigkeit verspüre, gezielt nach Empfehlungen zu fragen."

Wie Frau Horn verzichtet auch Herr Heim auf die telefonische Terminierung bei neuen Kunden, weil auch er nicht viel davon hält. Er hat, wie jeder Sieger, seine eigenen Strategien.

„Haben Sie sich auf eine bestimmte Zielgruppe spezialisiert?"

„Ja, zum einen auf die etwas besser Verdienenden mit rund 100.000 Mark und zum anderen auf die Ingenieure, da ich ja selbst Diplomingenieur bin. Und da ich mich nicht als Showman sehe, sondern eher als sachlich-nüchternen Typ, der sehr viel rechnet und auch gerne auf schriftliche Referenzen, z. B. auf Zeitungsartikel, zurückgreift, komme ich mit dieser Zielgruppe sehr gut zurecht. Ich kann meinen Kunden die Vorteile beweisen. Die anderen 50 Prozent sind Ärzte, Unternehmer und Freiberufliche."

„Gibt es ein Tagesziel, das Sie erreichen wollen?"

„Ja, ich will jeden Tag zwei Unterschriften gewinnen. Das gibt mir ein gutes Gefühl."

„Haben Sie sich die großen Ziele bewusst vorgenommen?"

„Nein, die sind gewachsen. **Es war einfach der Wunsch, immer erfolgreicher zu werden.** Den haben auch die Bücher von Dale Carnegie und andere Bücher zum positiven Denken in mir geweckt."

„Was motiviert Sie sonst noch?"

„Ich brauche Geld. Ich habe verschiedene Immobilien gekauft, für die ich finanzielle Verpflichtungen habe. Andererseits gilt für mich: Mit so vielen Kunden bin ich einfach in der Mühle. Da muss ich mich um meine Kunden kümmern. Ein Arzt kann ja auch nicht einfach sagen: ‚Jetzt höre ich auf!' Zum anderen macht mir die

Arbeit ja auch Spaß. Und außerdem gibt es natürlich auch noch den Wettbewerb und die Rennliste. Da hat man natürlich den Ehrgeiz, ganz oben zu stehen.

Aber die stärkste Motivation kommt wohl daher, dass ich gute Kunden und gute Produkte habe und ein echter Bedarf dafür vorhanden ist. Und was soll's: Die meisten Kundengespräche sind doch schön. Schöner jedenfalls als abends in die Glotze zu gucken."

„Setzen Sie auch gezielte Motivationsstrategien ein?"

„Nein. Ich höre mir öfters Motivationsvorträge an und besuche gelegentlich auch Motivationsveranstaltungen, aber ich setze keine bewussten Motivationsmethoden ein. Das geht bei mir automatisch. Anders gesagt: **Die Mühle läuft einfach!**"

Damit weisen Frau Horn und Herr Heim eine interessante Parallele auf: Beide setzen keine gezielten Motivationsmethoden ein. Beide sehen dagegen als Motivation Nr. 1 die **„Notwendigkeit"** an, aufgrund ihrer Investitionen in ein großes Büro oder in Immobilien Geld verdienen zu müssen. Beide beweisen damit instinktiv die uralte Regel, dass eine starke Notwendigkeit die beste Motivation und der beste Antrieb für einen großen Erfolg ist.

„Was verkaufen Sie bevorzugt?"

„Im Augenblick mit Sicherheit die Investmentfonds. Und dabei mache ich den Kunden Mut zu Aktienfonds und nicht zu gemischten Fonds oder Garantiefonds. Das sind doch nur halbe Sachen. Genauso baue ich die Kunden auf, wenn sie aus Angst nur Minimumbeträge investieren, also sich mit **Halblösungen** begnügen wollen."

„Haben Sie eine bestimmte Verkaufsstrategie?"

„Ja, ich lege großen Wert auf ein gesundes Mittelgeschäft. Das heißt: Mir sind viele 100.000-Mark-Policen lieber als die Jagd nach dem weißen Elefanten, also nach der Baufinanzierung über 10 Millionen Mark. Ich verteile auch den Gesamtbetrag des Kunden gerne auf mehrere Einzelbeträge bzw. auf verschiedene Produkte. Denn ich möchte eine Risikostreuung für den Kunden. Dann sind auch mögliche Verluste für ihn keine große Belastung."

„Wie sieht Ihr Arbeitsstil aus?"

„Ich bin jeden Tag um 8 Uhr im Büro und möchte jeden Tag drei bis vier Gespräche führen. Dadurch dauert die tägliche Arbeitszeit oft bis 22 Uhr. Denn ich möchte, dass ich jeden Tag wenigstens 100 Einheiten bzw. zwei Abschlüsse schaffe. Das ist meine ‚**Zufriedenheitsschwelle**‘.“

„Und wie kommen Sie mit Ihrer Zeitplanung zurecht?“

„Gut. Zum einen, weil fast alle Gespräche in meinem Büro stattfinden. Zum anderen, weil meine Bürokräfte – drei Frauen, die jeweils halbtags beschäftigt sind – die Kunden anrufen, also die Adressen heraussuchen, anwählen, fragen, ob der Kunde einen Augenblick Zeit hat, und mir dann erst die Verbindung übergeben. So erspare ich mir viel Zeit und Mühe. Und es hilft mir auch, Leute anzurufen, die ich allein nicht so gerne anrufen würde. Außerdem macht es natürlich einen viel besseren Eindruck, wenn meine Mitarbeiterin am Telefon zu dem Kunden sagt: ‚Der Chef will Sie gerne sprechen‘, als wenn ich mich selbst vorstellen müsste.“

Auch hier haben wir wieder den Beweis dafür, **dass Sieger nur das tun, was sie gerne tun und was ihnen leicht fällt,** und dass sie nur die Strategien einsetzen, bei denen sie sich wohl fühlen.

„Was sagen Sie dann zu einem neuen Kunden am Telefon, um einen Termin zu erreichen?“

„An sich nichts Besonderes! In der Regel sage ich nur: ‚Es geht um gute Geldanlagen und um Steuerersparnisse. Interessiert Sie das?‘“

„Und das genügt?“

„Normalerweise ja, da es sich um Empfehlungskunden handelt. Vielleicht spielt auch mein Bekanntheitsgrad oder mein guter Ruf oder meine langjährige Erfahrung eine Rolle. Ich weiß es nicht.“

„Und wenn der Kunde den Termin trotzdem nicht gleich akzeptiert. Was machen Sie dann?“

„Dann frage ich ihn, ob ich ihn zu einem späteren Zeitpunkt, z. B. bei einer neuen Aktion, wieder anrufen darf.“

„Machen Sie gewöhnlich auch zwei Gespräche bis zum Abschluss?“

„Nein. Normalerweise nur ein Gespräch und dann sofort den Abschluss.“

318

„Woher kommt Ihre hohe Abschlussquote, die ja auch bei Ihnen fast 1:1 beträgt?"

„Das hängt von verschiedenen Dingen ab. Zum einen erkenne ich sehr schnell, was ein Kunde wirklich machen, also anlegen kann und verhandle nicht über Scheinbeträge. Zum anderen erkenne ich schnell den wunden Punkt, wo ich einhaken kann. Wenn er z. B. einen offenen Immobilienfonds hat, etwa den Grundwert-Fonds, der sich nur mit drei Prozent rentiert, dann mache ich ihm dieses Manko natürlich durch die Ergebnisse meiner Aktienfonds sofort bewusst. Und dann brauche ich nicht viele Worte, um ihn zu einem Wechsel zu bewegen."

„Was gehört noch dazu?"

„Ich bin davon überzeugt, dass ich für den Kunden etwas Gutes tue! Dadurch habe ich auch die Kraft, fleißig zu sein! Und das ist notwendig, denn manchmal brauche auch ich zwei Jahre Zeit, um einen Kunden zu erobern. Viele durchschnittliche Verkäufer haben nicht dieses **Durchhaltvermögen** und geben zu früh auf. Ich sage daher meinen Verkäufern in der Schulung immer zwei Dinge. Erstens:

> **Sie müssen von sich und Ihrem Angebot überzeugt sein,**
> **um ein überzeugender Berater zu sein!**

Für mich heißt das naürlich auch, dass ich mich ständig weiterbilde. Ich lese viele Fachzeitschriften, eine Reihe von Informationsdiensten und ich versuche alles, um den Anforderungen meines Berufs voll zu genügen, also immer auf dem neuesten Stand und wirklich kompetent zu sein. Nur so wird aus dem Beruf auch eine echte Berufung."

Und zweitens:

> **Sie müssen auch davon überzeugt sein,**
> **dass Sie die Kraft haben, etwas umzusetzen!**

Stattdessen haben viele Verkäufer Angst vor Fragen, Einwänden oder Widerständen der Kunden. Sie fürchten geradezu Kundenreklamationen. Und wenn plötzlich die Kurse ihrer Fonds sinken, dann verkriechen sie sich vor den Kunden. Damit zeigen sie nur, dass sie weder an ihre Produkte glauben noch an dem Wohlergehen ihrer Kunden wirklich interessiert sind."

„Sind Sie auch so zielstrebig bei Ihren Verkaufsgesprächen wie Frau Horn?"

„Ja. Aufgrund der bereits genannten Voraussetzungen trete ich natürlich auch mit Recht selbstbewusst auf. In jedem Verkaufsgespräch gehe ich davon aus:

> **Wenn ich die Situation des Kunden verbessern kann, dann muss ich es auch machen!**

Dann spüre ich die unbedingte Notwendigkeit, dass das jetzt gemacht werden muss, und dann mache ich das auch. Das ist wie beim Zahnarzt. Wenn der auf Karies stößt, dann fängt er doch auch nicht an zu palavern, sondern bringt das sofort in Ordnung."

„Gehen Sie im Gespräch nach einem bestimmten Konzept vor?"

„Nein. Ich verfolge keine bestimmten Strategien. Ich habe eher ein **gefühlsmäßiges System.**"

„Auf diese Antwort habe ich schon lange gewartet. Denn wenn Sie sich auch als sachlich-nüchternen Typ einschätzen, so könnten Sie neben den Ingenieuren nie auch die anderen 50 Prozent Kunden so erfolgreich beraten, wenn Sie nicht auch ein emotionaler Typ wären. Sie haben das Glück, Sie sind beides. Und daher sind Sie auch so erfolgreich!"

Man kann über die richtige innere Einstellung eines Verkäufers – sein Siegerbewusstsein – viele Seiten schreiben. Aber manchmal erkennt man es geradezu schlagartig – wenn es spontan aus dem Herzen kommt wie in dem folgenden Fall von Bertram Schmitt, einem der besten Hausverkäufer Deutschlands. Seine Glaubenssätze und damit seine Erfolgsregeln sehen so aus:

Die 10 Glaubenssätze eines Spitzenverkäufers

1. **Glaube an das Produkt:** „Ich stehe dreihundertprozentig hinter meiner Firma und ihrem Hausangebot."
2. **Totale Identifizierung mit der Firma:** „Ich möchte, dass jeder unserer Verkäufer ein ‚Firmen-Wapperl' an seinem Auto anbringt."
3. **Hundertprozentige Überzeugung:** „Ich bin von unseren Häusern so überzeugt, dass ich Kunden auch in ein Neubaugebiet schicke, wo nur ein einziges Haus von uns steht! Da soll er sich dann umsehen und herausfinden, welches das schönste ist. Es ist immer unser Haus!"
4. **Verkaufen mit Freude:** „Unsere Häuser zu verkaufen macht mir ungeheuren Spaß!"
5. **Eigene Investitionen in den Erfolg:** „Ich habe mir auf eigene Kosten eine CAD-Software gekauft, weil ich damit den Kunden begeistern kann wie mit nichts anderem!"
6. **Siegesbewusstsein bei Wettbewerbsvergleichen:** „Ich frage den Kunden immer: Wer bietet noch mit uns an? Und dann fordere ich den Kunden auf, sich den Wettbewerber anzuschauen und dabei auf ganz bestimmte Unterschiede zu achten, z. B. auf die Leimholzdecke, die nur wir und noch ein Konkurrent anbieten!"
7. **Echter Nutzen für die Kunden:** „Meine Kunden bekommen ein Produkt, das einzigartig ist."
8. **Einzigartiger Service:** „Es gibt keine Firma in Deutschland, die für den Kunden kostenlos eine so umfassende Vorplanung macht wie wir."
9. **Ehrlichkeit und Glaubwürdigkeit:** „Erst vor kurzem hatte ich einen Kunden, der zu mir sagte: ‚Ich gehe jetzt im Mittelmeer auf eine Segeltour. Und wenn ich in vier Wochen zurückkomme, sollte das Haus fertig sein. Welche Vollmachten brauchen Sie dafür? Kann ich mich darauf verlassen, dass das Haus dann auch wirklich fertig ist?' – Er konnte sich darauf verlassen!"
10. **Humor:** „Ich versuche, die Dinge mit Humor zu lösen, und nehme mich nicht zu ernst. So sage ich z. B. zum Kunden: ‚Am

1.11. ist Richtfest. Wir halten den Termin ein und Sie liefern an diesem Tag den Salat und die Würstel! Einverstanden?'"

Wie Sie wirklich den Durchbruch schaffen

Liebe Leserin, lieber Leser, ich glaube dieses letzte Kapitel hat es wirklich in sich. Es zeigt uns, was alles machbar und erreichbar ist, wenn man die richtigen Überzeugungen hat und auch die besten Strategien für sich erkennt.

Wenn Sie es jetzt diesen Spitzenverkäufern nachmachen und von diesem letzten Kapitel wirklich profitieren wollen, dann sollten Sie sich jedoch als Erstes vor den zwei größten Erfolgskillern in Acht nehmen: **Ihrer spontanen Zustimmung und Ihrer spontanen Ablehnung.**

Was ist damit gemeint?

Wenn Sie beim Lesen dieser außergewöhnlichen Erfolgsbeispiele immer wieder beifällig mit dem Kopf genickt haben – so nach dem Motto: „Das kann ich nur bestätigen!" Oder: „So sollte es gemacht werden!" – und dann das Buch zuklappen, weil Sie glauben, alles verstanden zu haben und mit allem einverstanden zu sein, dann ist das wahrscheinlich bereits der Schlussstrich unter Ihr persönliches Erfolgskapitel.

Denn um gerade dieses letzte Kapitel mit all seinen Aussagen über die besten mentalen Einstellungen und die erfolgversprechendsten Strategien wirklich zu verstehen, müssen Sie es mindestens fünf Mal lesen und sich die wichtigsten 20 Sätze wirklich einprägen. Denn sonst wird sich nichts ändern und Sie fallen schneller wieder in Ihren alten Trott zurück als ein Raucher in seine Sucht. Nur wenn Sie sich jeden Tag auf ein oder zwei Punkte konzentrieren und Sie den ganzen Tag als Kompass für Ihr Vorgehen ansehen, können diese Erfolgsregeln in Ihnen überhaupt zünden.

Der zweite Erfolgskiller ist genau das Gegenteil: Ihre spontane Ablehnung, weil die eine oder andere Aussage mit Ihren bisherigen Ansichten oder Erfahrungen nicht übereinstimmt, z. B. die kompromisslose, extrem resultatsorientierte Haltung von Frau Horn. In diesem Fall können Sie darauf wetten, dass sich genau hinter dieser spontanen Ablehnung Ihr „Schatten", also Ihr wunder Punkt verbirgt, der Ihre weitere Entwicklung blockiert.

Gerade die spontane Ablehnung weist in der Regel darauf hin, dass dieses „neue" Erfolgskonzept bereits außerhalb Ihrer Komfortzone, also in der Unbehaglichkeitszone, liegt, wo es bereits weh tut. Aber jeder Sporttrainer der Welt wird Ihnen sagen, dass körperliches oder psychisches Wachstum erst dort zunimmt, wo das Training beginnt weh zu tun, wo es unbehaglich wird, wo man aus sich herausgehen muss. Und genau das sind beim Lesen in der Regel die Aussagen, die man ganz schnell, ohne sie wirklich überlegt, hinterfragt und ausprobiert zu haben, ablehnt. Hier gilt der Satz:

> **Tun Sie das, wovor Sie Angst haben oder was Ihnen weh tut, und Sie erreichen den schnellsten Fortschritt!**

Kurzum:

Weder Ihre spontane Zustimmung noch Ihre spontane Ablehnung bringt Sie weiter. Sie sind in Wirklichkeit nichts anderes als Schutzschilder und Abwehrmaßnahmen Ihrer Komfortzone, die Sie auf diese Weise davon abhalten will, etwas konsequent zu verändern. Wir aber wissen:

> **Ohne veränderte Aktionen gibt es keine geänderten Reaktionen!**

Noch eine dritte Falle gibt es: Sie nehmen zwar die eine oder andere Aussage ernst und versuchen, sie auch umzusetzen, aber Sie geben das Ganze kurze Zeit später schon wieder auf.

Das ist schade! Aber machen Sie in diesem Fall nicht gleich den nächsten Fehler, indem Sie sich sofort als willensschwach abwerten oder als Versager abqualifizieren.

Der Grund für Ihre fehlende oder halbherzige Aktion ist ganz einfach der, dass Sie (bzw. Ihr Unterbewusstsein) im Augenblick einfach noch nicht reif dafür sind, den entscheidenden Schritt zu tun. Sie sehen jetzt noch nicht die absolute Notwendigkeit, sich zu verändern. **Sie spüren noch nicht den starken Leidensdruck, der notwendig ist, um wirklich neue Wege zu gehen.**

All das braucht Zeit und Erfahrung und die können sie nicht erzwingen.

Aber Sie können in jedem Fall zu sich sagen: „Auch wenn es diesmal nicht geklappt hat, ich gebe nicht auf! In einem Monat, einem halben Jahr versuche ich es wieder!"

Der große römische Redner Cicero sagte einmal:

„Ein Mal über einen Stein zu stolpern ist ein Versehen.

Zwei Mal über denselben Stein zu stolpern ist eine Schande."

Ich sage dagegen aus meiner eigenen Erfahrung:

> **Immer wieder über denselben Stein zu stolpern ist menschlich. Aber immer wieder über denselben Stein zu stolpern und nicht aufzugeben, bis man sein Ziel erreicht hat, ist das wahre Kennzeichen der Sieger!**

Lesen Sie also in diesem Sinn die folgenden Gesetzmäßigkeiten des Erfolgs, die zugleich die Quintessenz aller 16 Kapitel darstellen, immer wieder durch. Prägen Sie sich die wichtigsten Aussagen ein. Machen Sie eine Kopie davon. Führen Sie sie immer bei sich und verwenden Sie sie – so wie Schiffe in dunkler Nacht sich an einem Leuchtturm orientieren – als Wegweiser für Ihren künftigen Erfolg.

Auf einen Blick:
Die 16 wichtigsten Gesetzmäßgkeiten des Erfolgs

1. **Investieren Sie in die wichtigste Person auf Erden – in sich selbst!** Damit verbessern Sie nicht nur schlagartig Ihre Erfolgschancen, sondern verstärken auch Ihr Lebensglück. Fragen Sie sich: Was kann ich heute tun, um in meine Kompetenz (Seminare), in meine Organisation (Büro, Hilfskräfte), in mein Können (neue Strategien) und in meine Persönlichkeit (z. B. mehr Mut) zu investieren?

2. **Streben Sie mit aller Ernsthaftigkeit den Erfolg an!** Denn Halbherzigkeit ist der Tod all Ihrer Erfolgsbemühungen. Fragen Sie sich: Bin ich der felsenfesten Überzeugung, dass jeder Kunde „schon aus Prinzip" unbedingt mein Angebot braucht? Mache ich bei Kundeneinwänden unerschütterlich weiter, weil ich mehr Argumente für mein Angebot weiß, als der Kunde Einwände hat?

3. **Erkennen Sie die wahren Erfolgsregeln!** Durchschauen Sie die vielen Halbwahrheiten, die nur Erfogsfallen darstellen! Fragen Sie sich vor jedem neuen faszinierenden Ziel: Weiß ich auch, welche Schwierigkeiten mich erwarten? Habe ich mir genau überlegt, wie ich sie überwinden kann? Habe ich auch ein gutes Gefühl, dass ich es schaffen kann?

4. **Spielen Sie auf dem richtigen Spielfeld!** Denn nur auf ihm können Sie Sieger werden. Fragen Sie sich: Habe ich schon den Beruf, der mir zur Berufung geworden ist? Tue ich das, was ich von Herzen gerne tun möchte? Setze ich nur die Strategien ein, die zu mir passen und bei denen ich mich wohl fühle (z. B. bei der Neukundenakquise)? Oder: Was kann ich tun, um aus meinem Beruf eine echte Berufung zu machen?

5. **Steigern Sie Ihre Erfolgschancen durch Flexibilität.** Denn die Bereitschaft, immer wieder auf die neuen Strömungen und Trends der Zeit zu reagieren, ist der wichtigste Schlüssel für Ihre Zukunft! Fragen Sie sich: Was hat sich in meiner Branche

in der letzten Zeit alles geändert? Was muss ich als Nächstes tun, um den neuen Herausforderungen der Zeit und des Marktes erfolgreich Paroli bieten zu können?

6. **Haben Sie den Mut, „anders als alle anderen" zu handeln!** Denn nur mit Ihrer individuellen Einzigartigkeit schaffen Sie auch einzigartige Erfolge. Fragen Sie sich: Was macht meine (einzigartige) Individualität aus? Wodurch unterscheide ich mich von den anderen? Wie kann ich diese individuelle Einzigartigkeit am besten zur Geltung bringen?

7. **Arbeiten Sie immer auf Resultate hin!** Denn es gibt keine Methode, um schneller seine Ziele zu erreichen. Fragen Sie sich vor jeder neuen Aufgabe oder Herausforderung: Welches Ergebnis will ich (heute, in einem Monat) unbedingt erreichen? Wie lautet die beste Willensdeklaration dafür?

8. **Hören Sie auf Ihre Intuition.** Nutzen Sie die riesige Wissens- und Leistungsreserve Ihres Unterbewusstseins. Legen Sie jeden Tag einmal einen Stopp ein und fragen Sie sich: Was will mir meine innere Stimme durch bestimmte Gefühle, Symbole oder Assoziationen sagen? Fragen Sie sich auch: Setze ich im Augenblick genau die richtigen Strategien ein oder sollte ich anders vorgehen?

9. **Stecken Sie Ihre Kunden mit Ihrer Begeisterung an!** Überwinden Sie so auch Ihre Ängste, Ihre Zweifel und Ihre Nervosität. Zwingen Sie sich notfalls am Anfang zu einer „gespielten" Begeisterung. Überlisten Sie so Ihre Müdigkeit oder Gleichgültigkeit. Fragen Sie sich: Welchen Kunden will ich als nächsten mit meiner Begeisterung überzeugen?

10. **Forschen Sie immer weiter nach besseren Strategien, um bessere Problemlösungen zu erreichen.** Denn der Sinn des Lebens ist der Erfolg. Der Erfolg auf allen Gebieten. Und da der Erfolg wiederum von besseren Problemlösungen abhängt, ist die Suche nach besseren Strategien für bessere Problemlösungen die Kernaufgabe aller Sieger. Gehen Sie davon aus, dass es in jedem Fall noch bessere Strategien gibt. Fragen Sie sich: Wo brauche ich noch bessere Strategien, noch bessere Problemlösungen für ein erfolgreicheres und glücklicheres Leben?

11. **Lernen Sie, mit den unterschiedlichsten Kundentypen umzugehen!** Auch mit denen, die Ihnen auf Anhieb nicht liegen. Denn je besser Sie sich an alle Kunden anpassen können, umso größer sind Ihre Abschlusschancen. Fragen Sie sich: Was bin ich selbst für ein Typ? Welche Kundentypen liegen mir am besten? Welche am wenigsten? Bin ich in der Lage, mit jedem Kundentyp, dem Ergebnis-Typ, dem Beziehungs-Typ, dem Fun-Typ und dem Zahlen-Typ gut umzugehen?

12. **Interessieren Sie sich für Ihre (neue) Zielgruppe, um wirklich in Einklang mit ihr zu kommen.** Denn je mehr Sie sie verstehen und je ähnlicher Sie ihr werden, umso größer sind Ihre Chancen. Fragen Sie sich: Was fehlt mir noch, um in Einklang mit ihr zu kommen? Weiß ich genau, wie sie denkt, wie sie auftritt und wie sie entscheidet? Was habe ich, um auch für diese Zielgruppe interessant zu sein und von ihr akzeptiert zu werden?

13. **Gehen Sie ganz bewusst mit sich selbst um!** Nehmen Sie Ihre Gefühle und Ihre (unterdrückten) Bedürfnisse ernst. Denn von ihnen hängt nicht nur Ihr dauerhafter Erfolg, sondern auch Ihr Lebensglück ab. Fragen Sie sich: Was kann ich tun, um alle meine Bedürfnisse – also sowohl die nach Erfolg als auch die nach Erholung, nach Kontakten und nach geistigem Ausgleich – zu befriedigen?

14. **Malen Sie sich immer wieder neue, aufregendere Zukunftsperspektiven aus!** Denn nur das, was Sie sich vorstellen können, können Sie auch erreichen. Halten Sie an diesen Zukunftsbildern fest, auch wenn Sie im Augenblick noch keine Realisierungschancen „sehen". Fragen Sie sich: Wie sehen meine Vorstellungen von meiner Zukunft aus? Beruflich? Privat? Gesellschaftlich? Fragen Sie sich auch: Habe ich im Gespräch mit den Kunden immer das positive Bild des erfolgreichen Abschlusses vor mir? Auch wenn es hart hergeht?

15. **Lösen Sie Ihre größte Blockade auf!** Das ist in der Regel die Verhaltensweise, die Sie bisher bei anderen kritisiert oder lächerlich gemacht haben. (Die Tarnung des wunden Punktes ist oft fantastisch!) Erkennen Sie dahinter Ihre größten Erfolgs-

chancen. Fragen Sie sich: Was lehne ich (an anderen) ab? Worüber mache ich mich lustig? Ist das wirklich berechtigt? Oder muss ich da nicht bei mir etwas ändern? Und wenn ja: Was kann ich tun, um diese Blockade (z. B. die fehlende Selbstdisziplin) am schnellsten aufzuheben?

16. **Treten Sie mit dem Bewusstsein der Sieger auf!** Aber ohne jede Arroganz und Überheblichkeit. Tun Sie alles, um hundertprozentig davon überzeugt zu sein, dass Sie dem Kundnen einen echten Nutzen bieten, dass jeder Kunde durch Sie nur gewinnen kann und dass Sie die Probleme des Kunden in jedem Fall lösen können und müssen. Fragen Sie sich: Was kann oder muss ich tun, um dieses Siegerbewusstsein in mir noch zu verstärken und meine Kunden davon zu überzeugen?

Schlusswort

Erfolgsstreben schafft Lebenssinn

Erinnern Sie sich noch an das Kapitel:

Finden Sie das richtige Spielfeld!

Sie sollten genau den Beruf finden, der Ihnen zur Berufung wird, den Sie lieben und für den Sie leben. Denn nur aus Liebe und Begeisterung kann Großes erwachsen!

Den Beruf als Berufung sehen sollte für Sie der Einstieg in eine große Erfolgskarriere werden.

Jetzt, am Ende des Buches, ist der Beruf als Berufung wiederum der ideale Schlusspunkt. Denn wenn Sie jeden Tag das tun, was Ihre wahre Berufung ist, dann schaffen Sie damit nicht nur die besten Erfolgsaussichten, sondern erreichen auch die größte innere Genugtuung und damit das größte Lebensglück. Dann erwächst aus dem Streben nach dem Erfolg auch ein verstärktes Bewusstsein für den Sinn des Lebens!

Auf wunderbare Weise hat das der Dichter Martin Greif (1839 – 1911) in dem folgenden Vers wiedergegeben:

> **Wen Liebe zum Beruf durchdringt,**
> **Den er sich selbst erkoren,**
> **Dem geht, auch wenn er glücklich ringt,**
> **Doch nie ein Tag verloren!**

Denken Sie an diesen Vierzeiler, wenn es einmal nicht so läuft, wie Sie es sich wünschen. Oder wenn Misserfolge Sie entmutigen wollen.

Wenn Sie jedoch ihrer Berufung gerecht werden, gibt Ihnen das in jedem Fall die Gewissheit, trotz allem das Wichtigste in Ihrem Leben zu tun.

Denn dann versuchen Sie nichts anderes, als Ihr Bestes zu geben, um der Beste zu werden, der Sie werden können. Mehr kann niemand von Ihnen verlangen! Dabei wünsche ich Ihnen viel Glück und viel Erfolg!

Seien Sie also herzlich willkommen im Kreis der Sieger. Sie haben es verdient

Quellenverzeichnis

1. Arthur Jores, Das Wort des Arztes, in: Wo stehen wir heute?, Gütersloh, 1962, S. 236.
2. Rolf Berth, Marktmacht, Düsseldorf, 1996, S. 220.
3. „Warum scheitern Verkäufer?" in: Blick durch die Wirtschaft. Aus einem Seminar-Manuskript ohne genauere Quellenangabe.
4. Warum scheitern Verkäufer, Studie von Mark W. Johnston u. a., zitiert in: Deutscher Verkaufsleiter Service, VLS 456, vom 24.11.1990.
5. Sinngemäß zitiert und ausgearbeitet nach: James Hillman, Charakter und Bestimmung, München, 1998, S. 347.
6. Der Originalbericht stammt nicht von einem Verkaufsleiter, sondern von einem Kunden. Sinngemäß zitiert und ausgearbeitet nach: James Hillman, a. a. O., S. 346.
7. Gabriele Oettingen, Psychologie des Zukunftsdenkens, Motivationsforschung, Band 16, Göttingen, 1997, S. 306 f.
8. Vgl. Wolfgang Hars, Ich bin gut!, Bergisch-Gladbach, 1997, S. 36 f.
9. Peter Evans, Aristoteles Onassis, Düsseldorf, 1987, S. 57.
10. Nacherzählt nach einem Bericht von Irene C. Kassorla, Tun Sie's doch, München, 1988, S. 387 ff.
11. Nacherzählt nach einem Bericht von Irene C. Kassorla, Tun Sie's doch, München, 1988, 377 ff.
12. Elmar G. Leterman, Verkaufen durch Showmanship, Düsseldorf, 1967, S. 58.
13. Elmar G. Leterman, a. a. O., S. 58ff.
14. Elmar G. Leterman, a. a. O., S. 116.

In eigener Sache

Dank

An dieser Stelle möchte ich mich ganz herzlich bei all den Spitzenverkäuferinnen und -verkäufern für ihre große Geduld und ihre Ausdauer bedanken, mit der sie die oft mehr als vier Stunden langen Interviews in echter Siegerhaltung meisterten.

Ein besonderer Dank gilt meiner Frau für die „Knochenarbeit" am PC, als es galt, das Manuskript endgültig in seine Form zu bringen, sowie meiner Lektorin, Frau Andrea Zetzsche vom verlag moderne industrie, die trotz der vielen Änderungswünsche (davon einer noch zwei Tage vor Manuskriptabgabe) nie die Geduld verlor, und Frau Waltraud Heyne, die diesmal die vierfache Anzahl von Manuskriptseiten zu schreiben hatte.

Wenn Sie sich in Sachen Vorträge und eigene Seminare zu den Themen „Kunden kaufen nur von Siegern" und „Jeder kann Sieger werden" interessieren, wenden Sie sich bitte an:

Dr. Hans Christian Altmann
Management-Training
Widmannstr. 8 a
82110 Germering
Tel. 089/841 47 00
Fax: 089/894 99 20

Weitere Informationen erfahren Sie auch unter: www.siegerwerden.de.

•••••• Trends   Informationen
Erfolgsgeheimnisse ••••••••

Der „Meister des Werbebriefs" endlich in deutscher Sprache

Sie erhalten Hunderte erfolgreicher Tips, die Sie sofort einsetzen können, sowie unzählige Beispiele von Tops und Flops. Lewis liefert Ihnen alle Tricks für professionelle Werbebriefe.

„Lewis ist einfach der beste Texter unserer Zeit und in diesem Buch öffnet er wirklich seine Trickkiste." Schmid-Brief, Schweiz

„Dies ist das beste Ideenbuch für Direct-Mail-Texter, das ich je gesehen habe."
Jim Kobs, Vorsitzender von Kobs Grogory Passavant, USA

Herschell Gordon Lewis
Werbebriefe mit Power
100 Tips, Regeln und Erfolgsbeispiele
3. Auflage,
321 Seiten
DM 98,–
ISBN 3-478-23833-1

Evert Gummesson
Relationship-Marketing:
von 4P zu 30R
Wie Sie von den Marketingprinzipien zu den 30 Erfolgsbeziehungen gelangen
273 Seiten
DM 98,–
ISBN 3-478-24010-7

Das Buch zum Trend-Thema Beziehungsmarketing – ausgezeichnet als „Bestes Marketingbuch"

Sie erhalten konkrete Anleitungen für ein professionelles Beziehungsmarketing: Wie Sie die Beziehungen in Ihrem Unternehmensfeld so gestalten, daß Sie Ihre Kunden zufriedenstellen. Wie Sie Ihre Marketingkosten senken und die Preisakzeptanz im Markt steigern.

„In seinem anschaulichen und vorausschauenden Buch zeigt Evert Gumesson auf, welche Beziehungen das Unternehmen pflegen sollte, um langfristig am Markt agieren zu können. Dieses Buch ist ein absolutes Muß für jeden Manager, der es nicht versäumen will, sich proaktiv mit Fragestellungen des Beziehungs-, Interaktions- und Netzwerkmanagements zu beschäftigen."
Professor Dr. A. Meyer, Ludwigs-Maximilians-Universität München

Modernes Marketing auf den Punkt gebracht!

Das Autorenteam des IFAM-Instituts für angewandte Marketing-Wissenschaften BOU liefert Ihnen zum ersten Mal einen kompletten Leitfaden für alle Bereiche des modernen Marketing:

Marketing-Informationen: Konkurrenzanalyse, Marktforschung, Informationsquellen
Produktpolitik: Innovationen, Programmgestaltung, Positionierung
Sales Promotion: Merchandising, Event-Marketing, Product Placement
Strategie und Planung: Budgetierung, Positionierung, Ideenfindungsmethoden
Werbepolitik: Psychologie, Käuferverhalten, Erfolgskontrollen

IFAM Institut für angewandte Marketing-Wissenschaften (Hrsg.)
Die 199 besten Checklisten für Ihr Marketing
650 Seiten
Subskriptionspreis bis zum 31.08.1998:
DM 198,-,
danach: DM 249,-,
ISBN 3-478-24060-3

Ihr Buchhändler berät Sie gerne.

verlag
moderne industrie
STMARK 135 x 205